W0040467

Aus Freude am Lesen

Er ist der koreanische Wladimir Kaminer. Der heimliche Wunschsohn von Tiger-Mutter Amy Chua. Martin Hyun, Sohn koreanischer Gastarbeiter und seit 1993 glücklicher deutscher Staatsbürger, der allzu oft herhalten muss als Musterbeispiel für geglückte Integration. Martin Hyun schreibt entwaffnend und voller Humor über die alltäglichen Abenteuer der Ausländer in Deutschland. Er entlarvt die politische Debatte über Integration ebenso wie die gesellschaftlichen Gegebenheiten. Zählt Mitarbeiter mit Migrationshintergrund im Deutschen Bundestag. Spricht mit Philipp Rösler. Zeigt Wladimir Kaminer seine Heimat Korea. Und mit seinen Freunden aus aller Herren Länder schlägt er sich tapfer durch im bunten Großstadtdschungel Berlin. Scharfzüngig und mit einem Augenzwinkern, zum Heulen tragisch und zum Schreien komisch.

MARTIN HYUN, 1979 in Krefeld geboren, ist Sohn koreanischer Gastarbeiter und studierte Politik sowie International Relations in den USA und in Belgien. Er war der erste koreanischstämmige Bundesliga-Profi in der Deutschen Eishockey Liga sowie Junioren Nationalspieler Deutschlands. Im *Europäischen Jahr des interkulturellen Dialogs* engagierte er sich als Botschafter in Deutschland. Er gehört dem Netzwerk von Führungskräften mit Migrationshintergrund der Bertelsmann Stiftung an. 2010 gründete er die interkulturelle Initiative *Hockey is Diversity*.

Martin Hyun

Ohne Fleiß
kein Reis

Wie ich ein guter Deutscher wurde

btb

Die nachfolgenden Schilderungen erheben keinen Faktizitätsanspruch. Sie behandeln typisierte Personen, die es so oder so ähnlich geben könnte. Diese Urbilder werden durch künstlerische Ausgestaltung des Stoffs und dessen Ein- und Unterordnung in den Gesamtorganismus Teil eines Kunstwerks und gegenüber den im Text beschriebenen Abbildern so stark verselbständigt, dass das Individuelle, Persönlich-Intime zugunsten des Allgemeinen, Zeichenhaften der Figuren objektiviert ist. Für die Leser erkennbar erschöpft sich also der Text nicht in einer reportagehaften Schilderung von realen Personen und Ereignissen, sondern besitzt eine zweite Ebene hinter der realistischen Ebene, da ein Spiel des Autors mit der Verschränkung von Wahrheit und Fiktion stattfindet, das bewusst Grenzen verschwimmen lässt.

MIX
Papier aus verantwortungsvollen Quellen
FSC® C083411

Verlagsgruppe Random House FSC® N001967
Das für dieses Buch verwendete FSC®-zertifizierte
Papier *Lux Cream* liefert Stora Enso, Finnland.

1. Auflage
Genehmigte Taschenbuchausgabe Januar 2014
Copyright © der Originalausgabe 2012 by btb Verlag in der
Verlagsgruppe Random House GmbH, München
Umschlaggestaltung: semper smile, München
Umschlagfoto: Jan Kopetzky
Druck und Einband: CPI – Clausen & Bosse, Leck
UB · Herstellung: sc
Printed in Germany
ISBN 978-3-442-74711-5

www.btb-verlag.de
www.facebook.com/btbverlag
Besuchen Sie auch unseren LiteraturBlog www.transatlantik.de

INHALT

Meiner Familie und den Kaminers.
Meiner Liebe(n) Dani.

KOREANISCHE ELTERN UND
AUF DER STRASSE NACH OSTEN

Buddhisten streben nach Erleuchtung – und koreanische Eltern nach dem Zusammenleben mit ihren Kindern. Nur gegen ihren Willen lassen sie die Kinder aus dem Hause ausziehen. Die alte Heimat ist schon geteilt, dann sollte zumindest die Familie vereint bleiben. Es gibt genau zwei Gründe, sich vom Elternhaus abzunabeln, und das sind Studium und Beruf. Allerdings nur unter der Bedingung, dass der Studien- oder Arbeitsplatz weit weg vom elterlichen Hause liegt und auch mit einem strammen Fußmarsch nicht zu bewältigen ist. Erfüllt man diese Kriterien, dann steht der Flucht nichts mehr im Wege. Vor kurzem hat meine Bekannte Sae-hee ihr Pharmaziestudium abgeschlossen. Kurz darauf nahm sie einen Job in der Schweiz an. Über Facebook verkündete sie: »Ich liebe die Schweiz, die Schweizer, ihre Schokolade – und mein Schweizer Leben in Unabhängigkeit! Freiheit ist Unerreichbarkeit!«

Andere Gründe, die keinen direkten Bezug zu Bildung und beruflichem Fortkommen haben, gelten als niedere Beweggründe. Volljährigkeit hat in einem koreanischen Elternhaus nichts zu bedeuten. Koreanische Eltern sind Gesetzlose, die nur nach ihren eigenen Vorschriften und Werten handeln, völlig uninspiriert vom Geiste unserer Verfassung. Widersetzt man sich den moralischen Standards koreanischer Eltern, die im Geiste immer noch im alten Korea leben, kann dies zu einem lebenslänglichen Ausschluss aus der Familie führen. Hinter der lächelnden Fassade koreanischer Eltern steckt eine kalte und erbarmungslose Seite.

Wie es ist, in die Ungnade koreanischer Eltern zu fallen, davon kann Kim Jong-ils Sohn, Jong-nam, ein Lied singen. Mit einem gefälschten Pass versuchte er, nach Tokio einzureisen, um sich in Disneyland ein wenig vom tristen nordkoreanischen Alltag zu erholen. Sein heißer Tango mit der Freiheit kostete ihn die Thronfolge. Seitdem ist Jong-nam bei seinem Vater, dem »geliebten Führer«, in Ungnade gefallen, erhält keinerlei Alimente mehr, und der Zugang zu jeglichen Luxusgütern wurde ihm gestrichen. Seine tägliche Ration Reis, die ihm vorher noch von Staatsbediensteten auf einem goldenen Teller serviert wurde, muss er sich im Hotel Papa nun hart erarbeiten. Seit dem Disneyland-Vorfall hat man von Jong-nam nicht mehr viel gehört. Geheimdienste munkeln, er habe eine Teilzeitstelle als Mickymaus angenommen.

Vor allem koreanische Eltern, die in Deutschland leben, sind mit allen Wassern gewaschen. Das Leben in beiden Ländern hat sie mit einer großartigen Intelligenz ausgestattet. Der unscheinbare Eindruck vieler koreanischer Eltern trügt. Sie sind schlauer, als manch einem lieb sein kann. Wie ein Garri Kasparow denken sie stets in zehn Schachzügen voraus. Wenn wir als Kinder trotzig waren, keine Lust zum Lernen verspürten und dementsprechend den Anweisungen der Eltern nicht Folge leisteten, sagte Vater auf Koreanisch: »Dann zieh aus meinem Haus aus und leb auf der Straße!« Vater wusste genau, dass seine Drohung nie das Licht des Tages erblicken würde. Wo sollten wir auch hin? Schließlich wäre der Bahnhof kein guter Tausch mit dem elterlichen Hause gewesen, und die Obdachlosen, die dort herumlungerten, waren nicht gerade die besten Botschafter, um solch einem Leben in grenzenloser Freiheit nachzueifern.

Später stellte sich heraus, dass dieser Satz nicht nur meine Kindheit geprägt hatte, sondern bei fast allen meiner deutsch-koreanischen Freunde angewandt wurde. Mich wundert es nicht, dass sich so viele koreanischstämmige Deutsche nach ihrem Abitur für ein Jurastudium entscheiden. Es ist schon gut, wenn man seine Rechte kennt. Meinen Geschwistern und mir waren unsere Rechte nicht geläufig. Dieses Wissen eigneten wir uns erst sehr spät an. Aus Unwissen blieben wir treu ergeben in Vaters Reich, in dem Befehl und Gehorsam die tragende Säule für ein harmonisches Leben miteinander bildeten. Im Tausch dafür bekamen wir Obdach, Kleidung, frische Wäsche, gefüllte Kühlschränke und eine fürstliche koreanische Verpflegung aus Mutters Küche. Auch gewährte uns Vater einen monatlichen Wehrsold, wobei er es sich nicht nehmen ließ, unsere Reaktionsschnelligkeit und unseren Gehorsam zu testen. Wenn Vater uns zu sich rief, dann mussten wir innerhalb von fünf Sekunden in einer Reihe still und stramm vor ihm stehen, ansonsten schickte uns Vater in die Zimmer zurück und ließ diesen Vorgang wiederholen, bis es uns gelang. Unfairerweise übersprang Vater beim Zählen oftmals zwei bis drei wertvolle Sekunden. Wenn wir es dennoch gegen alle Widrigkeiten schafften, ließ Vater es sich nicht nehmen, vor der Geldübergabe eine kurze Rede zu halten, in der er uns daran erinnerte, dass wir im Paradies lebten und uns glücklich schätzen könnten, dass unsere Teller stets mit reichlich Reis gefüllt seien.

Eines Tages beim obligatorischen gemeinsamen Abendessen in der Küche sagte Vater auf Koreanisch: »Wenn du im
Alter von dreißig Jahren immer noch zu Hause lebst, dann
sehe ich mich gezwungen, dich vor die Tür zu setzen!« Die
Seealgen aus der Suppe blieben mir fast im Halse stecken,
weil ich meinen Ohren nicht traute, als ich diese befreienden
Worte aus Vaters Mund hörte. Damit Vater keinen Verdacht
von meinem Taumel der Freiheit schöpfte und von meinen in-
nerlichen Jubelgesängen nichts mitbekam, spielte ich die be-
leidigte Leberwurst. Ich appellierte an Vaters Gewissen, wie er
denn sein eigenes Fleisch und Blut aus dem Hause schmeißen
könne, nach allem, was man gemeinsam durchgemacht habe.
»Du musst anfangen, dein eigenes Leben zu führen!«, entgegnete mir Vater, sichtlich unberührt. Am Ende meiner oscar-
reifen Performance bot ich Vater an, schon gleich am nächsten Morgen auszuziehen, wenn ihm meine Anwesenheit doch
so unerträglich sei.

Mein letzter Vorhang war gefallen, und das Kapitel »Zuhause ist Korea« neigte sich dem Ende zu. Ich kam zu der
Erkenntnis, dass die Freiheit ein Phänomen ist, das plötzlich auftaucht, wenn man am wenigsten damit rechnet. Ich
hatte es geschafft, die Grenze zu öffnen, ohne unterirdische
Fluchttunnel bauen zu müssen, in einen Hungerstreik zu treten oder eine Revolution zu starten. Die Freiheit gehörte mir.
Meine Zeit des Auskostens der Früchte der Freiheit war gekommen. Eine Zeit, in der ich keine kalten Duschen, mor-
gendlichen Appelle, abendlichen Zapfenstreiche und Befehle
mehr zu befürchten hatte. Dennoch war mir etwas mulmig
zumute, wie ich mit dieser plötzlichen Freiheit umgehen
würde. Ich fürchtete, in der freien Welt in ein tiefes Loch zu
fallen, nur um mich nach meinem alten Leben zurückzuseh-

nen. Der Gewinn der Freiheit ist doch so etwas wie ein Sechser im Lotto. Im Siegesrausch treiben es einige zu bunt, sie gehen verschwenderisch mit dem neu Gewonnenen um, was nicht selten in Tragödien endet. Doch im Moment des Glückes überwogen die Freude und die Neugier, was mir das postkoreanische Leben bringen würde.

Der Tag des Abschieds aus Vaters 150 m² umfassendem Korea kam schneller als gedacht. Ein Stellenangebot aus Berlin kam Vaters Rausschmiss zuvor. 600 Kilometer liegen zwischen Krefeld und Berlin, genug, um die Ausreise von zu Hause ohne weiteres genehmigt zu bekommen. Berlin – schon von weitem hörte ich die süße Musik der Freiheit spielen, die so wundervoll in meinen Ohren klang. Vater, die chinesische Mauer, wie wir ihn nannten, ordnete zu meinen Ehren einen Großen Zapfenstreich an. Vor den geladenen Staatsgästen, dem Who-is-Who der Familie – Julia, Simone, Mutter und unsere Collie-Hündin Ära – hielt Vater eine gigantische Ansprache, in der er mich weniger an meine Rechte, sondern vor allem an meine Pflichten erinnerte, mich ermahnte, Frauen fernzubleiben, und darauf verwies, im Besitz eines Navigationssystems zu sein, in das meine Adresse bereits eingespeichert sei, wodurch jederzeit die Möglichkeit zur Stichkontrolle bestünde. All meine Energie sollte ich fortan auf mein berufliches Fortkommen legen. Während seiner Ansprache benutzte Vater sehr oft das Wort »Halligalli«, wahrscheinlich eine Vokabel aus seinen Zeiten unter Tage, die er von seinem Vorgesetzten gelernt haben muss.

Als Vater fertig war, gestattete er mir, ein paar Sätze an die Familie zu richten. Zumindest fast. Vielmehr gab er mir zu verstehen, dass ich ihm nachsprechen sollte, was ich auch tat, um auf den letzten Metern vor der großen Freiheit nichts zu riskieren. »Ich erkläre hiermit meinen Rücktritt als treu dienender Soldat der Familie aus Vaters Korea – mit sofortiger Wirkung. Ich danke Mutter, dass sie mich über Jahrzehnte wohlgenährt hat, und Vater für sein strenges Regiment, dank dem ich als Koreanischstämmiger in Deutschland nun gut gerüstet mein Zuhause verlasse. Es war mir eine Ehre, der Familie bis dahin gedient zu haben. Ich gedenke, dies in der Ferne weiterhin zu tun.« Als ich die letzten Zeilen nachsprach, schaltete Vater bereits die alte Karaoke-Maschine im Wohnzimmer an und sang mir zu Ehren – nicht etwa Sinatras »My Way«, sondern Na Hoo-nas »Ga-Seum Apu-gae (Herzschmerz)«, ein melodramatisches koreanisches Volkslied.

Nach dem Großen Zapfenstreich im Kreise der Vertrauten wurde der Miettransporter für den Umzug nach Berlin gepackt. Sogar unsere Collie-Hündin Ära packte mit an. Wir erreichten Friedrichshain in Berlin an einem regnerischen Spätnachmittag, und auf der Straße nach Osten ergab der Vers »I have been looking for freedom since I left my hometown« endlich einen Sinn.

FRIEDRICHSHAINER, GOTT IST EIN DJ UND DIE WELTKULTUR

Die besten Dinge im Leben sind nicht über Online-Banking zu ergattern, bei Ebay zu ersteigern oder durch Null-Prozent-Finanzierungen zu erwerben. Für lausige 50 Euro konnte ich mir in einem völlig heruntergekommenen Bürgeramt an der Yorckstraße die Identität eines Friedrichshainers verpassen lassen. Um sich von Prinz Frederic von Anhalt adoptieren zu lassen, muss man dagegen eine bis zu sechsstellige Summe bezahlen. Ob man sich den Prinzen als Adoptivvater wünscht, sei dahingestellt. Einen Mehrwert hat es nicht wirklich. Dagegen erscheint die Gelegenheit, ein Friedrichshainer zu werden, wie ein Geschenk des Himmels.

Mutter sagte mir einmal, dass sich das Leben innerhalb von Sekunden verändern könne. Meine dramatische Wendung im Leben ereignete sich am 26. September 2008 und erforderte nicht Sekunden, sondern einige Minuten. Eines habe ich in Deutschland gelernt: Das Leben als Migrant ändert sich nie in Sekunden. Allenfalls in mühsamen Stunden, in denen die Geduld auf die Probe gestellt wird – wenn man vorher auch nicht vergessen hat, eine Nummer zu ziehen.

Mit routinierten und geschickten Handbewegungen der Angestellten vom Bürgeramt wurde das Ende meiner Samt- und Seidenstadt-Vergangenheit besiegelt und ein neues Kapitel in meinem Leben aufgeschlagen. Nun war ich ein Ostberliner. Schon Theodor Fontane sagte einst: »Vor Gott sind alle Menschen Berliner.« Ich war nun im Klub, und im Fall der Fälle, dass ich Berlin nicht überlebte, könnte ich mich vor Gott zumindest als Berliner ausweisen – in der Hoffnung, dass er nicht zwischen Ost- und Westberliner unterscheiden würde.

Ich wollte immer schon nach Berlin, aber nie in den östlichen Teil. Doch der Osten zieht nun mal den Fernen Osten wie ein Magnet an. Zu viel hatte ich von auf der Lauer liegenden kahlgeschorenen Ostdeutschen gehört, die wie vom Teufel besessen Ausländer durch die Straßen jagen. Damals waren ihnen nämlich die Ausländer systematisch vom Staat vorenthalten worden. Nun hatte man Nachholbedarf und wollte den Ausländern mit 20 Jahren angestauter Nächstenliebe viel Freude bereiten. Dabei stellen sie sich oft sehr plump an, zünden gelegentlich Wohnhäuser an, marschieren verirrt mit ihren leeren Seelen, hoffnungslos durch die Straßen – und alles nur, weil sie uns lieben. Und eigentlich müssten sie es doch besser wissen, dass Liebe nicht erzwingbar und erst recht nicht käuflich ist.

Die Berliner sind mir ein sympathisches Volk. Nicht nur, weil sie dasselbe Schicksal verbindet wie das Land meiner Eltern. Aus Solidarität habe ich mir zwei T-Shirts bedrucken lassen. Eins trägt die Aufschrift »Kommste ooch ausm Osten?« und das andere »Ich bin stolz, ein Ossi zu sein!«. Doch bislang konnte ich damit nur bei meinem vietnamesischen Änderungsschneider Hoang punkten, einem wahren Ossi, der mir auf jegliche Ärmel- und Hosenkürzungen satte Rabatte gewährt.

Versunken in einen Ozean voller Gedanken brachten mich die »*Dit war es!*«-Worte der Angestellten in das Hier und Jetzt zurück. So lautlos wie möglich stand ich auf, nahm den Personalausweis vom Tisch, verabschiedete mich und ging in meine neue Heimat. Nur um sofort von einem Linksautonomen oder autonomen Nationalisten angerempelt zu werden. Früher war alles besser, dachte ich mir, da konnte man anhand des Aussehens unterscheiden, wer zu wem gehört. Die Nazis trugen Bomberjacke, Glatze und Springerstiefel und die Linken PLO-Tuch, schwarze Kleidung und lange Haare. Heute sind sie kaum noch auseinanderzuhalten. Die Linken können die Rechten sein und die Rechten die Linken. Jedenfalls streckte mir der Autonome den Mittelfinger entgegen. Es kam zum Effenberg-Duell. Ich gab ihm zu erkennen, dass ich einen längeren Mittelfinger habe. Mit hängendem Kopf zog er von dannen. Nachdem er mir den Rücken zugekehrt hatte, fiel mir der Riesenaufnäher auf seiner Jacke auf mit der Kiez-Weisheit: »Keiner ist gemeiner wie ein Friedrichshainer«.

Der Kiez tickt links. Das Herz schlägt grün. Hier wohne ich in einer Straße, benannt nach dem Arzt und Astronomen Nikolaus Kopernikus. Meine Altbauwohnung liegt im zweiten Stockwerk des Seitenflügels. Sie ist klein und schief geschnitten. Der Wind zieht durch die alten Fenster. Die Wände sind dünn. Der Holzboden ist abgenutzt, die Heizung so launisch wie eine Diva und die Hausklingel kaputt.

Mein Nachbar, der über mir lebt, ist von Beruf DJ. Das aber erfuhr ich erst nach meinem Einzug. Dem täglichen Trainieren seiner Fingerfertigkeiten und Feilen seines Talentes nach zu urteilen, muss er tatsächlich der Gott unter den DJs sein. Als ich ihn zum wiederholten Male bat, die Musik ein wenig leiser zu stellen, bot er mir als Entschädigung

für die ständigen Ruhestörungen an, bei einer großen Stra-
ßenparade als VIP auf einem der Hauptwagen mitzufahren.
Wie denn die bunte Parade heiße, hakte ich nach. »Christopher-Street-Day!«, entgegnete er so lässig wie ein Cowboy
und fügte unbekümmert hinzu: »Das Pride-Festival steht
unter dem Motto: Stück für Stück ins Homo-Glück – Alle
Rechte für alle.« Ich winkte höflich ab und versicherte ihm,
dass ich bereits ein überaus glücklicher Mensch sei und das
große Glück bereits gefunden hätte. Ich wünschte ihm, dass
auch er zu seinem Glück gelangen möge, und verabschiedete
mich von DJ Gott. Es muss gewirkt haben, denn seit einiger
Zeit vibrieren meine Wände nicht mehr von den Bässen elekt-
ronischer Musik, sondern vom Liebesglück meines DJ-Nach-
barn. Schon seit Monaten habe ich ihn nicht mehr im Flur angetroffen. Liebe muss wundervoll sein. Und bei uns im Haus
sind wir um einen toleranten Nachbarn reicher geworden –
Mr. und Mr. DJ. Mein DJ-Hausgenosse und sein gefundenes
Glück leben nun in einer häuslichen Partnerschaft. Wenn Gott
ein DJ wäre, dann bin ich ihm schon sehr oft begegnet und
weiß um seine Vorlieben. Er trägt einen Victor-Emanuel-Bart
und pinke Röhrenjeans mit Schlangenmuster. In Kreuzberg
mögen viele unterschiedliche Nationalitäten heimisch sein; in
Friedrichshain sind es vor allem unterschiedliche Typen.

In Berlin wollte ich möglichst weit weg von jeglichen Eis-
stadien leben. Nur auf diesem Wege könnte ich mit dem Kapitel Eishockey abschließen. Doch die solvente amerikanische Anschutz Investoren Gruppe machte mir einen Strich
durch die Rechnung. Nur einen Steinwurf von meiner Wohnung entfernt hat Anschutz eine millionenschwere Multi-
funktionshalle gebaut. Die O2 World Arena ist unter anderem
die neue Spielstätte der Berliner Eisbären. Um ihren Unmut

gegenüber der Arena auszudrücken, stellten die Linken ein Riesenplakat mit der Aufschrift *Hartz-4 World Arena – Welcome to the H4 World Arena* auf, verteilten Flugblätter an der Warschauer Brücke und organisierten Demonstrationen, an denen ich mich beteiligte. Die Linken erfreuten sich daran, dass sich auch ein besorgter vietnamesischer Wutbürger für die Versenkung der Mediaspree einsetzte. Um die brüderliche und revolutionäre Atmosphäre nicht zu stören, behielt ich die wahre Intention meiner Teilnahme für mich. Alle Proteste und Unterschriftenaktionen halfen nicht. Der Kapitalismus setzte seinen Siegeszug auch in Friedrichshain fort. An jedem Spieltag der Eisbären werde ich durch die Fans, die am Kiosk an der S-Bahn-Station Warschauer Straße vorglühen, weiter an meine Eishockeyzeit erinnert. Zumindest konnte ich mich damit trösten, dass der Hype um den Eisbär Knut mit seinem Ableben nachließ. Das Leben ist erbarmungslos.

Friedrichshain ist ein Stadtbezirk, der niemals schläft, der kritischen Denker, der alternativen Wohnprojekte, der Hausbesetzer, der Haute-Couture-Punks, Heimat der Dreadlock-Mütter, die nicht selten ihre Kinder Marie Johanna nennen, Aushängeschild aller antikapitalistischen Dienstleistungsgesellschaften, Zufluchtsort der Leergutmillionäre und ein Platz, an dem man Schmied seines eigenen Glückes werden kann. Die Kreativität und Lebensfreude des Kiezes treten gerade bei den Pfandflaschensammlern zum Vorschein. Auch hier gilt Vorsprung durch Technik. Nutzte man vorher illegal entfernte Einkaufswagen von sämtlichen Supermärkten oder umweltfeindliche Plastiktüten, zieht man nun mit selbstgebastelten Hybridkarren und eleganten Trollis von Mülltonne zu Mülltonne. In Friedrichshain trotzt man der vermuteten Entsolidarisierung unserer Gesellschaft. Anonyme Spender stellen ihre leergetrunkenen Bierflaschen der Einfachheit halber auf Bürgersteigen, Stromkästen oder Parkbänken ab. An strategisch guten Stellen hat man mit dicken Fahrradschlössern kundenfreundlich leere Behälterkisten an Ampeln und Laternen befestigt. Der Kunde ist König, und ein vergraulter Kunde kehrt nicht zurück. Leergutsammler ist hier eine Berufsbezeichnung und als solche unter anderem wegen der flexiblen Arbeitszeiten so begehrt, dass man ohne Seilschaften nicht in die Kaste reinkommt.

Der Kiez ist ein Tummelplatz der Welt. Er ist Exil aller Menschen aus spanischsprachigen Ländern sowie der Italiener, die vor ihrem Staatsoberhaupt Berlusconi geflüchtet sind. Der afrodeutsche Musiker gehört genauso zum Bild des Kiezes wie die russisch- und polnischstämmigen Obdachlosen, die auf die nächste Spargelsaison warten, der Babyspielzeugladen mit ukrainischen Besitzern, der vietnamesische Blumenladen und das China-Restaurant, die nächtlichen Besetzer der öffentlichen Toiletten und Sparkassen aus aller Herren Länder, die Extreme-Couch-Surfing betreiben, Neo-Hippies, Prenzelberger mit schwäbischem Migrationshintergrund, finnische Punker, mongolische Zigarettenverkäufer und internationale Laufstegmodels in spe, die sich vor ihrer großen Entdeckung als Kassiererinnen bei Rewe über Wasser halten. In Wahrheit sind die Obdachlosen Philosophen, die sich aus experimentellen Gründen einem existenzialistischen Leben gewidmet haben. Wer glaubt, die Occupy-Bewegung habe ihre Wurzeln in Amerika, der täuscht sich. Sie liegen in Berlin. Wie sagte schon Carl Friedrich von Weizsäcker: »Philosophie ist die Wissenschaft, über die man nicht reden kann, ohne sie selbst zu betreiben.« Diskutiert wird auf Esperanto, Russisch, Deutsch und gelegentlich auf Spanisch. Dabei wird sich nicht nur mit Ethik, Logik und der Metaphysik, der Deutung der Welt und dem Sinn des Lebens auseinandergesetzt, sondern auch mit der Frage, ob man im 21. Jahrhundert weiter sei als Platon. Der Wein hilft dabei, die komplexen Sachverhalte zu verarbeiten. Manch hitzige Debatte endet mit blauen Augen und Raufereien, wie man sie aus manch asiatischen und ukrainischen Parlamenten kennt. Im Wein liegt schließlich die Wahrheit. Tatsächlich ist die Weisheit nicht nur in den Plenarsälen des Landes zu finden, sondern vor allem auf den Straßen. Man muss nur seine Ohren spitzen und sein Herz öffnen.

Einen einheimischen deutschen Rastafari-Mann, mit dem ich zufällig ins Gespräch kam, fragte ich, was er von der aktuellen Integrationsdebatte halte. Der bekiffte Bob Marley aus Friedrichshain, dessen Miene sich sofort verhärtete, entgegnete höhnisch: »Ich kann das Wort Integration nicht mehr hören! Deutschland muss sich zu allererst in die Weltkultur integrieren, bevor es versucht, allen anderen seinen eigenen Stempel aufzudrücken!«

BERLIN, BERLIN

Berlin ist die Stadt, in der auch ein Ingolf Lück beim Schwarzfahren 40 Euro bezahlen und anschließend in die Handykameras lächelnd für ein Erinnerungsfoto mit den Kontrolleuren posieren muss. Eine Stadt der Superlative, in der man sogar mit Tod und Obdachlosigkeit zu Wohlstand, Reichtum und Maserati kommen kann. Mit seiner Artenvielfalt an Erdenbewohnern und seinem enormen Schatz an Kultur ist Berlin, Berlin nur schwer zu schocken. In zahllosen Liedern, Romanen, Filmen und Gedichten wurde die Stadt verewigt. *Ol Blue Eyes* Sinatra huldigte nicht nur dem *Big Apple* mit einem Lied, das heute rund um den Globus von Yuppies in Karaoke-Bars missbraucht wird, sondern auch Berlin, Berlin. Schriftsteller schrieben, Philosophen philosophierten, Gaukler gaukelten, Dichter dichteten, Musiker musizierten, Filmemacher filmten, Überlebenskünstler überlebten, Migranten migrantisierten, und Rapper rappten über diesen mystischen Ort, als gehöre ein Besuch dieser Stadt zur Lebenspflicht eines jeden kultivierten Menschen wie für Muslime die Hadsch.

Berlin ist nicht Paris, die Stadt der ewigen Liebe, oder LA, die Stadt der Engel. Berlin ist auch nicht wie Sachsen-Anhalt das Land der Frühaufsteher. Berlin kennt keine Minderwertigkeitskomplexe und kommt ganz ohne Anhang aus. Berlin ist Berlin, und wenn sich die Stadt selbst ein Lied hätte aussuchen können, das ihr gewidmet werden sollte, dann wäre es mit Sicherheit Gloria Gaynors »I am what I am« gewesen. Berlin ist ein Käfig voller Narren, eine Rocky Horror Picture Show, die trotz des Hypes und Starrummels nicht zu einer Diva mutiert und ohne Allüren geblieben ist. Menschen auf den roten Teppichen belächelt sie, Fremde begrüßt sie, Traurige tröstet sie und vom Weg Abgekommene bekehrt sie.

Um dieser *Seen-and-done-it-all-Stadt* zu imponieren, muss man sich mächtig ins Zeug legen. Christopher-Street-Day, Love Parade, Walpurgisnächte, Respect Gaymes, Nobelpreise oder eine in Olympia erworbene Goldmedaille sind nichts Ungewöhnliches mehr. In Berlin darf jeder alles. Bis zu jenem Tag, als ich von Hungersnot getrieben im Asia-Markt Lee am Alex einen 10-kg-Reissack kaufte und damit durch die Straßen Berlins irrte. Die erregten Blicke der jungen Ur-, Wahl-, Möchtegernberliner, der Touristen, Raver, Poser und Berliner Schwaben durchbohrten meinen schweren Reissack und meine vom Hunger geschwächte deutsch-koreanische Wahlberliner Seele. Nur bei der älteren Generation, die den Krieg miterlebt hatte, war ich mir ihrer Sympathie und Solidarität sicher. Diese Generation erinnert sich noch an ein Leben voller Hunger, Luftbrücke, Muckefucke, Fischkopf und Tische, die nur spärlich gedeckt waren im Gegensatz zu denen meiner Generation. Wenn ein 10-kg-Reissack die Stadt aus der Fassung bringen konnte, dann, so wurde mir klar, war Berlin, Berlin weit davon entfernt, alles gesehen, gehört und erlebt zu haben.

Nach diesem Vorfall sattelte ich auf kleinere, nicht aufsehenerregende Reisbeutel um. Buddha und Konfuzius sei

Dank, dass sie asiatische Reishersteller für solche Notfälle mit der Gabe der Weitsichtigkeit gesegnet haben. Die handlicheren 1-kg-Reisbeutel konnte ich gut getarnt in meinem Rucksack verstauen und vor neugierigen Berliner Blicken schützen. Bis mir eines Tages mein Freund Felix von der Möglichkeit erzählte, koreanische Lebensmittel diskret über das Internet in die Wohnung liefern zu lassen. Diese Nachricht klang in meinen Ohren wie Freude schöner Götterfunken und war die schönste seit meiner Nominierung zum Staatsbürger der Bundesrepublik im Jahr 1993. Ganz zum Leidwesen meines DHL-Postboten, der getreu dem Slogan seines Arbeitgebers »Für Sie überschreiten wir Grenzen – vor allem unsere eigenen« nicht müde wird, Monat für Monat die schweren 10-kg-Reissäcke in meine Altbauwohnung in der zweiten Etage ohne Aufzug zu liefern. Meinen Postboten will ich hiermit für das Bundesverdienstkreuz vorschlagen, denn mit seiner Grenzgängererfahrung leistet er große Integrationsarbeit. Er ist ein Brückenbauer, und wirkliche Integration fängt immer unten an. Jeden Abend schicke ich Stoßgebete zum Himmel, dass mein Postbote den neugierigen Blicken standhalte, sein Rücken lange gesund bleiben möge und die DHL seine Arbeit auch im Lohn würdigt.

Mit meiner Migration von der ländlich geprägten Metropole Krefeld in das weltoffene Berlin glaubte ich in meiner Naivität, den Klischees und der ständigen Verteidigung meines Migrantendaseins entfliehen zu können. Doch schnell stellte ich fest, dass Berlin die Champions League ist. Als ich einmal einen Berlin-Berliner nach dem Weg fragte, gab er mir herzlich und bereitwillig Auskunft. Gerade in der Anfangszeit tat es gut, einen so überaus hilfsbereiten Zeitgenossen anzutreffen. Alles hätte seinen harmonischen Lauf nehmen können in der Geschichte der weiteren Vertiefung deutsch-korea-nischer Freundschaft, die seit 1883 besteht. Aber der Berliner ist ja berüchtigt für seine flinke Schnauze und musste den fast historischen Moment ruinieren, indem er mich fragte, wo denn der Rest meiner Gruppe sei. Zunächst war ich ein wenig durcheinander, bis ich verstand, dass der Mann noch eine Horde von fahnenwedelnden japanischen Touristen hinter mir erwartete. Ich bin auf Google Maps umgestiegen, und im Fall der Fälle ist der Herrgott mein Kompass.

Menschen verdienen eine zweite Chance. Wenn der Sonnenscheinpolitiker Kim Dae-jung seinen Attentätern vergeben konnte, dann kann ich das als Mensch, der mit der Maxime »Liebe deinen Nächsten wie dich selbst« erzogen wurde, erst recht. Vergebung befreit die Seele. Ich war gespannt, was die Zukunft in Berlin, Berlin noch so alles für mich in petto hatte.

Wenige Tage später ging ich in einen Supermarkt im Ring-Center an der Frankfurter Allee.

»Wo finde ich hier die Soja-Soße?«, fragte ich den Verkäufer.

»In der rechten Ecke, wo das Hunde- und Katzenfutter ist!«, antwortete der gute Mann mit einem breiten Grinsen.

Mit einem Schlag waren die Vorsätze in puncto Nächstenliebe nur noch Geschwätz von gestern. »Seien Sie froh, dass Dschingis Khan nicht in ganz Europa einmarschiert ist!«

»*Ick wäss*, die Musikband, *wah?*«, antwortete der Verkäufer matt.

»*Ja! Da kieckste, wah!*«, erwiderte ich mit dem Krümel Berlinerisch, das ich bis dahin gelernt hatte, nahm mir die Soja-Soße, nachdem ich einige Flaschen in ein anderes Regal geräumt hatte, und ging zur Selbstbedienungskasse. Ein paar

Tage später fand ich einen Werbeprospekt des Supermarktes, auf dem mein Slogan stand »Da kieckste, wah!«.

In Friedrichshain war ich von der anfänglichen Herzenswärme meiner Mitbürger ergriffen. Sie grüßten mich aus der Ferne, mit einem leichten Sonntagmorgenlächeln, und winkten mir zu, wie man es sonst nur von den pompösen Geburtstagsparaden des nordkoreanischen Diktators Kim Jong-il kennt. Ein Neubeginn kann spannend sein. Sogar die Frauen winkten und lächelten mir zu, als wäre ich Johnny Depp. Ich kam zu der Erkenntnis, dass Friedrichshain eine Oase der Liebe und Nächstenliebe ist. Die Menschen sind zuvorkommend und freundlich, dachte ich. Hier lässt sich mein Bestreben, den demographischen Wandel zu Gunsten der Koreaner in Deutschland anzukurbeln, damit sie eines Tages so wahrgenommen werden wie die Türken, realisieren! Alles wird sich zum Guten wenden! Mein Migrationshintergrund rückte in den Hintergrund. Endlich wurde ich nicht aufgrund meines asiatischen Äußeren beurteilt und vom weiblichen Geschlecht als »japanischer« Lustmolch abgestempelt, sondern nach dem Wesen meines Charakters. Das erste Mal in meinem noch jungen deutsch-koreanischen Leben fühlte ich mich umarmt, akzeptiert und endlich angekommen.

Doch die Idylle trog. Sie war mehr Schein als Sein. Beim Warten auf die Ankunft eines Freundes an der S-Bahn-Haltestelle Warschauer Straße kam ein älterer Mann auf mich zu. »Zigaretten?«, fragte er wie ein russischer Schwarzmarkthändler. Erstaunt, nicht, weil er die Frage ohne eine Form von Begrüßung stellte, sondern über die Verwendung des Plurals, winkte ich höflich ab. »Tut mir leid. Ich bin Nichtraucher!« Dennoch war ich begeistert. Denn dass Menschen von sich aus auf mich zukamen und mich ansprachen, war, deutsche Zollbeamte einmal ausgenommen, in meinem Leben rar. Stets musste ich das Eis brechen. Die kurzen Wortwechsel, die sich in den folgenden Wochen in Friedrichshain ergaben, beschränkten sich zwar auf Zigaretten oder aber auf die Frage, für wen ich arbeite, doch die Geste und der gute Wille zählten für mich.

Als sich die Anfragen nach Zigaretten und meinem Arbeitgeber häuften, immer, wenn ich wartend an U- oder S-Bahn-Haltestellen stand, wurde es mir langsam zu bunt. Ich wollte den Dingen auf den Grund gehen und mir den Seetang nicht vom *Kimbab* nehmen lassen. Denn die Enttäuschung war den Menschen förmlich ins Gesicht geschrieben, wenn ich ihnen außer heißer Luft kein Nikotin anbieten konnte und ihnen die Auskunft über meinen Arbeitgeber verweigerte. Der Tsunami an freundlichem Begrüßen, wie ich ihn in den Anfangstagen erlebt hatte, ebbte plötzlich ab. Das Zuwinken wurde von mal zu mal weniger, und das Sonntagmorgenlächeln der Menschen verschwand. Sogar die Frauen wandten sich von mir ab. In ihren Augen war ich allerhöchstens noch ein Johnny Depp für Arme. Selbst meine Nachbarn, die mir anfangs noch die Tür aufhielten, als ich mit Einkaufstüten vom Supermarkt kam, knallten sie mir jetzt vor der Nase zu. Ich bekam die volle Gefühlskälte der Menschen zu spüren. Das nagte an mir. Ich wollte nicht wahrhaben, dass ich meine Sympathiepunkte verspielt hatte, bevor ich mich überhaupt richtig hatte vorstellen können.

Ich beschloss, der Sache nachzugehen, und fand dabei heraus, dass Berlin eine Hochburg illegalen Zigarettenhandels und in fester Hand der Vietnamesen ist. Sie verkaufen Zigaretten der Marke »Jin Ling«. Produziert in der Ukraine werden die Zigaretten durch vietnamesische Wirtschaftsmogule an den Mann gebracht. Verschwörungstheoretiker glauben, dass die Politik hinter all dem steckt und die Vietnamesen nur Mittel zum Zweck sind, so wie die Exilkubaner in der Schweinebucht von den Amerikanern benutzt wurden. Ziel der Politik sei es nämlich, die Menschen im linksorientierten Kiez abhängig zu machen, um politische sowie wirtschaftliche Interessen rechter Orientierung durchzusetzen – nur so kann der Kiez aus der linken Isolation befreit werden.

»Die Friedrichshainer benehmen sich seit der Einführung von Jin Ling sehr seltsam«, erzählte mir ein Obdachloser während meiner Ermittlungsphase. »Die haben so glasige Augen und schweben in der Luft«, fügte er hinzu.

Ich fragte mich, ob dieses Deutschland jemals mein Zuhause werden würde. Fürs Erste hatte die Zigarettenerfahrung in Friedrichshain mein ABC des Migrantendaseins um eine Lektion erweitert. Als Asiate bzw. Deutsch-Koreaner in Berlin ist man gut beraten, an S- oder U-Bahn-Haltestellen nicht an einem Fleck stehen zu bleiben, sondern immer in Bewegung zu sein. Das ist auch der Grund dafür, warum es in Berlin kaum übergewichtige Asiaten gibt. Das Leben in Berlin ist Diät genug.

Bei meiner letzten U-Bahn-Fahrt entdeckte ich eine Werbung von einem vertrauenswürdig aussehenden Rechtsanwalt. Auf dem Werbeplakat stand: »Wer Sorgen mit seinem Aufenthalt in Deutschland hat, findet seit 30 Jahren Hilfe durch Rechtsanwalt Hans-Georg Noether«. Ich bin so ein Fall, dachte ich mir. So langsam mache ich mir Sorgen um meinen Aufenthalt in Deutschland. Die Tage will ich ihn mal anrufen.

Trotz dieser Vorkommnisse liebe ich diese Stadt mit ihren weltbesten Fahrraddieben. Berlin ist groß, Berlin ist mächtig, Berlin hat einen Fernsehturm von 368 Metern Höhe. Es ist der Big Apple Deutschlands, die Schule der Hard-Knocks, zumindest was die Philosophie der Straße anbelangt. Es sind nicht die Einbürgerungsurkunden aus den Händen der Bundeskanzlerin oder das Bestehen von Einbürgerungstests, die dich als Migrant reif für die deutsche Gesellschaft machen. Der letzte Schliff, die Reifeprüfung für ein Leben in Deutschland, wird Migranten auf den Straßen Berlins verpasst. Denn wenn du es als Migrant in Berlin, Berlin schaffst, diesen Sticheleien standzuhalten, dann schaffst du es überall in Deutschland.

ABENTEUER IM BUNDESTAG

Als ich mit meiner niederrheinischen Frohnatur den Flur des Europa-Ausschusssekretariates im Bundestag passieren wollte, rief die am Ende des Flurs stehende Verwaltungsdame schroff, in gebieterischer Art: »Bleiben Sie stehen! Sie haben den Alarm ausgelöst!«

»Meinen Sie etwa mich?«, wandte ich ein.

»Warten Sie, bis die Polizei kommt! Sie haben den Alarm ausgelöst!«, wiederholte sie in einem noch schärferen Befehlston. Mit vor der Brust verschränkten Armen rückte sie mir unangenehm nah und stellte sich mir in den Weg. Anhand ihrer Frisur und ihres Kleidungsstils wusste ich sofort, mit wem ich es zu tun hatte. Gerade der Haarschnitt, der die Wende überlebt hatte, entlarvte sie als ehemalige Bürgerin der Deutschen Demokratischen Republik.

Die Frau starrte mich schon aus weiter Entfernung an, wie man sonst nur Ausländer in Mecklenburg-Vorpommern begafft. Oder bayerische Touristengruppen in Neukölln, die sich in dem Kiez verirrt haben. Dabei prallen zwei Welten aufeinander, aber mit Gewinn für beide Seiten. Die bayerischen Touristen kriegen einen exklusiven Einblick in die mögliche multikulturelle Zukunft ihres Freistaates geboten, und die gastfreundlichen Neuköllner müssen keine Weltreise machen, um Merk- und Sehenswürdigkeiten zu bestaunen. Auch Asiaten in Deutschland sind solch wandelnde Attraktionen, ein Fetisch für Einheimische, dem man eine gewisse Spanne von Zeit widmet. Das Angestarrtwerden gehört zum Leben eines Asiaten in Deutschland dazu wie das Amen in der Kirche. Doch die Genossin übertraf alles, was ich bisher an Glotzerei erlebt hatte. In solchen Momenten verschlägt mir so viel Schroffheit immer erst mal die Sprache. Zunächst konnte ich mit den Worten der Dame auch gar nichts anfangen. Bis ich schließlich kapierte, dass sie der Auffassung war, ich hätte mich durch die winzige, zehn Zentimeter enge Fensterluke am Außenfenster des Bundestagsgebäudes gezwängt und mir, vorbei an hochsensiblen Sicherheitsschleusen, Kameras, Polizei und dem Sicherheitspersonal des Besucherdienstes, unerlaubt Zutritt in den Bundestag verschafft. So hinterlistig, wie sich die Chinesen in die Computer von Regierungsinstituten hacken. Doch bei aller Liebe, sogar der beste Ninja, Zen-Meister oder Martial-Arts-Kämpfer dieser Welt hätte beim Anblick dieser zierlichen Fensterluke das Handtuch geschmissen.

Doch ich kann es der Frau nicht verübeln. Früher oder später musste es so kommen, dass mir Gott meine alten Universitätssünden in Rechnung stellte. Während meiner Unizeit führten wir in unserer Wohngemeinschaft aus Langeweile kuriose Tests durch, mit denen wir in der Fernsehsendung »Ripley's unglaubliche Welt« hätten auftreten können. Mein japanischer Freund Taka diente uns mit seiner Körpergröße von 1,50 Meter oft als Versuchsperson. Taka sollte demonstrieren, dass sich der menschliche Körper durch die engsten Löcher pressen kann, wenn nur der Wille stark genug ist. Vielleicht bekommt man jetzt ein falsches Bild von mir, vor allem, wenn man etwas über die Geschichte zwischen Japan und Korea weiß. Aber ich versichere, dass ich keinerlei Rachegefühle gegenüber meinem japanischen Freund Taka hatte für die Grausamkeiten, die Japan Korea angetan hatte – wie koreanische Frauen als Sexsklaven zu nutzen, die Dokdo-Insel für sich zu beanspruchen, Geschichtsfälschung zu betreiben, die Kriegsschreine zu besuchen und Koreaner in Japan zu diskriminieren, obwohl sie zum Teil schon in der dritten Generation dort leben. Da bin ich ganz Profi, da doch solche Kleinigkeiten einer Freundschaft nicht im Wege stehen sollten. Taka und ich sind noch heute befreundet.

Jedenfalls motivierten wir Taka, sich in die Trommel einer handelsüblichen Waschmaschine zu zwängen. Auch in ein herkömmliches Waschbecken passte er hinein. Probieren geht nun mal über studieren – und wenn sich meine japanischen Freunde als Probanden zur Verfügung stellten, umso besser. Ausgerüstet mit diesem Allgemeinwissen war ich mir sicher, dass selbst Taka, allem herkulischen Willen zum Trotz, nicht durch die winzigen Fensterluken des Bundestages gepasst hätte.

Für die blühenden Phantasien der Verwaltungsdame habe ich dennoch Verständnis. Vielleicht war sie eine ehemalige Bedienstete des Staatssicherheitsdienstes? Dann musste ihr ein großes Repertoire bekannt sein, was die Flucht durch abnorme Bereiche anbelangt. Die Dame konnte sich wohl in ihren kühnsten Post-DDR-Träumen nicht vorstellen, dass ausgerechnet ein Asiate durch »ihre« heiligen Hallen der deutsch-deutschen Politik herumirren sollte, als wäre er deren rechtmäßiger Besitzer.

Als höflicher Mensch blieb ich vor der Dame stehen, die immer noch in befehlshaberischer Haltung etwas apathisch dastand, als wäre sie Gregor Gysi persönlich. Ich blickte in ihre lieblosen, ostdeutschen Äuglein und sagte in meiner niederrheinischen Art: »Wissen Sie, es ist halt schwer, mit einem Gürtel voller Bomben um den Bauch geschnallt durch den Haupteingang zu kommen!«

Ihre Miene verhärtete sich wie bei Günter Guillaume, als seine Deckung aufflog. Sie machte ein Gesicht wie drei Tage Regenwetter, als wäre die Mauer just an diesem Tage gefallen.

Dann ging ich meines Weges, setzte jenes Lachen auf, wofür wir Asiaten weltweit Berühmtheit erlangt haben, fasste mit schnellen Bewegungen an meinen Bauch, wie ich es bei den Hamas-Mitgliedern im Fernsehen gesehen hatte, und blickte nie wieder zurück.

Diese Erfahrung machte mir wieder einmal eines deutlich: Es bringt nichts als Ärger ein, wenn man als Migrant versucht, sich auf der Einheimischen allerheiligstem Terrain zu betätigen.

MCDONALD'S IST EINFACH GUT

Herr Heinen?! Ihr Name hört sich niederländisch an?«, sagte der Referatsleiter aus dem Ministerium am Telefon.

»Könnte man fast annehmen! Mein Name spricht sich allerdings *Hee-yon* aus und nicht Heinen, ähnlich wie die koreanische Automarke Hyundai«, entgegnete ich.

»Gut. Herr Martinsen! Merke ich mir!«, antwortete der Beamte und legte auf.

Mein exotisches Hyun ist allemal besser als das einheimische Hirtler oder Hiller, dachte ich bei mir. In einem Aufzug irgendwo im bunten Wedding hatte ich ein verunstaltetes Werbeplakat eines Juristen namens Walter Hiller entdeckt. Juristen gibt es wirklich wie Sand am Meer, da muss man sich schon einiges einfallen lassen, um hervorzustechen. Irgendjemand hatte sich einen Spaß erlaubt und aus dem ersten l im Nachnamen ein t gemacht.

Ich habe es normalerweise aufgegeben zu erklären, wie man meinen Namen richtig ausspricht oder schreibt. Heinen, Martinsen, Toyota Corolla oder Hudson, niederländisch, bayerisch, japanische Automarke oder norwegisch – welchen Unterschied macht das schon in einer globalisierten Welt? Man muss sich den Gegebenheiten anpassen, denn wie Bruce Lee einmal sagte: »Sei Wasser, mein Freund!« Als ich meinem Freund Felix davon erzählte, schlug er mir vor, ich solle mir ein Pseudonym zulegen, das bereits einen hohen Bekanntheitsgrad habe, wie etwa Jet Li oder Bruce Lee, denn schließlich gebe es nicht nur einen Jet Li oder Bruce Lee auf dieser Welt. Die Menschen hätten bei diesen Namen sofort Bilder im Kopf und könnten etwas damit anfangen, versuchte Felix, mir seine Idee schmackhaft zu machen. Wäre ich Angestellter eines Inkassounternehmens, im Finanzamt oder im Außendienst der Bundesagentur für Arbeit tätig, würde sich eine Namensänderung sicherlich bezahlt machen. Wer würde nicht auf der Stelle seine Schulden begleichen wollen, wenn ein wütender Jet Li oder Bruce Lee an seiner Haustür zweimal klingelte. Eine Karriere in der Finanz- oder Inkassobranche strebe ich jedoch nicht an, weder im Innen- noch im Außendienst. In einer politischen Organisation hingegen wäre solch ein schlagkräftiger Name wohl eher von Nachteil.

Ausländisch klingende Namen bei Personen, die im gehobenen und in den höheren Diensten von Regierungsorganisationen wichtige Funktionen ausüben oder wichtige Posten innehaben, bleiben – trotz aller politischer Akzeptanz, dass Deutschland ein Einwanderungsland ist – selbst in den Ministerien, die Referate mit dem Arbeitsbereich Integration unterhalten, eine Rarität. Im Bundesamt für Migration und Flüchtlinge (BAMF) gibt es das Hauptreferat 3 Integration, dem 13 weitere Referate unterstellt und in dem rund 222 Personen beschäftigt sind. Die Gleichstellungsquote ist mit 120 Frauen, einschließlich der Hauptabteilungsleiterin, vorbildlich eingehalten. Gesetzlich werden Frauen und Schwerbehinderte bei gleicher Eignung, Befähigung und fachlicher Leistung bevorzugt berücksichtigt. Unter den 222 Personen scheinen Menschen mit Zuwanderungsgeschichte allerdings Fehlanzeige.

Das Innenministerium unterhält die Abteilung M, die für Migration, Integration, Flüchtlinge und Europäische Harmonisierung zuständig ist. Auch dort werden mit 15 Frauen und 15 Männern die Auflagen der Gleichstellungsquote erfüllt. Doch nach Mitarbeitern mit Migrationshintergrund sucht man ganz klar vergeblich.

Ein wenig verblüffte mich das siebenköpfige Referat MI5 des Innenministeriums, das sich mit Rückführung und Rückkehrförderung beschäftigt. In England ist der MI5 der Inlandsgeheimdienst, und im MI6 arbeitet Agent 007 James Bond. Einen Geheimagenten mag es hier vielleicht nicht geben. Doch vor einigen Jahren gab es dort einen Referenten mit türkischen Wurzeln, der im Bereich Ausländerterrorismus und Extremismus angesiedelt war. Getreu dem Motto »Halte deine Freunde nah bei dir, aber deine Feinde noch näher«.

Im Bundesministerium für Verkehr, Bau und Stadtentwicklung gibt es die Unterabteilung SW22(B) Soziale Stadt, ESF-Programme, Integration, die drei ethnisch homogene Frauen und Männer beschäftigt. Vielleicht, um das Fremde zu verdrängen und aus den Stadtmauern fernzuhalten, so lange es geht. Das Referat 113 Unterabteilung 11 Bund-Länder, Exportkreditgarantien, Migration, Reintegration, CIM des Bundesministeriums für wirtschaftliche Zusammenarbeit und Entwicklung (BMZ) beschäftigt sechs Frauen und drei Männer. Bis auf sehr wenige Ausnahmeerscheinungen klingen die Namen der Referenten, Mitarbeiter und Abteilungsleiter im Bundesamt für Migration und Flüchtlinge, im Innenministerium und anderen politischen Landschaften inländisch. Bei einer Veranstaltung kam ich kurz mit einer Referentin des

Bundespräsidialamts ins Gespräch und fragte sie, ob es unter den rund 180 Mitarbeitern welche mit Migrationshintergrund gebe. Sie schüttelte den Kopf.

Inländisch klingen auch die Namen des Mitarbeiterstabes der Beauftragten der Bundesregierung für Migration, Flüchtlinge und Integration Maria Böhmer. Aber was will man erwarten, wenn von der Beauftragten selbst die Integration schon als gelungen betrachtet wird, wenn man als Migrant den Einheimischen bei McDonald's Pommes und Burger serviert.

Als ich eines Abends den Fernseher anschaltete, lief gerade die neue Imagekampagne von McDonald's. Im 21. Jahrhundert möchte der Fastfoodgigant weg von seinem Ruf als Hort für Arbeitnehmer aus der Unterschicht. Die mitleidigen Blicke der Mitmenschen sollen der Vergangenheit angehören. In Zukunft sollen die Arbeitnehmer stolz sein, für Ronald McDonald zu arbeiten. In der Werbung trat eine junge Auszubildende auf, gefolgt von einer älteren Crew-Mitarbeiterin. Daraufhin erschien Isa, der Restaurantmanager mit Migrationshintergrund. Er machte einen auf Donald Trump der Chickenburger und erzählte, wie er als Burgerflipper anfing und schnell die Leiter zur Führungskraft emporklomm. Dann folgte ein Szenenwechsel. Isa wurde mit einem Deutschen beim Squashspielen gezeigt. Spätestens jetzt war die Botschaft klar. Als erfolgreicher McDonald's Storemanager mit Migrationshintergrund kriegt man endlich auch einheimische Freunde. Dann endete die Werbung mit Isas Hauptbotschaft: »Was zählt, ist deine Leistung. Wo du herkommst, ist egal«. McDonald's ist einfach gut – nicht nur, weil man dort während der Asien-Wochen die Vielfalt Asiens erleben kann.

EIN KOMMENTAR

Folgenden Kommentar erhielt ich zu einer meiner Kolumnen zum Thema »Mehr Migranten in den höheren Dienst«:

Es steht nicht jedem an sich in die inneren Angelegenheiten unseres Landes einzumischen. Ein Koreaner schuldet mir noch Geld und ist auf und davon. Auf Kosten deutscher Steuerzahler hat er hier studiert, sich nicht für unsere Kultur interessiert (...) und wollte natürlich in England arbeiten, nicht in Deutschland. Wer so die Würde seiner Nation im Ausland beleidigt, muss sich nicht wundern wenn seinen Landsleuten kein Vertrauen entgegenschlägt. Mit Koreanern bin ich durch. (...) Tut mir leid, das wichtige ist, dass wir Menschen unserer eigenen Nation in die Ämter bringen. Es kann nicht sein, dass fremde Völker sich bei uns breit machen und uns regieren oder man einen Ministerpräsidenten oder Minister hat, der die Frage seiner nationalen Loyalität nicht geklärt hat. Wer Deutscher ist, nämlich jener der einen deutschen Pass besitzt, sollte auch einen deutschen Namen annehmen und keinen Zweifel aufkommen lassen daran, dass er die Interessen des deut-

schen Volkes vertritt, nicht die von fremden unproduk-
tiven Personen, welche die Sozialsysteme belasten und
sich weigern in ihre Länder zurückzukehren, ja nicht
mal unsere Sprache beherrschen (...).

DON

NOMEN EST OMEN

Einige Zukunftsgewandte versahen das O an der U-Bahn-Haltestelle Kottbusser Tor in der Türkenhochburg Kreuzberg mit einem Umlaut und machten sie so kurzerhand zum Köttbusser Tor, was die Touristen verwirrt, weil sie diesen Namen nicht in ihrem Reiseführer finden. Die Koreaner in Charlottenburg nennen ihren Kiez schon liebevoll Charlottengrad. Auch diesen Ort findet man nirgends in den Stadtplänen Berlins.

»Zumindest können die Koreaner Charlottengrad fast akzentfrei aussprechen«, meinte meine Bekannte Hyun-jae aus Frankfurt am Main. Denn viele Frankfurter Koreaner lebten in Schwalbach am Taunus. Das W werde meist zu einem I. So bekomme der Ortsname Ähnlichkeit mit dem äußerst beliebten koreanischen Schimpfwort »Schibal«, was übersetzt so viel wie »Fuck« bedeutet. Hyun-jae erzählte mir, sie müsse immer lachen, wenn Koreaner beherzt sagten, dass sie in »Schibalbach« wohnen. Sie lasse sie den Satz gerne mehrmals aufsagen.

Mein Bekannter Kwang-sun hatte mir mal von seinem hinterwäldlerischen Onkel erzählt, einem Bauern, der eines Tages in die Hauptstadt Seoul reiste. Dort angekommen sprachen alle über die französische Edelmarke Louis Vuitton. Auf Koreanisch »Louis Wie-dong« ausgesprochen, hat das Wort Ähnlichkeit mit dem Ausdruck für »Scheiße«. Kwang-suns Onkel wundert sich bis heute, warum man in der Hauptstadt für »Scheiße« so viel Geld ausgibt.

Der Zukunft zugewandt ist auch die Komische Oper in Berlin, die ab sofort sämtliche Libretti auf Türkisch übersetzt. Hinter dieser Aktion steckt aber mehr Verstand als Herz. Denn die einheimischen Abonnenten sterben der Oper langsam aus, und auch in diese sonst so homogene Bastion wird die Vielfalt einziehen.

Eine Bekannte hatte mir einmal von einem Vorfall in der idyllischen Stadt Bad Iburg in Niedersachsen erzählt. Die Stadt mit ihren 11.600 Einwohnern will anderen in Sachen Einwanderungsland in nichts nachstehen – und vor allem nicht zu spät kommen. Auch dort ist die Botschaft Gorbatschows angekommen. In Bad Iburg regiert aktuell ein Oberbürgermeister mit kroatischem Migrationshintergrund. Lange Zeit gab es dort einen zweiten stellvertretenden Oberbürgermeister mit jordanischem Migrationshintergrund und einem muslimischen Vornamen, nämlich Nazih (ausgesprochen Nasi). Die lokale NPD hatte sich anfangs über den Einzug Nazihs ins Rathaus gefreut, bis sie von seinen nicht-arischen Wurzeln erfuhr. Die überschaubare NPD-Bande versammelte sich kurzerhand vor dem Rathaus mit einem großen Transparent, auf dem zu lesen war: »Ein Nazih zu viel!« Trotz der sinkenden Mitgliederzahl geht auch die NPD bei der Aufnahme von neuen Mitgliedern äußerst selektiv vor.

Mein halbkoreanischer Bekannter mit dem sehr deutschen Namen Udo Ehrenfeld erzählte mir einmal von seinem unvergesslichen Erlebnis bei einem Bewerbungsgespräch in einer Wirtschaftsprüfgesellschaft in München. Bei der Begrüßung sagte der Personalleiter: »Herr Ehrenfeld! Bleiben Sie doch mal kurz stehen, damit ich sie mal von vorne und von hinten betrachten kann.«

Udo, der bemüht war, beim ersten Treffen einen guten Eindruck zu hinterlassen, trug die Aufforderung mit Fassung.

»Wissen Sie, ich habe eine koreanische Frau. Ich wollte nur mal sehen, wie mein Kind in späteren Jahren möglicherweise aussehen wird!«, rechtfertigte sich der Personalleiter gegenüber seinem potenziellen Mitarbeiter, der gute Miene zum bösen Spiel machte.

Bei einem Seminar in Bad Staffelstein erzählte mir eine Koreanerin, dass ihr deutscher Ehemann sie dazu dränge, seinen Nachnamen anzunehmen. Für sie kam das nicht in Frage. Sie wollte weiter ihren koreanischen Namen führen. Das Argument ihres Mannes war, der deutsche Name sei von Vorteil, da man potenziellen Arbeitgebern damit signalisiere, dass sie über eine Arbeitserlaubnis verfüge.

Eine dreifache koreanische Mutter, die mit einem deutschen Mann verheiratet und deren Kinder allesamt deutsche Vornamen und einen deutschen Nachnamen tragen, erzählte mir einmal von einem Erlebnis während eines Elternsprechtags: Der deutsche Lehrer staunte nicht schlecht, als sie das Klassenzimmer betrat. Selbstbewusst sagte sie: »Ich bin die Mutter von Hans Müller!«

Der Lehrer, sichtlich erstaunt, ja nahezu geschockt, seine Kinnlade fiel herunter, entgegnete ihr: »Wirklich? Ich wüsste nicht, dass Hans eine asiatische Mutter hat.«

»Aber ich bin tatsächlich die Mutter von Hans. Ich war schließlich bei der Geburt meines Sohnes dabei!«, verteidigte sie sich tapfer.

In Deutschland hat schon längst ein Prozess der Hierarchisierung von Migrantengruppen eingesetzt in »the good, the bad and the ugly«. Die Guten, das sind die Vietnamesen und die Koreaner, die Schlechten die Araber und die Türken. Die einen sind angeblich integrationswillig, die anderen nicht. Leider ist es keine Fußball-Bundesliga-Tabelle, durch die den Koreanern und Vietnamesen eine automatische Teilnahme an der Champions-League garantiert wäre.

Manche Politiker machen es sich mit der Hierarchisierung viel zu einfach. Das Leben ist bekannterweise schon kompliziert genug. Aber mit dieser Einstellung schotten sich die Politiker immer weiter von der realen Welt ab, so dass man sich die berechtigte Frage stellen muss, wer von uns in einer Parallelwelt lebt. Gerade bei Diskussionen zum anonymisierten Bewerbungsverfahren wird das deutlich. Viele ernannte beziehungsweise selbsternannte Integrationspolitiker erzählen von Ali oder Mehmet, Murat und Ayşe, Fatima und Mohammed, die keinen Job bekämen, weil Peter und Hans, Anna und Alexander oder Christine und Klaus bevorzugt würden. Ich selbst trage einen deutschen Vornamen, verpackt in einer asiatischen Hülle. Meine Freundin Dani hat eine deutsche Bekannte mit Nachnamen Ölke, die bei der Jobsuche erhebliche Schwierigkeiten gehabt habe, obwohl sie über keinerlei türkische Wurzeln verfüge. Ich erinnerte mich daran, dass der ehemalige Fußballnationaltorwart Oliver Kahn und die Tennisspielerin Martina Hingis kurze Zeit ein Paar waren. Leider ist nie mehr daraus geworden. Man stelle sich vor, wenn der Fußballtitan und die slowakischstämmige Schweizerin geheiratet hätten. Aus den beiden wäre Hingis-Kahn geworden, ein Name, der nicht nur in Europa für Furore gesorgt, sondern die ganze Welt das Fürchten gelehrt hätte. Die Franzosen haben es mit Dominik Strauss-Kahn vergeblich versucht und die Japaner mit Naoto Kan. Der eine scheiterte wegen Frauengeschichten, und der andere schmiss das Handtuch.

Das erinnert mich an Johannes, einen einheimischen deutschen Mitarbeiter in der neu eröffneten Ikea-Filiale in Lichtenberg. Auf seinem Namensschild stand neben Johannes auch der vietnamesische Familienname Ngyuen. Das verwirrte mich ein wenig. In meinem Kopf spielten sich Szenen ab, wie er wohl an seinen Nachnamen gelangt war: Entweder war er von liebevollen vietnamesischen Migranten adoptiert worden, oder aber er war schlichtweg ein Kuckuckskind. Um Gewissheit zu erlangen, fragte ich ihn höflich, ob er Vietnamesisch spreche.

»Nein«, antwortete er. »Sie fragen mich wahrscheinlich wegen meinem Namen. Den habe ich meiner vietnamesischen Frau zuliebe angenommen.«

Asiatische Frauen drücken deutschen Männern ihren Stempel auf, dachte ich mir und ging nach Hause. Als ich die Straße überqueren wollte, fuhr eine Straßenbahn vorbei, auf der der schwedische Möbelhersteller mit dem Slogan warb: »Vielfalt auf der ganzen Linie« – und das in dem national angehauchten Lichtenberg, dachte ich mir.

IM ZENTRUM DER MACHT

Ein Migrant sollte seinen Platz in der Gesellschaft kennen. Falls er sich dem widersetzt, werden ihm schnell die Grenzen aufgezeigt. Doch meine Beharrlichkeit, mit der ich einem Shaolin-Mönch gleich an den Türen des Bundestags klopfte, gewährte mir Einlass in den heiligen Palast deutscher Politik, in den sich ansonsten nur wenige Migranten verirren. Für Migranten reichen der Ruf: »Ich will hier rein!« und das Rütteln am Zaun nicht aus, damit sich die Tore öffnen. Die Migranten, die es trotz aller Widrigkeiten in den Bundestag schaffen, machen meist Karriere als Wasserträger, Fensterputzer, Kloputzer, Klinkenputzer, Maschinenputzer, als Saubermacher jeglicher Art.

Als einer von rund 5.000 Mitarbeitern der 612 Volksvertreter brachte ich einen kleinen Farbtupfer in den homogenen Betrieb. Im Schnitt kommen auf einen Abgeordneten drei Leute, bestehend aus einer Sekretärin und zwei wissenschaftlichen Mitarbeitern. Von den 5.000 sind 2.400 in der Verwaltung angesiedelt. Die restlichen 800 arbeiten für die verschiedenen Fraktionen. Mich beschäftigte schon lange die Frage, wie viele von den rund 1.800 Mitarbeitern der Abgeordneten einen Migrationshintergrund haben und welche Funktion sie ausüben. Ich vermute, dass es nicht viele sind.

Menschen, so sagt man, haben zwei Gesichter, Politiker drei oder vier, und dazu sind sie verdammt gute Schauspieler, die es mit jedem Broadwaystar aufnehmen könnten. Vor der Kamera zeigen sie immer ein anderes Gesicht als später, wenn die Kamera ausgeschaltet ist. Für diese spezielle Performance sollte es einen Preis geben, ähnlich dem Bambi. Mein Bekannter Manfred, ein Original-Kreuzberger, würde dazu sagen: »Als Mensch nicht zu gebrauchen und als Schwein zu kleine Ohren.« Im Bundestag kam ich zu der Erkenntnis, dass nicht nur der gigantische CO_2-Ausstoß der Industrieländer Schuld an der Umweltverschmutzung trägt, sondern auch die viele heiße Luft, mit der die Bundestagsabgeordneten nahezu verschwenderisch umgehen.

Bunt sind nur die Kunstsammlung, die der Bundestag beherbergt, die politischen Farben der Parteien und die Deutschlandflaggen vor dem Westeingang. Das expressionistische Bild »Zeit und Leben« von Bernhard Heisig, das in der Cafeteria des Reichstages hängt, ist solch ein buntes Bild. Die grünen Neonlichtskulpturen Neo Rauchs im Paul-Löbe-Haus zeigen zwei auf Leitern stehende Männer, die ihre linke beziehungsweise rechte Hand hochstrecken, vielleicht aus Protest. Bei Bildern und Skulpturen sind den Phantasien keine Grenzen gesetzt. Für mich greifen Rauchs Skulpturen nach gemeinsamen Zielen. Sie erinnern mich an ein Poster der olympischen Siegerehrung 1968 in Mexiko City, das in meiner Wohnung hängt. Der Afroamerikaner Tommy Smith gewann über 200 Meter die Goldmedaille. Um auf die Armut der Schwarzen aufmerksam zu machen, betrat Smith barfuß das Siegerpodest. Als die Nationalhymne seines Landes aus den Lautsprechern erklang, streckte er seine rechte Faust, umhüllt von einem schwarzen Lederhandschuh, in die Luft, um auf das Problem der Rassendiskriminierung hinzudeuten. Das olympische Komitee war derart aufgebracht über die Protestaktion, dass Smith und sein Mannschaftskollege John Carlos, der es ihm gleichtat, aus dem olympischen Dorf verwiesen und vom weiteren Wettbewerb ausgeschlossen wurden. Auf der anderen Seite erinnern mich Rauchs Neonlichtskulpturen an Norbert Blüm, der einst auf einer Trittleiter an eine Litfasssäule gelehnt stand und mit einem Auskehrer über Plakate wischte, auf denen stand: »Denn eins ist sicher: Die Rente.« Im Nachhinein glaube ich wirklich, dass das Kunstwerk ein verstecktes Denkmal für Norbert Blüm ist, denn der sprach doch von der Rente der Abgeordneten.

Die Kunstwerke von Neo Rauch, Anselm Kiefer, Baselitz, Heisig und Strawalde haben eine gewisse *Soul-Food*-Wirkung auf mich. Sie geben mir *Instant Karma*. Und mit einem Mal stören mich die kleinen Schikanen nicht mehr, wenn etwa mürrische Wachmänner im Bundestag meinen Rucksack oft gesondert durchleuchten wollen, meinen Hausausweis doppelt kontrollieren oder mich mit ihren Blicken durchbohren, als gehörte ich nicht hier hin. Aber wer kann ihnen das schon verübeln? Wer rastet, der rostet, und an wem sonst sollten sie das sich angeeignete Wissen austesten. Mir ist klar, welchen Eindruck ich hier erwecke. Doch dieses Mal begnüge ich mich nicht mit der Rolle des Gastes, des Wasserträgers oder des Besuchers. Ich bin fest entschlossen zu bleiben, an jeder Tür im Bundestag zu rütteln und zu rufen: »Ich gehöre hier hin! Auch ich bin Bundestag!«

OLYMPISCHE SPIELE

Während der Olympischen Sommerspiele in China wurde ich nur so mit Komplimenten überhäuft. Die Spiele in »meinem« Land seien so hervorragend organisiert, erzählten mir wildfremde Menschen auf der Straße und meine Kollegen im Bundestag. Beim ersten Mal stutzte ich kurz, bevor ich entgegnete: »Sie haben ein unglaubliches Erinnerungsvermögen. Unsere Spiele liegen doch schon rund vier Jahrzehnte zurück!« Anhand der grübelnden Gesichter war mir klar, dass keine der Personen wusste, was ich damit meinte.

Im Bundestag herrschte immer große Vorfreude, wenn Staatsgäste aus Asien erwartet wurden. Als der chinesische Premierminister Wen Jiabao zu Besuch kam, waren meine Kollegen auf dem Flur ziemlich aufgeregt. »Martin, Martin!«, riefen sie, »der chinesische Premierminister ist da! Freust du dich denn nicht?« Erst war ich versucht zu erwidern, dass mein Präsident in Dahlem lebt, aber ich wollte kein Spielverderber sein. Deshalb sagte ich: »Und sollen wir den Premierminister zur Begrüßung nicht mit kontaminiertem Spielzeug und verseuchten Milchprodukten bewerfen?« Zum Wurf von Milchprodukten und Spielzeug kam es zwar nicht, dafür schmiss Tage später, während einer Rede Wen Jiabaos an der

Universität Cambridge, ein deutscher Student seinen Turn-
schuh nach »meinem« Premierminister und verfehlte ihn nur
um einige Zentimeter.

Der chinesische Geheimdienst witterte eine PR-Inszenie-
rung durch den in der Finanzkrise arg gebeutelten Schuhhersteller Adidas aus Herzogenaurach. Adidas wolle mit minima-
lem finanziellen Aufwand das Maximale an Profit rausholen.
Als Vorbild diente augenscheinlich die türkische Schuhfirma
Baydan. Ein irakischer Journalist, der den amerikanischen
Präsidenten a.D. George W. Bush mit dem Schuhmodell 271
aus dem Hause Baydan beworfen hatte, machte den Schuhhersteller über Nacht weltbekannt. Seitdem verzeichnet Baydan Rekordprofite, ohne Millionen in Werbung investieren
und ohne Berühmtheiten als Werbeträger gewinnen zu müssen. Dem irakischen Schuhwerfer wollte man sogar ein Denkmal widmen, und Familienväter boten ihm ihre Töchter an.
Ein saudischer Geschäftsmann, der anonym bleiben wollte –
wahrscheinlich Bin-Laden persönlich? – bot zehn Millionen
Dollar für die beiden Schuhe.

Die Marke mit den drei Streifen hatte es wohl satt, Milli-
onengagen für erfolgreiche Sportler mit aufgeblähten Egos
auszugeben. In der Finanzkrise wollte man sparen und in
Paul-Potts-Modelle investieren. Deshalb, so lässt sich vermuten, beauftragte man den deutschen Studenten, Wen Jiabao
mit einem Adidas-Schuh zu bewerfen. Der Schuh flog nur
knapp am Premierminister vorbei, den man noch etwas auf
Chinesisch sagen hörte. Dann setzte er zufrieden und sichtlich unbeeindruckt seine Rede fort. Die besten Lippenleser
des Landes hatten vergeblich versucht, Wen Jiabaos Worte zu
entschlüsseln, als der Schuh ihn nahezu streifte. Doch wie immer hatte der chinesische Premier das Glück auf seiner Seite,

so wie an dem Tag, als während einer Pressekonferenz mit Bundeskanzlerin Merkel sein Übersetzungsgerät vom Ohr abfiel, als Merkel anfing, über geistiges Eigentum und Patentschutz zu sprechen. Aus sicherer Quelle hörte ich, dass seine Worte lauteten: »Ich kenne diese Schuhe! Made in China!«

Die Werbekampagne von Adidas verfehlte ihre Wirkung. Denn nach erfolgreichem Schuhwurf hätte der Student noch ein Plakat hochhalten sollen mit der Botschaft: »Impossible is nothing.« Dazu kam es nicht. Statt Denkmälern, Millionen und Töchtern drohen dem deutschen Cambridge-Studenten Gefängnis, Bußgeld und der Ausschluss von der Elite-Universität. Als Racheakt hat der chinesische Geheimdienst seine Wanderarbeiter damit beauftragt, tonnenweise Adidas-Plagiate herzustellen und in Umlauf zu bringen.

Das Schuhewerfen als Ausdruck von Protest ist zu einer Art olympischer Disziplin geworden. Als der damalige Verteidigungsminister Franz-Josef Jung im Paul-Löbe-Haus des Bundestages während einer Feierstunde vor Bundeswehrsoldaten eine Rede hielt, bewarfen ihn Anhänger der Linken mit rosa Badesandalen. Zurzeit handeln Lobbyisten berühmter Schuhfirmen lukrative Deals mit potenziellen Schuhwurf-Attentätern aus. Der Vater aller Schuh-Demonstrationen war der ehemalige Regierungsschef der UdSSR Nikita Chruschtschow. Der Nachhall seiner Schuhabsätze ist in New York immer noch zu hören.

Mein Freund Sang-bong rief mich vor ein paar Tagen an. Er habe die Schnauze voll und wolle alles hinschmeißen. Ob er zufälligerweise von der koreanischen Turnschuhfirma *Pro-Specs* kontaktiert worden sei, wollte ich wissen. Sang-bong verneinte, fragte, was meine dumme Frage solle, und erzählte frustriert von seinem Bewerbungsgespräch mit dem Deutschen Olympischen Sportbund für die Stelle im Referat Internationales. »Die Stadt München bewirbt sich um die Olympischen Winterspiele 2018, und das koreanische Pyeongchang auch. Werden Sie nicht in Interessenskonflikte geraten, sollten Sie diese Stelle bekommen?«, fragte ihn die Referatsleiterin. Sang-bong wollte die Referatsleiterin schon korrigieren, weil sie Pyeongchang wie Pjongyang aussprach, die Hauptstadt Nordkoreas, ließ es aber bleiben. Auch der Nachrichtensprecher vom Deutschlandfunk hatte Pjongyang schließlich als Bewerber der Spiele 2018 genannt. Als ich das hörte, sprang ich voller Freude auf, die Wiedervereinigung vor Augen. Ich wollte schon die Sektkorken knallen lassen. Sicherheitshalber googelte ich schnell, ob sich die Hauptstadt Nordkoreas wirklich um die Winterspiele beworben hatte. Das wäre eine Sensation gewesen, ein großer Sprung nach vorn. Doch überall las ich nur Pyeongchang, so sehnsuchtsvoll meine Augen auch nach Pjongyang suchten. Pyeongchang mit Pjongyang zu verwechseln, das ist wie Köln mit Düsseldorf zu vertauschen. Stellen Sie sich vor, wie viele Koreaner an diesem Tag Freudentänzchen machten und ihr letztes Geld für Schampus rausschmissen, nur um später enttäuscht zu werden!

Bei den Öffentlich-Rechtlichen wundert mich nichts mehr. Während einer Live-Übertragung von den Olympischen Spielen in Beijing hatte ein ZDF-Moderator die Siegerehrung der chinesischen Turnerinnen kommentiert. Dabei verlor er kein gutes Wort über die Athletinnen. Er kritisierte das zu junge Aussehen der Sportlerinnen und sagte: »Vielleicht rechnen die Chinesen einfach manchmal nach Hundejahren, sie essen die Vierbeiner ja auch gern!« Schlimmer aber noch waren die spanischen Basketballer, die sich in Vorfreude auf ihre Olympiateilnahme im Reich der Mitte mit Schlitzaugen für eine

Werbekampagne präsentierten. *Schlitz*augenscheinlich hat es geholfen, denn sie gewannen die Silbermedaille.

Der Fehlerteufel schlich sich auch bei der renommierten Schweizer Zeitung *Blick* ein. Dort wurde der koreanische Popstar Kim Jong-woon von der Band *Super Junior* als dritter Sohn des nordkoreanischen Diktators Kim Jong-il vorgestellt. Kim Jong-ils dritter Sohn trägt zufälligerweise denselben Namen wie der Popstar, der in Südkorea eine kleine Schockwelle auslöste. Die Nordkoreaner haben die südkoreanischen Medien infiltriert.

Aber zurück zu Sang-bongs Bewerbungsgespräch. Genervt, weil er die Loyalitätsfrage nicht zum ersten Mal gestellt bekam, antwortete Sang-bong: »Glauben Sie denn wirklich, dass ich mich als deutscher Staatsbürger beim Deutschen Olympischen Sportbund bewerbe, um Korea dabei zu helfen, die Winterspiele zu bekommen? Die Entscheidungskraft liegt doch gar nicht bei mir!«

»Sie verstehen doch sicherlich, dass ich Ihnen diese Frage stellen muss«, sagte die Referatsleiterin entschieden. Kurz nach dem Bewerbungsgespräch bekam Sang-bong eine Absage. Man habe sich für eine andere Person entschieden, hieß es schlicht in der E-Mail. Und irgendwie ließ mich an diesem Tag das Gefühl nicht los, dass das Ablehnen von Menschen mit Zuwanderungsgeschichte, Migrationshintergrund oder Migrationserfahrung in Regierungsorganisationen genau wie das Turnschuhwerfen gegen Politiker zu einer Art olympischer Disziplin geworden ist.

KOREANER UND FELDHASEN

In der kleinen koreanischen Community in Deutschland hat sich einiges getan. Die koreanische Wochenzeitung *Kyoposhinmun* ging online. Bundeskanzlerin Merkel lud 200 ehemalige Gastarbeiter ins Kanzleramt ein. Das Motto der Veranstaltung lautete: »Deutschland sagt Danke!« Die Feier war eine verspätete Art von Anerkennung für die geleistete Arbeit. Unter den geladenen Gästen waren einige koreanische Krankenschwestern. Die koreanischen Bergarbeiter hatte man vergessen. Zum dritten und letzten Integrationsgipfel im November 2008, wo es um nichts mehr ging, weil man bereits bei den ersten beiden Gipfeln einen Integrationsplan erarbeitet hatte, wurde schließlich ein koreanischer Verband der zweiten Generation eingeladen. Auf dem kunterbunten Gruppenfoto mit der Staatsministerin für Integration ist die koreanische Teilnehmerin gut getroffen, doch in der Diskussionsrunde kam sie nicht zu Wort.

Die Teilnahme am Integrationsgipfel war hart erkämpft. Bei den vorherigen Integrationsgipfeln hielt Staatsministerin Böhmer die Anzahl der Koreaner in Deutschland für zu klein und unbedeutend, so dass man den Vietnamesen und Chinesen den Vorzug gewährte, wie sie mir in einem Brief erklärte. Aber man sieht sich immer zwei Mal im Leben. Beim Forum

Demographischer Wandel im Oktober 2008 »Vielfalt leben –
Gemeinsamkeiten gestalten« mit Bundespräsident Köhler im
Schloss Bellevue war es so weit. Unter den geladenen Gästen
war auch Staatsministerin Böhmer. Bei der Fragerunde nahm
ich all meinen Mut zusammen und meldete mich zu Wort. Die
Staatsministerin schaute offensichtlich gelangweilt in die Ku-
lisse, bis ich sie direkt ansprach, auf ihren Brief einging und
schließlich sagte, dass ihre Absage an die Koreaner aufgrund
ihrer unbedeutenden Bevölkerungszahl auch Vorteile mit sich
bringe. Erst durch diese Absage hatte ich einen bundesweiten
Aufruf starten können, dass Koreaner nicht durch eine hohe
Bildungsquote zum Integrationserfolg beitragen sollten, sondern durch eine höhere Geburtenrate. »Koreaner dieser Welt
vermehret euch!«, appellierte ich seither an meine Leidensgenossen. Am Folgetag berichtete die *TAZ* über meinen Aufruf.

Auch bei der Staatsministerin muss ich mit meinem Aufruf,
die Koreaner sollten sich vermehren wie die Feldhasen, einen bleibenden Eindruck hinterlassen haben. Vermutlich hatte
Böhmer schlaflose Nächte bei dem Gedanken daran, dass eines Tages in ganz Deutschland Menschen herumlaufen würden mit mandelförmigen Augen im 16:9-Format. Als ich sie
nach dem Forum im Schloss Bellevue erneut anschrieb und
fragte, ob Koreaner in Deutschland bei zukünftigen Veranstal-
tungen von ihr berücksichtigt würden, bekam ich vom Leiter ihres Büros ein Antwortschreiben zugeschickt. Er schrieb:
»Sie weisen zu Recht auf die Leistungen der in Deutschland
lebenden Koreaner hin. Viele haben einen wertvollen Beitrag
für die wirtschaftliche Entwicklung Deutschlands geleistet.
Durch ihr großes Engagement sowie ihre hohe Integrations-
fähigkeit bereichern sie unser Land. Ich darf Ihnen versi-
chern, dass wir auch weiterhin diese wichtige gesellschaftliche

Gruppe in unsere Arbeit einbeziehen werden.« Mal sehen, ob dies kein politisches Versprechen bleibt, dachte ich mir.

Diesen kleinen, aber bedeutenden Schritt für die Koreaner in Deutschland bekam mein Bekannter Dong-gun nicht mehr mit. Aus beruflichen Gründen verschlug es Dong-gun nach Irland. In Deutschland ausgebildet, kommt sein Talent nun den Iren zugute. In einem Café in Schöneberg organisierten wir eine kleine Abschiedsfeier für Dong-gun, ermutigten ihn, auch in Irland seinen »koreanischen Mann« zu stehen. Mir war es sehr wichtig, Dong-gun in seinen letzten Stunden auf deutschem Boden ans Herz zu legen, auch in der Ferne nicht zu vergessen, seinen Beitrag zur Vergrößerung der koreanischen Diaspora zu leisten. Nach etlichen Tassen Kaffee und Kuchenstücken verließen wir die Gaststätte, die uns immer so herzlich aufgenommen hatte. Es ist immer lustig zu sehen, wie die Menschen einen anstarren, wenn man mit einer Horde voller Asiaten ein Lokal betritt. Kein Wunder, dass die Schimpansen im Zoo manchmal ausrasten und Stöcke gegen das Plexiglasfenster werfen.

Vor dem Lokal warteten wir auf Dong-gun, der sich im Innern mit einem älteren Herrn unterhielt, der ihm zuzwinkerte und anschließend einen Zettel zusteckte. Höflich, wie man es bei Asiaten voraussetzt, verabschiedete sich Dong-gun von dem Mann. Draußen erzählte uns Dong-gun voller Stolz, dass der Mann ihn unbedingt bei einem Saunabesuch näher kennenlernen wolle. Das schmeichelte ihm. In seinem Alter sei es schwer, gute Freunde zu finden, sagte Dong-gun. Das Schöneberger Café entpuppte sich später als Schwulenlokal. Ich dachte nur, dass der Weg der Vermehrung der Koreaner in Deutschland ein steiniger sein würde und wir auf der Strecke den einen oder anderen zeugungsfähigen Mann verlieren könnten.

Außerdem gingen viele ihrer eigenen Wege. Meinen Freund Sang-hun hielt nach seinem BWL-Studium auch nichts mehr in Deutschland. Er lebt und arbeitet nun in Hongkong. Jong-ok hat geheiratet und zog nach Valencia. Mein Bekannter Yong-geun nahm eine Referentenstelle bei der koreanischen Botschaft in Berlin an. Nach seiner erfolgreichen Promotion spielt mein Freund Sang-woo mit dem Gedanken, Deutschland in Richtung England zu verlassen. Unter der Prämisse, dass Sang-woo seine koreanische Freundin heiratet und so bald wie möglich etwas für den demographischen Wandel tut, half ich ihm beim Ausfüllen einiger Dokumente. Eine Hand wäscht die andere.

Meine Vermutung, dass die Staatsministerin Böhmer ihr Wort nicht halten würde, bekam hingegen Gewissheit. Bei der Gründung eines 32 Mann starken Bundesbeirats für Integration, die auf die Initiative von Böhmer zurückgeht, wurde kein koreanischer Verband berücksichtigt. Auf Anfrage ließ man aus dem Bundeskanzleramt verlauten: »[...] Leider können nicht alle Organisationen und Einzelpersonen, die sich auf dem Gebiet der Integrationspolitik engagieren, auch im Beirat mitwirken. Er wäre ansonsten nicht arbeitsfähig. [...] Das steht jedoch einem konstruktiven Austausch über Ideen zu Integrationsanstrengungen und -fortschritten der koreanischen Zuwanderer in Deutschland nicht im Wege.«

Die Absage an das Mitwirken der Koreaner im Bundesbeirat sehe ich als zusätzliche Motivation, mehr denn je für die Vermehrung der Koreaner zu werben. Ich werde versuchen, koreanische Konglomerate ins Boot zu holen, mit deren Hilfe wir eine unmoralische Vermehrungsprämie aussetzen können. Es wird in die Geschichte eingehen als der große (Ei-)Sprung nach vorn.

Als ich meinem Vater von dieser Idee erzählte, mahnte er, ich solle mich stärker auf mein berufliches Fortkommen konzentrieren. »Die Liebe kommt später mit einem Job von ganz allein«, fügte Vater hinzu. Ich entgegnete ihm, dass es dann zu spät sein könnte und man lieber auf Nummer sicher gehen solle. Daraufhin zündete sich Vater eine Zigarette an und gab meiner Mutter die Schuld für meine »wirren Gedanken«, weil sie mich als Kind immer lauthals das koreanische Volkslied über den Hasen »Santoki« vorsingen ließ.

SPRACHE IST DER SCHLÜSSEL

igentlich kann ich den Leitsatz »Sprache ist der Schlüssel zur Integration« nicht mehr hören. Der Spruch verleitet dazu, Integration ausschließlich mit Problemen zu verknüpfen. Das nimmt jeglichen Raum, darüber nachzudenken, was nach der Beherrschung der Sprache kommt. Was nützt es, wenn man diesen Sprachschlüssel hat und die Türen doch verschlossen bleiben? Im achten Bericht über die Lage der Ausländerinnen und Ausländer in Deutschland heißt es nun, Bildung sei der Schlüssel zur Integration. Doch was kommt nach der Bildung? Schon jetzt bin ich mir sicher, dass im neunten Integrationsbericht die Erziehung zum Schlüssel für Integration ernannt wird. Einen Generalschlüssel, der alle Türen öffnen kann, gibt es anscheinend nicht. Wir werden zum Sammeln von vielen Schlüsseln verdammt, die sich am Ende zu einem Schlüsselbund wie dem eines Gefängniswärters zusammenfügen. Kein Wunder, dass sich Menschen mit Migrationshintergrund eine Sprache aneignen, die keiner entschlüsseln kann.

Nachdem Vater sich wochenlang mit einer, wie er sagte, Wundercreme sein Gesicht eingerieben und damit geprahlt hatte, wie toll sie sei, wurde Mutter neugierig. Vater sollte Mutter die Tube zeigen, was Vater auch stolz tat, als hätte er ein Allheilmittel gegen Hautalterung gefunden. Die Wundercreme entpuppte sich als Haargel, das mein Schwager Martin, ein österreichischer Dermatologe, bei seinem letzten Besuch in unserem Hause vergessen hatte. Es war nicht so, dass Vater automatisch an Hautcreme dachte, egal welche Tube Martin im Bad vergessen hätte. Der wahre Grund lag darin, dass er zwar lesen konnte, was draufstand, aber nicht verstand, was es tatsächlich bedeutete und was es beinhaltete. Deshalb kam der Familienrat zusammen und beschloss, Vater für einen Sprachunterricht in Deutsch anzumelden. Unter dem Motto »learning by doing« sollte Vater sich selbst bei der VHS anmelden, was er auch tat.

Einige Wochen vergingen, Vater schien glücklicher und ausgeglichener zu sein, seit er sich für den Sprachunterricht angemeldet hatte. Wir freuten uns für Vater. Schließlich lernt man bis zum eigenen Tod nicht aus, und Deutsch ist keine wirklich schwere Sprache. Irgendwann platzten wir vor Neugier und wollten seine neu erworbenen Sprachkenntnisse auf den Prüfstand stellen, weil er zu Hause immer auf Koreanisch redete. Wir forderten Vater also auf, das aufzusagen, was er bis dahin gelernt hatte. Und Vater sprach.

»Merhaba! Adım Wo-so, Korealuyum. Almanyada oturuyorum. Türkçe öğreniyorum çünkü Türk komşularlaı konuşmak iştiyorum.«

Irgendetwas muss schiefgelaufen sein, dachten wir uns. Vater grinste stolz in unsere entsetzten Gesichter. Ihm war anscheinend nicht bewusst, dass hier etwas falschlief. Meine Schwester Simone machte uns schwere Vorwürfe, redete uns ins Gewissen, wie wir Vater allein zur Anmeldung bei der VHS hätten schicken können, und faselte etwas von grober Fahrlässigkeit. Als wir uns etwas gefasst hatten, überlegten wir kurz, hatten schließlich einen Verdacht, um welche Sprache es sich handelte, und riefen unseren Freund Mahmut an. Er sollte helfen zu übersetzen, was Vater da von sich gab.

»Hallo! Ich heiße Wo-so. Ich komme aus Korea. Ich wohne in Deutschland. Ich lerne Türkisch, weil ich mich mit meinen türkischen Nachbarn unterhalten möchte«, übersetzte Mahmut und freute sich im Gegensatz zu uns, dass Vater die Worte besser aussprach als so mancher Türke. Dann gratulierte er uns zu einer gelungenen Integration. Den Deutschkurs belegte Vater nie, was mir persönlich zugutekam, weil somit meine Freiheit nicht gefährdet wurde.

Vater hatte sich zu seinem 70. Geburtstag ein Navigationssystem gewünscht, und Geburtstagskinder bekommen meistens das, was sie sich wünschen. Sofort rannte Vater damit zu unserem Nachbarn Wolfgang. Er bat ihn darum, das Navigationsgerät so einzustellen, dass er mit nur einem einzigen Klick meine Adresse in Berlin auf dem Display vorfinden würde. Vater wollte sich ein eigenes Bild davon verschaffen, wie das Leben in der Fremde für mich lief. Mit auf die lange Reise nahm er Mutter und seinen treuesten Alliierten, unseren Hund. Der *Kimbab* war gepackt und das Navigationsgerät von Wolfgang eingestellt. Es konnte losgehen. Mit den vielen kleinen Wundern der Technik im 21. Jahrhundert waren Mutter und Vater bislang nur wenig in Berührung gekommen. Von diesem Wunder der Technik waren beide so fasziniert, weil eine Stimme wie aus dem Nichts ertönte und klare Instruktionen gab, wo der Weg hinführen sollte. Für beide war klar, dass dieses Gerät etwas Überirdisches war, ja, etwas Göttliches an sich hatte – und sie froh waren, dass sie jeden Sonntag zur koreanischen Kirche gingen und zur Kollekte beitrugen. Bei der fast siebenstündigen Fahrt nach Berlin bedankten sich beide artig bei der Stimme aus dem Jenseits, bei jeder Anweisung, in welche Richtung sie fahren sollten, jeder Mahnung von Geschwindigkeitsüberschreitungen und selbst dann, als sie das Fahrtziel längst erreicht hatten.

Es war die erste und gleichzeitig letzte Reise Vaters nach Berlin. Denn trotz Nachhilfe kommt Vater mit den Tücken des Geräts nicht zurecht. Es hapert schon beim Eintippen des Straßennamens. Vater tippt ihn nämlich so ein, wie er ihn ausspricht: *K-O-P-P-E-P-Ä-R-N-I-K-U-S-S-E-T-E-R-A-S-S-E.*

Sprache ist der Schlüssel zur erfolgreichen Verteidigung meiner Freiheit.

MISCHEHEN SIND DER SCHLÜSSEL

ndstation Dönerbude?« hieß die Veranstaltung der Heinrich-Böll-Stiftung, zu der mein Freund Felix mich überredete mitzugehen. Eigentlich hatte ich gar keine Zeit, weil ich weiter an meinem Vermehrungsplan tüfteln wollte – in der Theorie versteht sich. Doch wofür sind Freunde da?

Der Saal an der Schumannstraße in Berlin-Mitte war bis auf den letzten Platz gefüllt. Die Integrationsexperten Kenan Kolat, Özcan Mutlu, Klaus Bade und der Geschäftsführer des Berlin-Instituts ließen auf eine erkenntnisreiche Auseinandersetzung hoffen. Der Fokus lag auf der Studie des Berlin-Instituts »Ungenutzte Potenziale – Zur Lage der Integration in Deutschland«. Die Studie erregte großes öffentliches Aufsehen, denn sie belegte, dass die Türken unter allen Minderheiten am schlechtesten integriert seien. Die Studie fand heraus, dass die Türken häufiger arbeitslos und am schlechtesten gebildet seien und zudem kaum Mischehen mit der einheimischen Bevölkerung eingingen. Für Integrationskritiker war die Studie ein gefundenes Fressen. Sie fanden die Bestätigung für das, was sie schon immer predigten, nämlich dass die Türken integrationsunwillig seien.

Ich dachte mir nur, dass bestimmt der Verfassungsschutz hinter der Studie steckte, der vorgaukelte, dass Mischehen zwischen Türken und Einheimischen zu Vollbeschäftigung und guter Bildung führten. So könnte man schließlich den Islam unterwandern, ganz so, wie die V-Leute es bei der NPD getan hatten.

Bei der anschließenden Diskussionsrunde stand ein türkischstämmiger Mann auf, der sich als Sozialarbeiter aus Neukölln vorstellte und monierte, dass ihn die jungen Araber und Libanesen wegen der Berlin-Studie nicht mehr ernst nehmen würden, sich über ihn lustig machten und ihm abschätzig rieten, mit der Integration bei seinen Landsleuten anzufangen. Er sprach von Gesichtsverlust und dass er bei den Arabern und Libanesen seitdem nichts mehr zu melden habe. Ein einheimischer Deutscher hingegen kritisierte, die Integrationsdebatte sei zu türkeilastig und die anderen Migranten kämen dabei zu kurz.

In der Berliner Studie wird auch ein Teil dem »Fernen Osten« gewidmet. Zu lesen ist dort: »Im Integrationsvergleich schneiden die Migranten aus dem fernen Osten überraschend gut ab […], ausschlaggebend hierfür ist ihr hoher Bildungsstand, aber auch die deutliche Tendenz zur Vermischung mit der einheimischen Bevölkerung.« Laut der Studie gehen 31 Prozent aller Menschen mit asiatischem Hintergrund eine Mischehe ein. Meine schon immer vermutete These, dass asiatische Frauen eher dazu neigen, deutsche Männer zu ehelichen, bekam traurige Bestätigung. Insgesamt sind es 81 Prozent der fernöstlichen Frauen in Deutschland, die einen einheimischen Lebenspartner suchen und auch finden. Das verglichen an dem hohen Bildungsniveau mittelmäßige Abschneiden der Menschen aus dem Fernen Osten auf dem Arbeitsmarkt, und dass mit 17 Prozent fast doppelt so viele Personen erwerbslos sind wie bei den Einheimischen, war für mich nur noch Nebensache. Ich dachte allein daran, wie ich an einen Generalschlüssel für koreanische Männer gelangen könnte, der Zugang zu den Herzen der Frauen verschafft.

Nach der Veranstaltung schaute Felix betrübt zu mir rüber und sagte: »Wir haben noch viel Arbeit vor uns!« Ich nickte ihm zu, obwohl ich nicht genau wusste, wie Felix das wohl meinte. Im Foyer gönnten wir uns noch einen Rotwein, den Felix hastig austrank. Er verabschiedete sich ungewöhnlich schnell und verschwand in der Dunkelheit Berlins. Kurze Zeit später war seine koreanische Frau schwanger. Da ging mir ein Licht auf, warum Felix an diesem Tag seinen Wein hastig ausgetrunken und sich schnell nach Hause begeben hatte. Wie es sich für einen guten Freund gehört, hatte Felix den ersten Grundstein gelegt. Ein kleiner Schritt für Felix und seine Frau, ein großer Schritt für die Koreaner in Deutschland. Auch dafür sind gute Freunde da. Im Stillen rechnete ich schon das Datum aus, wann ich mit Felix zur nächsten Integrationsveranstaltung mit reichlich Weinausschank gehen musste.

Später fragte ich Felix dann doch noch einmal, was er damals mit seinen Worten »Wir haben noch viel Arbeit vor uns!« genau gemeint habe. Felix antwortete, es gebe keine Persönlichkeit unter der ersten Generation der Koreaner, die sich so klar ausdrücken könne wie der Bundesvorsitzende der Türkischen Gemeinde Kenan Kolat. Vielleicht liege das Problem wirklich darin, dass die koreanischen Männer der ersten Generation kaum Mischehen eingegangen seien – anders als die koreanischen Frauen. Tatsächlich waren es nicht so sehr die Fachkenntnisse eines gestandenen Migrationswissenschaftlers wie Bade oder des eloquenten Grünen-Politikers Özcan Mutlu gewesen, die mich beeindruckten, sondern die einfachen Worte von Kenan Kolat. Besonders imponierte er mir damit, dass er sich bei der Online-Community Xing durch 3.000 türkischstämmige Unternehmer in Deutschland durchgeklickt hatte. Er wollte nur sehen, mit wem er es zu tun habe, sagte Kolat. So manch ein Mandatsträger könnte sich von der Zielstrebigkeit des Philanthropen Kolat mehrere Scheiben abschneiden.

Und was »Endstation Dönerbude?« anbelangt – warum eigentlich nicht? Es ist ein ehrenwerter Job, und wenn man es schlau anstellt wie der Erfinder der Dönertüte oder der Dönerproduzent Remzi Kaplan, dann kann man mit dem Döner sogar Multimillionär werden, ganz ohne höhere Bildung und ohne eine Mischehe einzugehen. Und viel Geld kommt bei den Frauen schließlich immer gut an.

ALIENS IN FRIEDRICHSHAIN

Wenn extraterrestrische Lebewesen in Berlin lebten, dann wären sie mit hoher Wahrscheinlichkeit in Friedrichshain vorzufinden. Vor allem, wenn es dunkel wird, laufen dort die außergewöhnlichsten Kreaturen herum, denen man sofort anmerkt, dass sie nicht von unserem Planeten stammen können. Seit ich hier lebe, habe ich die Gewissheit: Wir sind nicht allein!

Der 1. Mai scheint ein Feiertag für die außerirdischen Friedrichshainer zu sein. Denn auf den Straßen werden alle »Krieg-der-Sterne«-Episoden nachgespielt. Man zeigt sich solidarisch mit den muslimischen Kopftuchträgerinnen, indem man sich mit einer *Kufiya* vermummt. Man macht Lagerfeuer auf den Straßen und führt Sonnentänze durch. Für die Opfergabe an die höheren Mächte werden Autos und Müllcontainer in Flammen gesteckt. Als Wurfmaterial und Kamelle dienen leere Flaschen und Steine. Die Automobil- und Pharmaindustrie gelten als Garanten für einen sicheren Job; in Berlin sind es die Hersteller von Pflastersteinen.

In Friedrichshain wartet man auf ein übermächtiges Wesen, das die gestörte Harmonie in der Macht im Kiez wiederherstellen soll – und wer, wenn nicht ein Grüner hätte diesbezüglich beauftragt werden können. Seit sechs Legislaturperioden beruft die extraterrestrische Bevölkerung den Ober-Grünen und Jedi-Meister Christian Ströbele zu ihrem Rädelsführer. Im Universum Friedrichshain schätzt man Ströbeles Weisheit und seinen gewissenhaften Umgang mit der Macht. Eine schwarze Macht, die mit ihrem weiblichen Dekolleté den Jedi-Meister zu einem Zweikampf herausforderte, musste eine bittere Niederlage einstecken. Seit Jahren versuchen Kopfgeldjäger und selbsternannte Auserwählte vergebens, den Jedi-Meister von seinem Thron zu stürzen. Ströbele ist eins mit der Macht. Trotzdem versuchen die Schwarzen immer wieder, für sich zu werben, durch Flugblätterverteilung und Informationsstände, und sie nehmen die Gefahr in Kauf, von seinen Anhängern mit Wasser überschüttet zu werden.

Trotz der Angriffe und seines hohen Alters wird der Jedi-Meister nicht müde, mit dem Fahrrad quer durch die fernen Galaxien Berlins zu radeln. Nur wenige wissen, dass sein Fahrrad in Wirklichkeit eine gut getarnte Zeitmaschine ist, mit der er sich wahlweise in die Vergangenheit oder in die Zukunft befördern kann. Ein solches Gefährt ist nur dem Jedi-Meister vorbehalten. Viele wollen ihm die Zeitmaschine entwenden, damit sie in ihre galaktische Heimat zurückkehren können. Mutwillige Zerstörung und Fahrraddiebstähle gehören deshalb zur Tagesordnung im Kiez.

Wegen seines hohen Bekanntheitsgrads hält sich Ströbele vom alltäglichen Leben in Friedrichshain eher fern. Stattdessen verbringt der Jedi-Meister täglich mehrere Stunden im Tempel seines Meditationsraums, auf der Suche nach dem Pfad der Erleuchtung. Doch an jedem 1. Mai ist auch Ströbele dabei, wenn sich die Straßen von Friedrichshain zu einem »Krieg-der-Sterne«-Schauplatz verwandeln. Einmal hatte ich das Glück, dem Jedi-Meister höchstpersönlich an der

Warschauer Brücke zu begegnen, als er gerade dabei war, Werbung in eigener Sache zu machen. Sein Kommentar zur Debatte, ob der Satz »Die Sprache der Bundesrepublik ist Deutsch« in das Grundgesetz gehöre, beantwortete Ströbele, wie es sich für einen wahren Grünen Jedi-Meister gehört, der die Interessen der Außerirdischen seines Universums vertritt. Er sagte, die deutsche Sprache habe noch nie mit ihm gesprochen, sondern es würden viele Sprachen in der Bundesrepublik gesprochen. Diese Weltanschauung Ströbeles bestärkte mich in meiner Annahme, dass Ströbele ein Gesandter des Universums ist, denn in seinem Kiez werden tatsächlich viele Sprachen gesprochen.

Das Schengen-Abkommen besitzt dort keine Gültigkeit. Um nach Hause zu kommen, muss ich drei Zollstationen an der Warschauer Brücke passieren. Die Beamten in Punker-kluft befragen jeden Passanten bei der Einreise, ob er etwas zu verzollen habe. Damit die Beamten nicht in den Verdacht der Korruption geraten, wird einem ein Becher entgegenge-streckt, der bereits mit einigen Cent-Stücken gefüllt ist. Für das umfangreiche Kulturprogramm, das mir in Friedrichs-hain geboten wird, zahle ich gerne.

Manchmal weiß ich allerdings nicht, was ich von diesen Zollbeamten halten soll. An sonnigen Tagen nennen sie mich Sulu und lassen mich ohne Gebühr einreisen, an regneri-schen Tagen fragen sie mich misstrauisch, wohin ihr Hund abhandengekommen sei. Wann werden die Menschen begrei-fen, dass Hunde meine Freunde sind und ich meine Freunde nicht esse? Kein Wunder, dass die abgemagerten Hunde hier die Flucht vor ihren Herrchen ergreifen und irgendwo anders Asyl beantragen. Ich kann die Hunde gut verstehen.

Alles in allem aber ist der Kiez eine Go-Area. Ein Leben

in Hellersdorf könnte ich mir nicht vorstellen. Das Schutz-
geld ist eine gute Investition. Abends komme ich sicher nach
Hause, und wer weiß schon, wofür das Ganze gut ist. Denn
wenn das übermächtige Wesen eines Tages die gestörte Harmonie im Kiez wiederherstellen wird, möchte ich meiner
Pflicht in nichts nachgestanden haben.

WARUM MAN DIE MIGRANTEN BRAUCHT

Bei der BVG hat ein Umdenkprozess stattgefunden, was die Rekrutierung von neuen Mitarbeitern anbelangt. Man hat eingesehen, dass Menschen sich eher mit ihresgleichen identifizieren, dass man Vorbilder schaffen und den ausländischen Mitbürgern eines zeigen muss: Wer fleißig ist und Leistung bringt, kann in Deutschland zwar nicht alles werden, aber wenigstens Mitarbeiter bei der BVG. Mehr Migranten sollen in den öffentlichen Dienst. Dieser Aufforderung ist die BVG gerne nachgekommen.

Nicht selten waren die Zeitungen tagtäglich mit Schlagzeilen versehen wie »Miese Attacken auf BVG-Mitarbeiter« oder »BVG-Mitarbeiter von Jugendlichen geschlagen«. Das Leben als BVG-Mitarbeiter war wahrlich kein Dolce Vita. Doch seit Neuestem stellt die BVG vermehrt arabisch- und türkischstämmige Mitarbeiter ein, vorwiegend als Fahrscheinkontrolleure. Noch scheint die Zeit nicht reif zu sein, sie hinters Steuer zu lassen. Man möchte die Neulinge nicht überfordern. Schließlich bringen die neuen Rekruten als Fahrscheinkontrolleure auch einen viel größeren Erfahrungsschatz mit, was das Schwarzfahren, Kampferprobtheit und die nötige interkulturelle Kompetenz anbelangt.

Die Türken und Araber haben uns Koreanern etwas voraus. Ihre Plätze bei der BVG haben sie sich mit Händen und Füßen hart erkämpft, weil sie zur Erkenntnis kamen, dass man auf Wegen der Legalität nur Absagen erhält. Eine Win-Win-Situation. Nur noch alle paar Monate kommt es vor, dass Schlagzeilen wie »BVG-Mitarbeiter von Jugendlichen geschlagen« die Tageszeitungen zieren. Heute heißt es: »Jugendliche werden von BVG-Mitarbeiter verprügelt.«

Ein ähnlicher Rekrutierungstrend wie bei der BVG ist mir auch beim Sicherheitspersonal am Flughafen Tegel aufgefallen. Schließlich sind die Reisenden größtenteils Ausländer. Vermutlich, um sich vor dem Vorwurf der Diskriminierung und Ausländerfeindlichkeit zu schützen, sind vermehrt Mitarbeiter mit Migrationshintergrund dafür zuständig, ihre »Landsleute« nach möglichen Waffen und Sprengstoffen zu durchsuchen.

Und auch Versicherungsunternehmen setzen vermehrt auf Personal mit Migrationshintergrund, und das aus gutem Grunde.

Mein Vater hatte mir einmal erzählt, er sei stolz darauf, die gigantische Fußballarena in München mitfinanziert zu haben, auch wenn er nicht großartig als Sponsor erwähnt werde. Über Jahrzehnte hinweg wurde er dank seiner mangelnden Sprachkompetenz von freundlich auftretenden Versicherungsvertretern dazu überredet, alle nur erdenklichen Policen abzuschließen. Er sei nun stolz, dass er nicht nur im Bergbau wichtige Aufbauarbeit geleistet habe, sondern auch zahlreichen Door-to-door-Vertrieben, die Lexika, Versicherungen und Kochtöpfe verkauften, zu Ruhm und Reichtum verholfen habe. Als eine Art Wiedergutmachung – und wahrscheinlich, um sich von den Sünden freizuwaschen – möchte man nun den erwachsen gewordenen Kindern der einstigen Gastarbeiter der ersten Stunde eine Arbeitsstelle als Versicherungsvertreter anbieten. So können sie das immer größer werdende Klientel selbst abzocken – und das noch in ihrer Landessprache. Die Migranten waren es, die so manchem zu einer Bilderbuchkarriere verholfen haben.

Plötzlich wurde mir klar, warum der Fokus koreanischer Eltern bei der Studien- und Berufsauswahl so eingeschränkt ist und sie so bemüht sind, Kindheitsträume vom Dasein als Müllmann oder Lokführer wie den Teufel aus uns auszutreiben. Koreanische Eltern drängen ihre Kinder förmlich dazu, entweder Rechtsanwalt, Mediziner oder Betriebswirt zu werden. Sie wollen Juristen, damit sie der eigenen Sprachinkompetenz zum Trotz sämtliche Versicherungsagenturen auf Schadensersatz verklagen können, Ärzte, damit sie sich im hohen Alter versorgt wissen, und Betriebswirte, damit sie ihre oftmals mickrige Rente aufbessern können und eventuell noch spät im Leben mit einer tüchtigen Geschäftsidee zu Ruhm und Reichtum gelangen.

In Zukunft wird viel von uns abverlangt werden, denn schließlich sollen wir ein Teil dieser Gesellschaft werden. Weil die Ausländer die Kriminalstatistik anführen, sollen wir bei der Polizei mithelfen, den landsmännischen Kriminellen das Handwerk zu legen. In den Badeanstalten sollen wir muslimischen Frauen, die mit einem *Burkini* schwimmen wollen, Hausverbot erteilen. Beim Ordnungsamt soll man den türkischen Mitbürgern Strafzettel austeilen, wenn sie im Tiergarten einen ganzen Hammel rösten, den Müll nach dem Grillen nicht rechtmäßig entsorgen – und dabei notfalls als Boxsack dienen. Als Forstwirte sollen wir Waldbestände schützen und pflegen, und gerne dürfen wir als Wettermann einspringen, bis die Berufe für Einheimische wieder attraktiv und Kachelmann in der Gesellschaft rehabilitiert wird. Weil die Bundesrepublik immer bunter wird, will man uns als Hebammen beschäftigen. Schließlich sollen wir dabei sein, wenn unseresgleichen das Licht der Welt erblickt. In einer Stellenanzeige des Auswärtigen Amtes, in der nach einem Koch gesucht wird, heißt es: »Wir begrüßen Bewerbungen von Menschen aller Nationalitäten«. Deutsche Kochkünste haben auch im Auswärtigen Amt die Grenzen der Toleranz erreicht. Und neuerdings sollen wir auch am Hindukusch die Demokratie verteidigen. Bei solch verantwortungsvollen Aufgaben ist man sich einig, dass gerade dort interkulturelle Kompetenz und die Kenntnis von Einwanderersprachen unentbehrlich sind. Für das, was den Politikern nicht gelingt, nämlich eine Politik zu schaffen, die dem deutschen Volke dient, setzen sie auch gerne einmal die Migranten ein. Das hilft beim Wahlkampf. Zum Wohle des deutschen Volkes sind ihnen keine Wege zu weit und keine Berge zu hoch.

Mit neuem Selbstbewusstsein stürmen die frisch eingestellten BVG-Mitarbeiter wie die arabischen Banditen aus Neukölln, die ein Poker-Turnier ausraubten, die U-Bahnen, um Fahrscheine zu kontrollieren. Nicht umsonst wirbt die BVG nun mit dem Slogan: »BVG gut für Sie. Und Berlin!« Böse Berliner Zungen behaupten, die BVG sei nicht nur ein Sammelbecken ehemaliger krimineller Migranten, sondern auch früherer Grenz- und Parteisoldaten der DDR, die aus ihrer Zeit als IM vielseitig anwendbare Erfahrungen mitbrächten.

In der U7 Richtung Rathaus Neukölln wurde ich unlängst von arabischstämmigen Bushido-Verschnitten aufgefordert, meinen Fahrschein vorzuzeigen. Erst dachte ich an einen dummen Streich von Jugendlichen. Denn schon häufiger war es vorgekommen, dass sich türkisch- und arabischstämmige Schüler aus Spaß als BVG-Kontrolleure ausgaben. Die üben wahrscheinlich für ihren späteren Beruf, dachte ich mir. Übung macht ja bekanntlich den Meister. Jedenfalls kam ich ihrer Aufforderung nicht nach. Mein Ticket blieb im Portemonnaie. Doch die angeblichen BVG-Kontrolleure blieben hartnäckig. Um die Situation nicht weiter zu eskalieren und weil die Leute im Abteil anfingen, mich anzustarren, als wäre ich ein Schwarzfahrer, der auf frischer Tat ertappt worden ist, bestand ich darauf, dass sie sich als BVG-Mitarbeiter ausweisen. Plötzlich kippte die Stimmung, sie faselten etwas von Diskriminierung, dass ich sie bei der Arbeit behindere, und beschimpften mich als »du Opfer«. Der Ton wurde ruppiger. Die Sprache verfiel, von einem synthetischen Dahlem-Deutsch in einen authentischen Straßenslang, wie er in Neukölln zuhause ist. Doch auch in diesem Kiez gibt es das Happyend. Schließlich wiesen sich die arabischstämmigen Kontrolleure aus. Daraufhin zeigte ich brav meine Fahrkarte, und die U-Bahn-Welt war zumindest in der U7 wieder genau so, wie sie vor der Kontrolle gewesen war.

Eine einheimische ältere Dame, die neben mir saß und das ganze Geschehen gespannt mitverfolgte, gab den BVG-Jungs noch Komplimente mit auf den Weg: »Schön, dass ihr nicht mehr Drogen vertickt, sondern einer ehrlichen Arbeit nachgeht!« Mit stolz erhobenem Haupt, als wollten sie zeigen, dass sie ihrer Heimat mit ihrer Arbeit einen großen Dienst erwiesen, stiegen sie glücklich aus. Die Grenzen im Kopf sind überall, dachte ich mir. Auch ich kann mich nicht davon freisprechen.

Als ich wieder in Friedrichshain war, schaltete ich in meiner Wohnung das Radio an und lauschte einer interessanten

Sendung, in der es um die vermehrte Anstellung von Lehrern mit Migrationshintergrund ging. Studien sollen belegen, dass Migrantenkinder besonders gute schulische Leistungen erbrächten, wenn sie von Lehrern unterrichtet würden, die einen ähnlichen Hintergrund hätten. In einem Interview überschüttete die einheimische Direktorin der Schule ihren türkischen Kollegen nur so mit Lob, nicht nur für seine pädagogischen Fähigkeiten, sondern vor allem, weil er für die Kollegen Elternbriefe auf Türkisch verfassen könne und Zugang zu schwererziehbaren Schülern mit Migrationshintergrund habe.

Nach der Sendung kam ich zu der späten Erkenntnis, dass es mehr Fluch als Segen ist, ein Musterbeispiel gelungener Integration zu sein, dass die vielen Nettigkeiten und gesellschaftskonformen Gesten sich leider nicht in Brot, Lohn und Arbeitsstellen umwandeln. Die Koreaner hätten sich die Araber und Türken zum Vorbild nehmen sollen. Auch die Koreaner hätten BVG-Mitarbeiter schlagen, schlechte schulische Leistungen erbringen, kriminalstatistisch auffallen, vom Beckenrand des Schwimmbads springen und im Tiergarten den Hund am Spieß grillen sollen. Doch dafür ist es nun zu spät. Und wer zu spät kommt, den bestraft bekanntlich das Leben.

NEUKÖLLN, NEUKÖLLN

Meine tägliche Dosis Inspiration hole ich mir von den Menschen aus der berühmten Karl-Marx-Straße im berüchtigten Neukölln. Die Karl-Marx-Straße ist für die Neuköllner so etwas wie die Champs-Élysées für die Pariser oder die Kö für die Düsseldorfer. Die jungen Mädchen laufen hier mit Louis–Vuitton-Taschen vom letzten Türkeiurlaub herum oder mit bunten Plastiktüten, auf denen die Logos sämtlicher Lebensmitteldiscounter aus der nahen Umgebung prangen.

In der Karl-Marx-Straße 181 betreibt ein ehemaliger Medizinstudent aus Burma einen asiatischen Lebensmittelladen. Bei ihm kaufe ich Tofu und koreanische Instantnudelsuppen ein. Er ist mit einer Tschechin verheiratet und liebt die Krimis von Håkan Nesser. Bei meinem letzten Einkauf habe ich ihm das Buch »Turbulenzen« von Chang-rae Lee mitgebracht und es ihm geschenkt. Der Protagonist des Buches ist der frühpensionierte Jerry Battle, der über die Erlebnisse seiner Multikulti-Familie erzählt. Wenn in seinem Laden nicht gerade Hochbetrieb herrscht, dann halten wir ab und an einen Smalltalk über Beziehungsprobleme in interkulturellen Beziehungen.

Einige Meter weiter, neben dem Wasserpfeifen-Paradies,

verkaufen Inder T-Shirts mit dem Bollywood King Shah Rukh Khan für unschlagbare 1,99 Euro. Zahlreiche Mobilfunk-Shops bieten eine Festnetz-Flatrate in die »Heimat« Türkei für nur 12 Euro an oder Handyverträge mit dem türkischen Mobilfunkanbieter Ay Yildiz. Bei einem Vertragsabschluss zum Ramadan bekommt man sogar doppelte Bonusminuten geschenkt, und manche Dönerläden verkaufen dann den Kebab für nur einen Cent. Der Media Markt wünscht seinen Kunden »Ein gesegnetes Ramadanfest! (*Bayraminiz mübarek olsun*)«, und Fotostudios bieten satte Rabatte anlässlich des Zuckerfestes. Statt 29 Euro bezahlt man 9 Euro für ein Porträtfoto, wenn man das Zuckerfest auch feiert. Als ich den Besitzer des Fotostudios fragte, ob dieser Preis auch für mich gelte, antwortete er, ich hätte den vollen Preis zu bezahlen. Als ich erstaunt reagierte, fragte er, ob ich denn Moslem sei, was ich kurzerhand bejahte. Er meinte nur, dass er mir nicht glaube, da ich von der Optik her nicht so recht in das Bild eines Mustermoslems passe. Auch meine Argumente, dass die Koreaner bald ihren Unabhängigkeitstag feierten und das Erntedankfest »Chusok« vor der Tür stünde, halfen nicht, ihn umzustimmen.

Zum Neuköllner Lifestyle gehören auch die deukischen oder deurabischen Konvertiten mit Takke auf dem Kopf, die in libanesischen Restaurants ihren Schawarma bestellen, die Mitarbeiter mit »Salam Aleikum« begrüßen und sich dann die aktuelle deutschsprachige islamische Zeitung durchlesen.

Zwischen den arabischen und türkischen Gaststätten findet sich eine Metzgerei, die neben Blutwurst auch Spanferkel und Lämmer anbietet. Ich bin gerne in Neukölln und verfolge das bunte Treiben auf den Straßen. Es ist authentisch und tiefgründig. Das mag ich hier. An heißen Sommertagen verwandelt sich das Rathaus in die Spanische Treppe Roms. Schließt man die Augen und lauscht, wie die Tauben türkische Volksmusik gurren, dann glaubt man sich mitten in Istanbul.

Vor einem Pfandautomaten im Supermarkt bekam ich einmal ein Gespräch zwischen zwei alteingesessenen Neuköllnern mit.

»Kalle, wie jehts'n dia? Du bist ja doch noch nich tot, so viel wie du jesoffn hast!«

»Wie du siehst, leb ick noch?«

»Wann kommste wieder auf die Bank?«

»Ick hab uffjehört mit dem Saufen.«

»Kalle! Säufste, stirbste, säufste nich, stirbste ooch, also säufste!«

Wenn einem die Sommerhitze aufs Gemüt schlägt, findet man Abkühlung im Columbiabad, das erst kürzlich wegen einer Massenschlägerei unter den Badegästen Schlagzeilen machte. Meine einheimische Bekannte Christine, die sich von wohlmeinenden Freunden und der negativen Berichterstattung nicht einschüchtern ließ, ging trotzdem ins Columbiabad, kam heil wieder und fasste ihren dortigen Besuch mit einem werbereifen Spruch zusammen: »Columbiabad ist fast wie Disneyland!«

Für manche ist der Kiez auch nur das Tor zur Welt. Andere wiederum bezeichnen ihn abwertend als deutsche Bronx. Aber wenn man bedenkt, dass Persönlichkeiten wie Al Pacino, Yehudi Menuhin, Calvin Klein oder Jennifer Lopez aus der Bronx stammen, kann man das nur als Kompliment auffassen.

»Neukölln ist wie Urlaub machen!«, sagte mein einheimischer Bekannter Peter, der mir versicherte, dort freiwillig zu leben und dabei sehr glücklich zu sein. Reisebüros machen hier wahrlich nicht das Geschäft ihres Lebens. Ebenso wenig wie Fotostudios, die Bewerbungsfotos trotz Dumping-Preisen mit wenig Erfolg an den Mann bringen. Haute-Couture und Schlipsträger sind Mangelware. Schließlich machen Kleider nicht automatisch gute Menschen, so wie ein Kirchgang keinen guten Christen ausmacht. Die Einzigen, die hier von Montag bis Samstag einen Anzug tragen, stehen an den Eingängen schwedischer Klamottenhersteller oder von Drogeriemärkten. Der Bezirk braucht kein Glamour und keinen Catwalk. Wozu auch? Der Kiez ist eine 24-hours-Vernissage. Die Einwohner sind nicht selten selbst politische Statements und lebende Kunstwerke, mit Hang zum Expressionistischen und Surrealistischen. Nur am Ersten oder am Ende eines Monats stellt man seinen Wecker, steht früh auf, wirft sich in Schale und geht zum Volksfest bei der nahegelegenen Bank, wo sich schon der halbe Kiez in einer Reihe vor dem Geldautomaten eingefunden hat.

Zu Unrecht hat man den Kiez schlechtgeredet, ihn als letzte Absteige gescheiterter Existenzen und Halbstarker, als Heimat krimineller ausländischer Jugendgangs und als Slum beschimpft, so dass sich nicht einmal mehr die Mücken dorthin trauen. In Neukölln wurde ich nie von irgendwelchen Halbstarken »abgezogen«. Nur ab und an treffe ich die Original-Gangsters im Supermarkt, die Alt-Oma-Trolleys hinter sich herziehen und dabei nicht gerade den Eindruck erwecken, irgendjemanden abziehen zu können. Arabisch- und türkischstämmigen Intensivtätern bin ich bisher noch nie begegnet, und nie haben minderjährige palästinensische Drogendealer versucht, mir Rauschgift anzudrehen.

»Dann warst du an den falschen Plätzen!«, entgegnete ein Einheimischer, als ich ihm erklärte, dass ich mich in Neukölln sicher fühle.

Vielleicht liegt es an Vaters alter Sportjacke aus den Siebzigern, die ich immer dann trage, wenn ich in Neukölln bin, und die nicht wirklich dazu einlädt, mich abzuziehen. Denn auf der Brustseite ist die Jacke gut sichtbar mit einem Taekwondo-Weltverband-Aufnäher versehen. Für Dumme, die nicht wissen, was Taekwondo ist, demonstrieren zwei Figuren im Aufnäher die »Yop-Chagi«-Kampfstellung. Auf der Rückseite prangt in großen Lettern TAEKWONDO. Darunter ist ein lauernder Tiger zu sehen, der zum Sprung ansetzt, um seine Beute anzugreifen. Entweder sind die Neuköllner tolerante Menschen – oder aber sie verfügen über einen gesunden Menschenverstand.

In Neukölln darf ich das sein, was ich bin, ohne erst nach der Erlaubnis zu fragen, ob ich das darf. Ich bin den Menschen dort keinerlei Rechenschaft schuldig darüber, wie ich in dieses Land kam und was ich hier tue. Die zunehmende Überfremdung ist vielen einheimischen Deutschen ein Dorn im Auge. Spaziergänge im Kiez werden schon mal als Exkursion oder wilde Safari bezeichnet. Die Angst kursiert, von dieser Lawine der Vielfalt überrollt zu werden. Es ist eine menschliche Eigenschaft, sich mit seinesgleichen zusammenzutun und unter seinesgleichen zu verkehren. Neukölln ist Hip-Hop, nicht zuletzt wegen des schicken Reuterkiezes, der sich, wie mein Freund Yalin, Anlieger der Sonnenallee, sagt, »auf den Weg macht wie der Prenzlauer Berg«. Schon längst hat dort der Prozess der Gentrifizierung durch Yuppies, Künstler und Studenten eingesetzt, die die Kreativität und den Farbenreichtum des Kiezes aussaugen.

Als die Republik im kollektiven Jubeltaumel das sechzigjährige Bestehen des Grundgesetzes feierte, war ich in Neukölln. Ich wollte meine Sehnsucht nach dem Seouler Nachtleben stillen. Am U-Bahnhof Hermannplatz gewann eines der Plakate meine volle Aufmerksamkeit, an denen ich sonst gleichgültig vorbeilaufe. Darauf war ein mahnender schwarzer Zeigefinger zu sehen, über dem in fetter Schrift stand: »Erziehung ist Pflicht!« In fünf Sprachen wurde der Zusatz »Pflege und Erziehung der Kinder sind das natürliche Recht der Eltern und die zuvörderst ihnen obliegende Pflicht. Über ihre Betätigung wacht die staatliche Gemeinschaft« übersetzt. Es war eine Initiative des Bezirksamtes Neukölln und seines Migrationsbeirats. Sie begründeten die Aktion damit, dass »gerade unser Bezirk prädestiniert dafür ist, offensiv für die elementaren Grundlagen unseres Gesellschaftssystems zu werben und sie so in das Bewusstsein aller Bürgerinnen und Bürger zu tragen«.

Paradox, dachte ich bei mir. Das ganze Land beklatschte sich selbst für seine seit 1949 beste jemals zustande gebrachte Verfassung, und auf der anderen Seite tadelte man die Neuköllner, behandelte sie wie Gesetzlose, die ihre Kinder nicht im Griff haben, und erinnerte sie nicht gerade höflich daran, sich gefälligst an die Regeln des Landes zu halten. Insgesamt wurden vier verschiedene Plakate in den U-Bahnhöfen und an den Litfasssäulen Neuköllns aufgehängt, die die Mitbürger in die Pflicht nahmen, ihre Kinder nach deutschen Standards zu integrationskompatiblen Menschen zu erziehen. Die anderen drei Plakate, die ich auf der Homepage des Bezirksamtes entdeckte, befassten sich mit der Würde, Gleichberechtigung und Benachteiligung. Doch in dem einen Monat, in dem die Plakate wöchentlich ausgetauscht werden sollten, fand ich bei jedem meiner Besuche in Neukölln kurioserweise nur das Plakat »Erziehung ist Pflicht!« vor.

An der U-Bahn-Haltestelle Rathaus Neukölln fiel mir dafür

Tage später ein neues Plakat ins Auge. »Arbeit zuerst für Ausländer (Zum Glück sind wir alle geschichtlich betrachtet Ausländer) Meine Welt heißt gleiche Chancen. Die Ausländerdiskussion geht einem pornomäßig aufs Schwein. Vielen geht es hier echt zu gut. (Kutsche fahren, beheizte Wohnung, drei Mahlzeiten, Freizeit, Urlaub, Geld vom Staat, Fernsehen, Video, MP3, teure Kleidung, Hunde, große Schnauze, Alkohol, billig, KV, RV, Sparkonto, youporn …)«, war dort zu lesen. Das Plakat nannte keinen Urheber. Mein Verdacht fiel sofort auf Thilo Sarrazin. Den Verdacht konnte ich aber nicht bestätigen. In einem Rechtsstaat gilt schließlich die Unschuldsvermutung. Und eigentlich war ich mir auch nicht sicher, wie ich diese zweideutige Botschaft einordnen sollte, da jeder vierte Neuköllner »Geld vom Staat« bezieht und jeder dritte der 300.000 Einwohner einen Migrationshintergrund hat.

Eines bewirkten beide Plakataktionen allerdings. Sie schubsten mich in die Vergangenheit zurück, in meine Schulzeit in Deutschland. Ich stellte mir die kritische Frage, was ich aus dieser Zeit für das Leben mitgenommen hatte. Bis auf die westlichen Philosophen und die deutsche Geschichte, vom Mittelalter über den Nationalsozialismus bis hin zur Wiedervereinigung, war es nicht wirklich viel. Nach der elften Klasse verließ ich Deutschland, um meine schulische Laufbahn in Amerika fortzusetzen. Mit einigen ehemaligen Klassenkameraden blieb ich in Kontakt. Als ich Deutschland verließ, behandelten wir im Geschichtsunterricht gerade den Nationalsozialismus. Meine alten Schulkameraden erzählten mir später, dass sich bis zum Abitur am Unterrichtsstoff nichts mehr änderte.

Für mich kam alles anders in Amerika. In Minnesota brachte ein Inder mir die europäische Geschichte bei. An meiner Universität in Vermont war es für mich Pflicht, den Race-&-Ethnicity-Kurs zu belegen. Die Universität verpflichtete jeden ihrer Studenten, egal welcher Fachrichtung, dazu, den Kurs zu belegen. Der Race-&-Ethnicity-Kurs befasste sich mit der Einwanderungsgeschichte Amerikas. Manche Kommilitonen saßen gelangweilt auf ihren Stühlen herum, nicht interessiert an der Geschichte, wie die Chinesen, Koreaner, Italiener, Iren oder Afroamerikaner ins Land gekommen waren. Ihr Interesse beschränkte sich zu dem Zeitpunkt auf Pizza, Pasta und frittierte Bananen mit Honig. Warum entstanden ethnische Enklaven wie Chinatown oder Little Italy, war eine der vielen Fragen, die wir im Kurs behandelten. Ein faszinierender Kurs. Ich bin mir sicher, dass die Kursabsolventen etwas für ihr Leben mitnahmen, egal, ob sie am Thema interessiert waren oder nicht. Den Einwanderern wurde eine Würde verliehen, was bewirkte, dass man sie mit anderen Augen sah, ihnen anders begegnete – selbst dem Essen.

Was lernen junge aufstrebende Menschen mit Migrationshintergrund in Deutschland, außer, dass die Republik auf der Suche nach allen möglichen Superstars ist? Was lernen jene, die in Neukölln aufwachsen, was sie mit ins Leben nehmen können? Warum herrscht so eine große Orientierungs- und Chancenlosigkeit unter jungen Menschen mit Migrationshintergrund?

Der verstorbene Präsident des Zentralrats der Juden Paul Spiegel hat einmal etwas gesagt wie: »Wer die Augen vor der Vergangenheit schließt, läuft Gefahr, blind durch die Gegenwart zu gehen.« Ich allerdings verschließe gerne meine Augen vor der Vergangenheit. Aber blickt man in die Augen dieser jungen Menschen, dann sehe ich keine Charaktere, die gefestigt und selbstbewusst sind. Ich sehe Menschen, deren Wurzeln beim geringsten Windstoß aus der Erde herausgerissen werden, die blind durch ihr Leben gehen. Sie leiden nicht unter Identitätskonflikten. Dazu müsste man nämlich seine wahre Identität kennen.

Die Geschichte der Gastarbeiter ist deutsche Geschichte, doch im nationalen Gedächtnis wird sie verdrängt und als Geschichte der jeweiligen Entsendeländer verstanden. In einem Einwanderungsland gehört es zur Aufgabe der historisch-politischen Bildungsarbeit, jungen Menschen mit und ohne Migrationshintergrund diese neue deutsche Geschichte zu vermitteln. Bei vielen Generationen haben wir versäumt, das zu tun, obwohl Deutschland schon immer ihr Land war oder ihnen längst zur Heimat geworden ist. Vielleicht haben wir sie für immer verloren. Vielleicht können wir sie auch zurückgewinnen. Die Anstrengung ist es wert, wenn wir wirklich an den Satz glauben, den wir so oft aussprechen, nämlich dass wir keine Kinder zurücklassen können und dass die Kinder unsere Zukunft sind.

Noch ist es so, dass die jungen Menschen mit Migrationshintergrund auf eine Geschichte und Kultur eingestellt werden, mit der sie sich nicht identifizieren können. Sie verlassen die Schule mit dem Gefühl, dass es nicht ihre Bundeskanzlerin oder ihr Bundespräsident ist, die sie repräsentieren. Dennoch gibt es einige, die gelegentlich diese Geschichte und Kultur als die ihre annehmen. Doch spätestens nach ihrer Schulzeit werden sie von dieser Kultur, dieser Geschichte, den Werten, die diese Gesellschaft ausmachen, und ihren Akteuren, in der realen und beruflichen Welt benachteiligt, diskriminiert, und ausgegrenzt. Schnell werden sie begreifen, dass dieses Land keinen Platz für ihre Träume hat, ihnen Grenzen aufweist, dass sie auf dem Arbeitsmarkt bei gleicher Eignung benachteiligt werden und ihr oft exotischer Nachname und ihr anderes Aussehen eine große Bürde sind. Sie lernen, dass die Verfassung nicht die ihre ist, dass Gleichberechtigung und Schutz vor Benachteiligung nicht ihnen zuteilwerden, dass ihre Stimme in der Gesellschaft nicht zählt und ihre Menschenwürde antastbar ist. Sie stellen sich die Frage, wie viel von ihrer Persönlichkeit sie aufgeben müssen, um akzeptiert zu werden. Sie begreifen, dass sie in ihrem Land nur toleriert werden. Schließlich kann man nur jemanden tolerieren, den man nicht mag. Ich erinnere mich an ein Gespräch mit einer Russlanddeutschen, die vor einigen Jahren nach Deutschland kam. Das Erste, wozu ihr eine Beamtin riet, war, eine Namensänderung vorzunehmen. Sie schickte ihr auch prompt eine Liste mit deutschen Vornamen.

Die Herkunft bringt viele um ihre Zukunft. Je länger wir diese jungen Menschen nicht als Teil unserer Gesellschaft begreifen, desto stärker wird ihr Sturm und Drang sein, sich hinter der Religion und Nationalität der Eltern einzumauern. Ich bin der festen Überzeugung, dass hinter all der Ausgrenzung die Lobby der Plastikchirurgie steckt, die das Geschäft ihres Lebens wittert. Denn wenn sich alle Migranten in Deutschland unters Messer legen, um deutsch zu werden, dann werden die Kassen klingeln.

Neukölln mag kein Ort des Dolce Vita sein, dafür aber La Vida Loca. Nur auf der Karl-Marx-Straße in Neukölln sieht man so viele Nationalitäten friedlich auf Parkbänken zusammensitzen und über Gott und die Welt diskutieren. Es ist eine Mischung aus Christopher-Street-Day und Karneval der Kulturen. Neukölln ist deutscher, als man denkt. Doch mit der Rütli-Schule fing die mediale Ausschlachtung an. Seitdem ist der Kiez berühmt-berüchtigt und Paradebeispiel verfehlter Integration. Von vornherein bestand keine Chance auf eine objektive Darstellung. Fast alle Journalisten waren Einheimische, die mit vorgefertigten Meinungen über Neukölln berichteten. Noch heute entdecke ich ab und an Kamerateams auf der Karl-Marx-Straße, die dort filmen, um ihre Klischees bestätigt zu finden. Das sind die wahren Gangster und Dealer, die die Menschen abziehen. Warum berichten sie nicht über die zahlreichen rechtsextremen Übergriffe, die hier stattfinden. Vielleicht ist das zu unspektakulär, weil die Menschen gesättigt sind vom Bild des Ausländers als ewiges Opfer rechtsextremer Gewalt. Im Impressum deutscher Tageszeitungen sind Journalisten mit Migrationshintergrund Mangelware. Wie viele Journalisten mit Migrationshintergrund bei der WDR-Kampagne »Raus aus den Nischen« 2007 zur Förderung der Migranten in den hiesigen Medien Verträge als Vollzeitkräfte unterschrieben, ist mir nicht bekannt. Neukölln ist kein Utopia. Es ist aber auch nicht besser oder schlechter als andere Bezirke und Stadtteile, was Gewalt und Kriminalität anbelangt. Mit den Menschen, egal, welcher Herkunft, ist es genauso. Es gibt Gute, und dann gibt es Berliner, die jenseits von Gut und Böse sind.

Der Karl-Marx-Straße in Neukölln werde ich weiterhin die Treue halten, egal, was die anderen sagen. Sollen sie ruhig reden. Schließlich gibt sie mir meine tägliche Dosis Inspiration, und ein Besuch dort ist wirklich ein wenig wie Urlaub machen, wie mein Bekannter Peter einst sagte, der nicht müde wird, für diesen Kiez die Werbetrommel zu rühren.

VON BULLEN UND BÄREN

Ich erinnere mich gerne zurück an meine Schulzeit und vor allem an meine türkischstämmigen Freunde Ahmet, Bekir, Cem und Mehmet. Jeder von uns hatte mehr oder weniger große Träume. Wir waren Kinder und hatten vom wirklichen Leben keinen blassen Schimmer. Unsere Welt war bunt, was man von jenen nicht behaupten kann, die unser Leben bestimmten. Diesen Menschen begegneten wir nie. Die Ehrenurkunden beim Sportfest waren zwar vom Bundespräsidenten selbst signiert, zu Gesicht bekamen wir allerdings nicht einmal den Oberbürgermeister.

Bekir wollte Tennisprofi werden und eiferte täglich auf dem Schulhof seinem Idol Pat Cash nach. Cem träumte davon, eines Tages ein berühmter Fußballer zu werden, wie Maradona. Von der Frisur und der Körperform her ähnelte Cem der argentinischen Fußballlegende sehr. Merdin wollte nur steinreich werden. Ahmet hingegen strebte eine akademische Karriere an. Allesamt waren wir Kinder von Gastarbeitern, die in einem Migrantenviertel lebten und eine Schule besuchten mit einem überdurchschnittlich hohen Migrantenanteil. Nichts stand zwischen unserer Freundschaft. Die verschiedenen Herkünfte spielten keine Rolle. Das sollte sich auf dem Gymnasium ändern.

Heute, nach fast zwei Jahrzehnten, habe ich nur noch mit meinem alevitischen Freund Ahmet Kontakt. Von Bekir habe ich nach unserer Grundschulzeit nichts mehr gehört. Cem war ein talentierter Fußballer, der seine glänzende Karriere aber nicht auf dem Spielfeld hinlegte. Merdin bekleidet heute eine hohe Führungsposition in einem Versicherungsunternehmen und ist ein steinreicher Selfmademann. Deshalb steht Merdin rund um die Uhr unter Personenschutz, genau wie unsere Bundeskanzlerin.

Damals schon, als wir in den Schulpausen Fußball oder Glücksspiele im Weitwerfen von Fußballkarten veranstalteten, hielt Merdin sich von alldem fern. Bereits in sehr jungen Jahren kleidete er sich wie Gordon Gekko aus dem Film »Wall Street« und heckte beim Spaziergang über den Schulhof Businessstrategien aus, während wir unsere Zeit mit Spielchen vergeudeten. Wenn wir Merdin aufforderten mitzuspielen, antwortete er nur lapidar: »Geld schläft nicht! Wer seine Schweißtropfen zählt, wird nie sein Geld zählen!« Oder aber er sagte: »Bullen und Bären machen Geld. Schweine werden geschlachtet!«, wen auch immer er damit meinte. Inzwischen hat Merdin so viel Geld, dass er es gar nicht mehr zählen kann.

Ahmet arbeitet nach seinem Fachabitur erfolgreich in der Holz- und Baustoffbranche. Ich hingegen zählte meine Schweißtropfen auf sämtlichen Sportplätzen Krefelds, während mein Vater, die chinesische Mauer, auf dem Fahrrad mit einem Bambusstock hinter mir herfuhr, um mich zu motivieren, wie er zu sagen pflegte. Während ich vor ihm hertrabte und mehr Nacken- als Gliederschmerzen hatte, um nicht den Bambusstock an meinem Po zu spüren, träumte ich von deutschen Meisterschaften mit den Krefeld Pinguinen.

Meine anderen türkischen Freunde Tarek, Süleyman und Sedat – intelligente Menschen, die aber selten ihre Hausaufgaben machten – gaben mir einmal den Rat: »Martin, merk dir eins fürs Leben: Wer viel weiß, kann viel verlieren!«

Eines ist mir heute klar. Hinter den nicht gemachten Hausaufgaben von Tarek, Süleyman und Sedat verbarg sich eine klare Unterforderung. Versteckt in ihnen schlummerte Begabung, die von den Pädagogen nicht entdeckt wurde. Gefangen im Bildungswahn koreanischer Eltern in Deutschland konnte ich von Tareks, Süleymans und Sedats Weisheit nie Gebrauch machen. Mir blieb keine Wahl. Zudem fehlte es mir an einer gewissen Kaltschnäuzigkeit, wenn es darum ging, die Lehrer hinters Licht zu führen. Hätte ich etwa erzählen sollen, dass mein Hund die Hausaufgaben aufgefressen habe? Wo doch jeder sofort gedacht hätte, dass wir den Hund ohnehin schon längst selbst aufgegessen hätten? Welcher Lehrer hätte mir geglaubt?

Das ist einer der Gründe, warum die Koreaner in Deutschland einen so hohen Bildungserfolg vorzuweisen haben. Der andere ist, dass die meisten koreanischen Eltern eine asiatische Kampfkunst beherrschen. Für koreanische Eltern ist Bildung eine Kampfkunst, die sie im Zweifel immer durchboxen werden. Meine türkischen Freunde hingegen zogen alle Register und machten dabei nicht einmal Halt vor Allah und dem Koran. Durch meine Patentante, die uns zu frommen Katholiken zwangsmissionierte, blieb es mir verwehrt, den Lehrern weiszumachen, ich hätte anlässlich Buddhas Geburtstag, wegen körperlicher und geistiger Schwäche, die Hausaufgaben nicht erledigen können. Einige meiner türkischen Freunde nahmen hingegen häufig den Ramadan als Vorwand, weshalb sie ihre Hausaufgaben nicht hätten verrichten können. Und fast jeder

Schultag war Ramadan für meine Freunde, was manche unwissende Lehrer durchgehen ließen.

Ich war todunglücklich darüber, dass in meiner Religion nicht jeder Tag Teil eines Fastenmonats sein konnte, und dachte ernsthaft darüber nach, ein Moslem zu werden.

Wenn ich mich mit Ahmet treffe, dann sind die alten Schultage oft Gesprächsthema. Ahmet ist so etwas wie ein wandelnder Nachrichtendienst. Da Ahmet noch in Krefeld lebt, weiß er über die aktuellen Lebensläufe unserer Mitschüler Bescheid. Sogar die Telefonnummer unserer Klassenlehrerin kennt Ahmet noch auswendig. So erfuhr ich, dass Tarek, der zur Grundschulzeit ein aufgeklärter Moslem war, eine nahezu kriminelle Karriere hinter sich hat. Um mit seiner Vergangenheit abzuschließen, findet Tarek heute, wie ich hörte, Halt in seiner Religion und eine geistige Heimat im Koran. Er ist strenggläubiger Moslem geworden, betet fünfmal am Tag und lebt zurückgezogen.

Uns alle verbindet nicht nur der vielberufene Migrationshintergrund, sondern auch die gleiche Startlinie ins Leben. Dennoch unterscheiden sich unsere Laufbahnen wie Tag und Nacht. Durch die IGLU- und PISA-Studien sind uns nun einige der Gründe bekannt, die für die unterschiedlichen Lebenswege mitverantwortlich sind. In keinem anderen Land als Deutschland entscheidet die soziale Herkunft derart stark über den Bildungs- und Lebenserfolg eines jungen Menschen. Denn tatsächlich nahmen die Wege von Cem, Tarek, Sedat und Süleyman einen folgeschweren Wendepunkt, als sie am Ende der Grundschule in die Hauptschule »überführt« wurden. Die Entscheidung der *Hocas* (Lehrer) ficht man nicht an, sie ist zu respektieren, so ist es eben in der asiatischen Kultur. Ahmet bekam eine Realschulempfehlung. Ich kam aufs Gymnasium.

Manchmal frage ich mich schon, wie es wohl für Cem, Tarek, Sedat und Süleyman gewesen wäre, wenn sie ihre Laufbahn auf einer Realschule oder einem Gymnasium begonnen hätten. Absteigen hätte man immer noch können. Der Aufstieg hingegen ist viel härter und mühevoller. Meine türkischen Freunde hätten eine andere Welt kennengelernt. Sie wären Menschen begegnet, die sie sonst in ihrem Viertel nie angetroffen hätten. Alle vier wären heute vielleicht Brückenbauer zwischen beiden Kulturen, Vermittler, die uns heute fehlen. Ihre Herkunft entschied über ihre Zukunft, die zu früh und zu schnell von Pädagogen besiegelt wurde. Jeder Mensch haftet selbst für sein Leben. Doch in diesen Fällen zerstörten auch Fehleinschätzungen Bildungswege, Träume und Talent. Ich bin mir sicher, wenn Sedat, Cem, Tarek und Süleyman einen anderen Weg kennengelernt hätten, könnten wir uns heute als Freunde, ohne Schamgefühl und vor allem mit einem Lachen im Gesicht gegenüberstehen.

Und dann ist da noch Mustafa Josef Maria, dem ich kürzlich am Krefelder Bahnhof begegnete. Mustafa Josef Maria war eines von wenigen Migrantenkindern, die nach der vierten Klasse eine Empfehlung für das Gymnasium bekamen. Doch es kam dort zu einem Zwischenfall, der sein Leben um 180 Grad wendete. Ein einheimischer deutscher Klassenkamerad provozierte ihn mit Rufen wie »Knoblauchfresser!« und »Kümmeltürke!«. Mustafa Josef Maria platzte der Kragen. Er sprang den Klassenkameraden an. Der fiel, so sagte er, so unglücklich zu Boden, dass sein rechtes Bein zertrümmert wurde. Eine Lehrerkonferenz sollte schließlich über Mustafa Josef Marias akademische Zukunft richten. Die anwesenden Lehrerinnen und Lehrer votierten einstimmig gegen Mustafa Josef Marias Verbleib auf ihrem Gymnasium. Nachdem

Mustafas Vater dem einheimischen Schüler eine Entschädigung gezahlt haben soll, entschied er, Mustafa Josef Maria zur Disziplinierung in die Türkei zu schicken. Dort ging er dann fortan zur Schule, beendete seine Highschool und wollte schließlich zurück nach Deutschland zur Familie. Er kämpfte sich durch. Seine Jugend verbrachte Mustafa Josef Maria in der Nähe der zyprischen Grenze.

Als Erwachsener kehrte Mustafa Josef Maria schließlich nach Deutschland zurück. Doch mit offenen Armen wurde Mustafa Josef Maria in seiner alten und neuen Heimat nicht empfangen. Seine schulische Ausbildung in der Türkei war in Deutschland nichts wert. Er wurde Atheist und kehrte dem Koran den Rücken. Mustafa Josef Maria staute seinen Hass und seine Wut auf. Er trainierte seinen Körper zu einem Muskelpaket und war zu allem bereit. Das alles erzählte mir Mustafa Josef Maria am Krefelder Bahnhof. Dann zückte er seinen deutschen Führerschein und zeigte mir das Foto darauf. Seine gewellten Haare trug er bis zur Schulter. Sein Blick war grimmig der Kamera zugewandt. »Damals wog ich noch 120 Kilo und trug immer zwei Stöcke bei mir!«, erzählte Mustafa Josef Maria. »Vor allem auf die Neonazis hatte ich es abgesehen!«, fügte er hinzu.

Ich fragte Mustafa Josef Maria, was er von der ganzen Integrationsdebatte halte.

Daraufhin deutete er auf seine Halbglatze. »Siehst Du das?«

»Ja!«, erwiderte ich.

»Das passiert, wenn man sich in Sachen hineinsteigert!«, sagte Mustafa Josef Maria. »In die ganze Multikultishow darf man sich nicht hineinsteigern, weil es einen auffrisst und man dabei seine Haare verliert. Ich habe aufgegeben, über die Integration hier in Deutschland nachzudenken. Es bringt eh nichts! Beim Sexshop bekommt man zumindest eine Multi-videoshow geboten. Da kommt man dann wenigstens auf seine Kosten!«

Dann wünschte Mustafa Josef Maria mir in meinem Vorhaben, mich für gelungene Integration zu engagieren, Glück, Gottes Segen und vor allem keinen Haarausfall. Seit er nicht mehr darüber nachdenke, was bei der Integration von Migranten in die deutsche Gesellschaft falschlaufe, lebe er viel besser, schlafe ruhiger, und neuerdings werde auch sein Haarwachstum angeregt.

Später erzählte mir Ahmet, dass Mustafa Josef Maria als Pförtner für eine kommunale Behörde arbeite. Die Sätze »Sie können rein!« oder »Sie kommen nicht rein!« gehören zu seinem alltäglichen Sprachgebrauch. Die Macht zu haben, wer in das Gebäude reinkommt und wer nicht, befriedige ihn und damit bekämpfe er seine traumatischen Erlebnisse, weil er sehr häufig von einheimischen Türstehern vieler Diskotheken abgewiesen wurde. Rache ist süß.

KEINE POLITIK

In meiner Kindheit war Politik nie ein Gesprächsthema. Zu sehr waren wir Kinder in Vaters Diktum »Ora et labora« eingebunden, das wir blind befolgten. Die Generation meiner Eltern hatte keine gute Erfahrung mit der Politik gemacht. Erst wurde das Land von den Japanern »angegliedert«, wie mein japanischer Freund Takayuki zu sagen pflegt. Dann tobte der Bruderkrieg zwischen Nord- und Südkorea. Das Land wurde geteilt. Es folgten Diktaturen, und Pro-Demo-kratie-Sympathisanten wurden mundtot gemacht. Im Ganzen brachte die Politik nichts als Armut, Leid, Teilung und Tod mit sich. Im Jahr 1987 kam es zu einer Verfassungsände-rung. Der Präsident wurde wieder direkt vom koreanischen Volk gewählt. Aber zu diesem Zeitpunkt waren Mutter und Vater schon fast zwei Jahrzehnte in Deutschland.

Als koreanische Staatsbürger waren Mutter und Vater anfangs von politischen Entscheidungsprozessen in Deutschland ausgeschlossen. Das änderte sich erst mit meiner Berufung in die deutsche Junioren-Nationalmannschaft. Von heute auf morgen wurden wir naturalisiert. Es muss ein emotionaler Moment gewesen sein für Mutter und Vater, als ihre koreanischen Reisepässe plötzlich keine Gültigkeit mehr besaßen. Ein Stück Identität wurde weggeben. Mit der Einbürgerung wurden Mutter und Vater Teil des Wahlvolkes. Beide nahmen ihre deutsche Staatsbürgerschaft sehr ernst und vor allem ihre Pflicht, wählen zu gehen. Wenn Wahlen anstanden, zwang Vater uns und unseren Hund, stets geschlossen ins Wahllokal einzumarschieren. Das förderte unsere Politikverdrossenheit, und wir trugen zur Belustigung der Wahlhelferinnen und Wahlhelfer bei, die sich über die »neuen« Deutschen freuten, die ihren Stimmzettel in Begleitung einer Collie-Hündin abgaben.

Auch in meiner Grundschulzeit war Politik nie ein Thema. Für viele von uns war sie eine unantastbare Welt, Lichtjahre von uns entfernt. Selbst Matthias und Norbert, meine Klassenkameraden ohne Migrationshintergrund, waren apolitisch. Beide kamen aus der Unterschicht und waren in der Hinsicht auch Migranten. Norbert sprach fast besser Türkisch als seine Muttersprache. Einmal nannte er unseren Lehrer »Esek!«. Der Lehrer fragte in die Runde der Klasse nach einer Übersetzung. Die Hände der türkischen Klassenkameraden schnellten sofort in die Höhe.

»Esek bedeutet Eselficker!«, riefen einige von ihnen im Kanon, um Norbert eins auszuwischen. Norbert hatte zuvor einigen türkischen Klassenkameraden beim Fußballkartenweitwerfen wertvolle Sammelkarten abziehen können. Herr Krieg, sichtlich schockiert, ging schnurstracks auf Norbert zu und verpasste ihm die Backpfeife seines Lebens. Nach diesem traumatischen Erlebnis wurde Norbert ablehnend gegen das Erlernen von Wörtern, die er selber nicht verstand. Als unsere Klassenlehrerin den Ursprung des Wortes Demokratie erklären wollte, weigerte sich Norbert vehement, das Wort *Demos* auszusprechen. Gab es doch ein ähnlich klingendes Schimpfwort aus dem Türkischen: *Domuz*.

In dem Migrantenviertel, wo ich aufwuchs, waren die Erwachsenen eher mit dem Überleben beschäftigt, als sich sinnlose Gedanken um die deutsche Politik zu machen. Die meisten hatten ohnehin kein Wahlrecht, um in irgendeiner Weise Einfluss auf Entscheidungsprozesse zu nehmen, die ihr Leben angingen. Es war eine schwierige Zeit. Die Kohl-Regierung versuchte vergeblich, längst heimisch gewordene Migranten mit einer Rückkehrprämie aus dem Land zu locken. Das Wort Einwanderungsland wurde in Regierungsorganisationen tabuisiert. Zu dem Zeitpunkt wusste ich nicht viel über die Politik. Aber mir war klar, dass die bunte Vielfalt, wie ich sie während meiner Grundschulzeit erlebt hatte, Teil meines Lebens in Deutschland sein würde.

LEITKULTUR

Als guter Deutscher wollte ich mich mit allen Gegebenheiten des Deutschseins beschäftigen und war willig, mich der deutschen Leitkultur voll und ganz anzupassen. Doch das hätte mich fast das Leben gekostet.

Während der Karnevalszeit hatte Vater uns Kinder immer mit zum Rosenmontagszug genommen. Meinem Vater war sehr daran gelegen, meinen Geschwistern und mir die deutsche Kultur nahezubringen. Wir waren fasziniert von den vielen kostümierten Karnevalisten und vor allem von den Kamellen. Ich muss etwa sechs Jahre alt gewesen sein, als ich voll der unglaublichsten Karnevalseindrücke nach Hause kam. Zum Deutschwerden gehört auch dazu, das Gelernte in die Praxis umzusetzen – so ähnlich muss ich wohl gedacht haben. Mein Vater legte sich schlafen, und ich ging kurz darauf in die Küche. Ich öffnete den Kühlschrank und nahm mir alle Eier heraus, die Mutter am Vortag im Supermarkt gekauft hatte. In meinem Cowboykostüm stieg ich auf den Küchenschrank hinauf und schmiss die Eier genau so, wie ich es vorher auf dem Karnevalszug gesehen hatte, in alle Himmelsrichtungen. Ich fand heraus, dass die Eier beim Aufschlagen unterschiedliche Geräusche machten, was mich erheiterte, aber nicht meinen Vater. Denn dieser wurde durch die Geräusche geweckt.

Wenn man meinen Vater des Schlafes beraubt, wird er zur Bestie, und als solche stand er in seiner weißen Unterhose vor mir. Plötzlich bekam mein Vater große Augen – und ich auch. Meine Karnevalsheiterkeit war mit einem Male verflogen. Vater hob mich vom Küchentisch herunter, dabei hielt er stets Augenkontakt zu mir, so wie sich die Boxer vor einem Kampf gegenüberstehen.

Dann sagte Vater: »Deine Popo juckt?!« Ich konnte ihm nicht einmal antworten. Er nahm sich einen Kochlöffel und versohlte mir den Hintern. Zunächst dachte ich, dass das auch zur Karnevalskultur gehöre, bis mir klar wurde, dass ich dort nur lustige Leute erlebt hatte und Vater beim Kochlöffelschwingen alles andere als eine freudige Miene zog. Das war mein letzter Karnevalsbesuch, den Vater mir an diesem Tag schnell austrieb.

In der Pubertät unternahm ich einen erneuten Versuch, mich der deutschen Kultur anzunehmen, und nichts ist besser als der Kontakt mit den Einheimischen. Ich hatte mich mit Walter angefreundet, ein Einzelkind, der alles von seinen Eltern bekam, sich dafür aber selten dankbar zeigte. Wir verbrachten viele Tage zusammen. An manchen Tagen wusste ich nicht, ob seine Eltern ihn erzogen oder Walter seine Eltern. Wenn die Mutter ihn aufforderte, sein Zimmer aufzuräumen, antwortete er ihr fast immer mit den Worten: »Lass mich zufrieden, du blöde Kuh!«, und er beließ sein Zimmer so chaotisch, wie es war. Die Eltern waren machtlos. Ich war von Walters Rebellion gegen seine Eltern, die er fest im Griff hatte, fasziniert und dachte mir, dass ich diese deutsche Kultur auch in meinem Zuhause einführen müsste.

Es dauerte nicht lange, bis Vater mich aufforderte, mein Zimmer aufzuräumen. Walter vor Augen entgegnete ich ihm selbstbewusst: »Mach doch selber!«

»Was hast du gerade gesagt?«, fragte Vater auf Koreanisch nach.

»Mach doch selber!«, wiederholte ich in aufrechter Haltung.

»Okay!« Das waren Vaters letzte Worte, bevor er mein Zimmer binnen weniger Minuten in eine apokalyptische Trümmerwüste verwandelte und meine Lieblingssachen in die Mülltonne steckte. Mein Zimmer sah aus wie Dresden nach dem alliierten Luftangriff.

Kollateralschaden, dachte ich nur. Ich sagte meinem Vater, dass ich zukünftig die Polizei rufen würde, um meine Rechte einzufordern.

Vater wusste, dass ich bluffte. Er konnte es von meinen Augen ablesen. Zudem kannte sich Vater im deutschen Rechtssystem nicht aus. Für ihn galt das koreanische Recht der Sechzigerjahre, auch wenn Vater in Deutschland lebte. Da war er ganz Amerika und blieb stur in seiner extraterritorialen Haltung. Andere Länder, andere Sitten? Das gilt nicht für Vater. Für ihn gilt: »Andere Länder, meine Sitten«. Sichtlich unbeeindruckt sagte Vater: »Dann ruf die Polizei an! Ich tippe dir sogar die Nummer ein, wenn du möchtest.« Dazu kam es nie. Bis die Polizei einträfe, würden viele wertvolle Minuten verstreichen, in denen Vater, der nicht umsonst einen schwarzen Gürtel in Taekwondo besitzt, es wie einen Unfall hätte aussehen lassen können.

Einige Tage später traf ich erneut auf Walter. Ich erzählte ihm von dem Vorfall und kündigte ihm mit sofortiger Wirkung die Freundschaft. Danach rief ich einen koreanischen Kumpel an, den ich schon viel zu lange vernachlässigt hatte.

BILDUNGSAUSLÄNDER, FREUNDE UND WARTEN AUF EINE CHANCE

Nach den Vereinten Nationen gilt ein Mensch als extrem arm, wenn er seinen Lebensunterhalt mit 1,25 US-Dollar am Tag bestreiten muss. Die Zahl der in extremer Armut lebenden Menschen betrug im Jahr 2005 1,4 Milliarden. Ich war einer von ihnen. Ich gebe zu, das ist Meckern auf hohem Niveau – Probleme der ersten Welt.

Während meiner Studienzeit lebte ich oft von einem Dollar pro Tag. Da ich keine Green Card besaß, hatte ich nur die Berechtigung, einen gewissen Betrag auf dem Campus der Universität zu erwirtschaften. Der Lohn aber füllte nie mein Konto, sondern das der Universität. Mit der Arbeit auf dem Campus konnte ich einen Teil meiner Schulden begleichen, die wegen der hohen Studiengebühren anfielen. Studium, Sport und Arbeit unter einen Hut zu kriegen war nicht immer leicht, doch war es mir wichtig, meine Eltern finanziell nicht noch mehr zu belasten.

Während der Semesterferien renovierte ich alle Studentenwohnheime. Wenn ich mir ein Flugticket nach Deutschland leisten konnte, nutzte ich die Zeit, um auf dem Bau, an Fließbändern oder an Verpackstationen Geld für die teuren Bücher im neuen Semester zu verdienen. Mein Ziel war es, ein

Praktikum im Sekretariat der Vereinten Nationen zu absolvieren. Aber wer kann sich schon ein unentgeltliches zweimonatiges Praktikum in New York City mit seinen horrenden Mieten leisten? Die deutsche Botschaft in New York war keine große Unterstützung bei der Frage, wie man New York City als armer Student überleben könnte. Ich hatte schon einmal in einer Telefonzelle im New Yorker LaGuardia-Flughafen geschlafen. Zudem hatte ich dank Vater Erfahrung damit, wie es ist, in einer winzigen Gästetoilette zu nächtigen. Alles hat im Leben einen Sinn, selbst die spartanische Erziehung Vaters. Solange wir in seinem Haus lebten, durften wir nicht später als 22 Uhr nach Hause kommen. Wenn wir nach 22 Uhr zurückkehrten, kam es auch schon vor, dass wir vor einer verriegelten Haustür standen, weil Vater uns damit eine Lektion erteilen wollte. Wenn Vater es mal vergaß, die Tür von innen abzuschließen, und wir ins Haus hineingelangten, legten wir uns zum Schlafen in die kleine Gästetoilette unmittelbar am Hauseingang, um Vater nicht zu wecken.

Wegen des Essens machte ich mir auch keine Sorgen. Es ist weitgehend bekannt, dass ein Mensch 35 Tage ohne Nahrung und drei Tage ohne Wasser überleben kann.

Nach meinem Bachelorabschluss in Vermont schrieb ich mich an der Universität von Kent at Canterbury in Brüssel für einen Masterstudiengang in Internationale Beziehungen ein. Mein Onkel arbeitete zu der Zeit als Konsul an der koreanischen Botschaft in Brüssel. Bei ihm wollte ich allerdings nicht wohnen, weil meine Freiheit stark eingeschränkt gewesen wäre und meine Eltern ständige Berichterstattung erhalten hätten. Eine Wohnung in Brüssel konnte ich mir nicht leisten. Meine Eltern hatten bereits einen Kredit über 15.000 Euro aufgenommen, um die Studiengebühren zu bezahlen.

Durch Zufall wurde ich im rund 30 Kilometer entfernt liegenden Leuven fündig. Es gab dort eine Eishockeymannschaft, die in der ersten belgischen Liga spielte. Nach einem Try-Out mit den Leuven Chiefs durfte ich bleiben, und neben einer monatlichen Aufwandsentschädigung wurde mir auch eine 30 Quadratmeter große möblierte Wohnung zur Verfügung gestellt, die ich mit zwei weiteren Spielern teilen musste. Die Wohnung lag direkt im Eisstadion. Eigentlich war es eine Art Abstellkammer für den Eismeister, die von ihm zu einem beschaulichen Wohnraum umfunktioniert worden war, wenn er mal wieder von seiner Frau aus dem Haus geschmissen wurde, weil er betrunken war. Meine Zimmergenossen waren Jean-Francois aus Kanada und Jiři aus Tschechien, die voll auf die Eishockeykarte setzten und außer Eishockey auch nichts weiter im Sinn hatten. Für mich wurde Eishockey nur noch Mittel zum Zweck. Wenn wir nicht trainierten, dann war der Fernseher Dreh- und Angelpunkt für Jean-Francois und Jiři. Meine Rückzugsorte zum Lernen waren das Eisstadionrestaurant oder mein Auto, ein Unfallwagen, den ich geschenkt bekommen und den ein türkischer Freund der Familie wieder straßentauglich gemacht hatte. Den Luxus, dass die Universitätsbücherei wie am St. Michael's College bis zwei Uhr morgens geöffnet hatte, auch an den Wochenenden, hatte ich in Brüssel nicht mehr. Aber wenn samstags keine Spiele anfielen, konnte ich wenigstens die vollen sechs Stunden in der Bücherei ausnutzen. Das Leben mit wenig Geld macht kreativ, ganz nach den Worten Berlusconis, der seinen Landsleuten nach dem Erdbeben in den Abruzzen aufmunternd zurief, sie sollten ihre provisorische Notunterkunft doch als Campingurlaub betrachten.

Am Samstagabend und auch an manchen Sonntagen war

im Stadion Eisdisco angesagt, so dass bei uns in der Wohnung alle Wände bebten. Halb Leuven tanzte auf der Eisfläche und ahmte John Travolta auf Kufen nach. Ich flüchtete mit den Büchern in mein Auto und betete zu Gott, dass das Licht lange halten möge. Ähnlich müssen sich die Steinzeitmenschen gefühlt haben. Lang lebe das Licht!

Die Aufwandsentschädigung reichte gerade einmal für den Sprit. Mein Essen verdiente ich mir, indem ich zweimal pro Woche eine eishockeybegeisterte und trinkfeste finnische Belegschaft von Nokia und Mitarbeiter der Botschaft trainierte. Dafür bekam ich keine Vergütung, aber warme Mahlzeiten im Eisstadionrestaurant.

Damals in Vermont studierte und lebte mein Freund Azar aus Russland unter ähnlichen Bedingungen wie ich. Die Not schweißte uns zusammen. Die richtig teuren Bücher für das Semester liehen wir uns von guten Freunden aus und kopierten sie im Kinko's Copy Center Downtown. Das konnte manchmal mehrere Stunden beanspruchen. Freunde hielten uns die Tür am Hintereingang der Mensa auf, wo wir keine Studentenausweiskontrolle zu befürchten hatten, so dass wir uns frei am Büfett bedienen konnten. Natürlich hatten wir in der Mensa nichts verloren. Aber fast 3.000 Dollar pro Semester nur für das Essen zu bezahlen, erschien uns schlicht zu viel, da das Übriggebliebene am Ende des Tages ohnehin weggeschmissen wurde. Deshalb hatten wir kein schlechtes Gewissen. Mein mongolischer Freund, der in der Mensa arbeitete und wusste, dass wir uns dort illegal aufhielten, drückte immer beide Augen zu. Einmal sagte er zu mir: »Ein Mann ohne Freunde ist so dünn wie ein Holzstrich in der Steppe, aber einer mit Freunden so groß wie die Steppe selbst.«

Wenn es uns nicht gelang, uns in die Mensa einzuschleusen, dann musste Fertignahrung herhalten. Ich ernährte mich häufig von koreanischen Instantnudeln und Kellog's Smacks. Es gab Tage, da ernährte sich Azar ausschließlich von Donuts und Kuchen. Ein Freund aus Aserbaidschan arbeitete im Dunkin' Donuts, und die am Abend nicht verkauften Gebäckkringel wurden aus dem Regal entfernt. Er machte uns immer riesige Tüten fertig, die wir uns nach Ladenschluss abholten. Dabei wurde alles heimlich abgewickelt, wie in einem Gangsterfilm. Seitdem kann ich keine Donuts mehr sehen und mache einen großen Bogen um jede Dunkin'-Donuts-Filiale, obwohl ich der Firma einiges verdanke. Falls Azar und ich jung sterben sollten, dann wohl wegen der schlechten Ernährung während unserer Studienzeit.

Ich bin meinen Freunden bis heute dankbar, auch wenn sie mir ab und an beim Abwaschdienst während meiner Studienzeit in New York die Teller extra schmutzig machten und mir damit zusätzliche Arbeit bereiteten. Sie haben mir geholfen, diese schwierige Zeit zu überbrücken, in der ich in ständiger Furcht lebte, von der Universität zu fliegen. Und auch meiner Universität in Vermont bin ich dankbar, dass sie mir durch ein Teilstipendium dieses Studium ermöglichten. Seit der Abschlusszeremonie in Canterbury im Frühjahr 2005 warte ich darauf, mein hart erarbeitetes Wissen in meiner Heimat Deutschland als Bildungsausländer zum Einsatz zu bringen. Ich gebe mein Wort: Wenn ich erst einmal in Amt und Würden bin, werde ich auch keinen Unsinn treiben.

In Deutschland wird die Zahl der Bildungsausländer, deren Abschluss nicht anerkannt wird, auf 300.000 geschätzt. Um ein Haar wären es 300.001 geworden. Eine Dame vom Bundesverwaltungsamt rief mich wegen meiner Bewerbung als Referent im Bundeskriminalamt an. Sie sagte mir, dass ich für die weitere Berücksichtigung meiner Bewerbung nachträglich eine bundesdeutsche amtliche Bescheinigung einreichen müsse, in der die Gleichwertigkeit meines ausländischen Universitätsabschlusses mit dem eines in Deutschland erworbenen festgestellt wird. In der Datenbank über die Anerkennung und Bewertung ausländischer Bildungsnachweise sei der Masterabschluss an der britischen University of Kent at Canterbury leider nicht verzeichnet.

Die Dame schien gestresst. Sie ließ mich nicht zu Wort kommen. Ich wollte ihr erklären, dass die University of Kent at Canterbury eine international anerkannte Universität und mit H+ vermerkt sei und man sie in der Datenbank sehr wohl finde müsse. Sie ließ alles an sich abprallen und wunderte sich lauthals darüber, wie ich mit meinen Abschlüssen im Bundestag hatte tätig werden können.

Ich bin ein geduldiger Mensch. Geduld gehört zur zweiten Lektion, die man in »meinem Land« als Deutscher mit ausländischen Wurzeln lernt. Dass Koreaner, die in Deutschland geboren und aufgewachsen sind, aber auch auf den Tisch hauen können, zeigte ich der Dame, indem ich laut »Hören Sie mir doch mal zu!« in den Telefonhörer rief. »Haben Sie mal etwas von dem Äquivalenzabkommen oder dem Lissaboner Anerkennungsübereinkommen gehört? Deutschland hat auch mit England ein Abkommen geschlossen über die gegenseitige Anerkennung von Hochschulabschlüssen!«

»Besorgen Sie mir die Bescheinigung!«, erwiderte die Dame sichtlich unbeeindruckt und legte auf.

Eine Stunde später rief mich die Dame erneut an. Ihre Stimme klang ganz anders – freundlich und höflich. Sie habe mit dem Büro der Kultusministerkonferenz gesprochen und herausgefunden, dass mein Masterdiplom von der englischen Universität anerkannt sei.

»Das habe ich Ihnen doch die ganze Zeit versucht zu erklären!«, entgegnete ich ihr.

»Jedenfalls wollte ich mich dafür entschuldigen«, sagte die Dame.

»Ich werde Ihren Chef informieren!«, erwiderte ich. »Nicht aber, weil Sie versucht haben, mir das Leben schwerzumachen, sondern wegen der grauen Haare, die mir durch das Gespräch mit Ihnen gewachsen sind!« Diesen Satz aber bekam die Dame gar nicht mit, weil sie mir wieder ins Wort fiel. Vielleicht hatte ein Praktikant ihren Kaffee zu stark gekocht, ein Anfängerfehler, der passiert, oder aber sie hatte beim Beamtenmikado den Kürzeren gezogen. »Ihr armer Mann!«, seufzte ich in den Hörer.

»Bitte tun Sie das nicht!«, flehte die Dame mich plötzlich an und fügte hinzu: »Ich habe mich doch entschuldigt. Das muss doch ausreichen!«

Um ein wenig Hektik in ihrem gemächlichen Beamtenleben zu entfachen und die Spannung zu halten, ließ ich diese Frage unbeantwortet. Einen Brief an den Chef des Bundesverwaltungsamtes habe ich nie verfasst.

Seit dieser Erfahrung mit der Dame vom Bundesverwaltungsamt kann ich die Enttäuschung der rund 300.000 Bildungsausländer, deren Diplome in Deutschland nicht anerkannt werden, gut nachvollziehen. Was der Bauer nicht kennt, das frisst er nicht, lautet ein deutsches Sprichwort, das in den Köpfen der Papiertiger fest verankert ist, obwohl die Bundesregierung doch eine Kampagne gestartet hatte unter dem Motto: »365 Orte im Land der Ideen«. Orte, die in den Worten der Bundesregierung inspirieren und Brutstätte von »herausragenden Ideen« sein sollten. Ich stellte fest, dass das Bundesverwaltungsamt jedenfalls nicht solch ein Ort ist, an dem »Ideenreichtum, die Leidenschaft und die Umsetzungsstärke der Menschen im Land sowie die Innovationskraft Deutschlands erlebbar« sind.

Wie muss es den 300.000 zugewanderten Akademikern ergehen, die Behördengänge bewältigen müssen und vor Menschen sitzen, die über ihre Zukunft entscheiden und von der Materie nicht wirklich viel Ahnung haben. Wie will man den wachsenden Mangel an Fachkräften schnellstmöglich ausgleichen, wenn bis 2015 rund 1,3 Millionen Hochschulabsolventen benötigt werden? Wie lange mutet man diesen Bildungsausländern noch zu, einer Tätigkeit nachzugehen, die nicht ihrer Qualifikation entspricht? Wie lange müssen sie noch auf diese brillante Idee warten?

DAVE MATTHEWS BAND

Als Freshman am Liberal Arts College St. Michael's in Vermont hatte man keine Rechte, was die Wahl des Mitbewohners im Studentenwohnheim anbelangte. Diese Rechte waren den *Juniors* und *Seniors* vorbehalten. Die Universität verpflichtete zudem jeden ihrer Studenten dazu, die ersten zwei Jahre im Wohnheim auf dem Campus zu leben. Damit erhoffte man sich eine schnellere Integration der neuen Studenten in die Gemeinschaft. Vielleicht wäre das auch eine Option für Deutschland, wo das Quartiersmanagement in vielen Kommunen hoffnungslos versagt.

Bei den Erstsemestlern, den *Freshmen*, erfolgte die Zuteilung des Zimmernachbarn per Losverfahren. Dabei wurde mir ein Mannschaftskamerad vom Eishockey-Team, Woody mit dem germanischen Nachnamen Berno, zugelost. Woody, ein stets preppy gekleideter Yuppie in spe aus New York, war nicht sonderlich begeistert, und ich wusste nicht so recht, was mich mit ihm erwarten würde. Die Chancen standen 50:50, dass aus uns entweder Freunde oder Feinde würden. Bob Marley hat aber einmal gesagt: »Dein bester Freund kann dein schlimmster Feind sein, und dein schlimmster Feind dein bester Freund.«

Unsere Begeisterung füreinander hielt sich in Grenzen.

Männer haben das wohl so an sich. Sympathie zeigt man nicht mit Gefühlsausbrüchen. Wir redeten kaum miteinander, und wenn, spielte sich unser intellektueller Austausch im Oberflächlichen ab und beschränkte sich auf »Hallo« und »Gute Nacht«. Auch unser Musikgeschmack unterschied sich. Woody hörte Strangefolk, Guster und vor allem die Dave Matthews Band. Letztere erlebte zu dieser Zeit ihre Hochphase in Amerika. Fast jeder Amerikaner hörte ihre Lieder. Ich hingegen war Fan der Blues Traveler, der Rap Band Bone Thugs-N-Harmony und des Hardrock Ensembles Guns N' Roses. Parallelwelten existieren auch an Universitäten. Wir waren gefangen in unser beider Beklemmnis, in den 15 Quadratmetern, die wir mit zwei Betten, zwei Schreibtischen und zwei Kleiderschränken teilten, aufeinander zuzugehen. Woody und ich hatten außer dem Eishockey nichts gemeinsam. Und auch dort gingen wir uns erfolgreich aus dem Weg. Den Puck passten wir uns nie zu. Nur am Abend, zum Schlafen im gemeinsamen Zimmer, kreuzten sich unsere Wege wieder.

Als wäre es nicht schlimm genug gewesen, dass wir zwangsintegriert wurden, lebten Woody und ich auch noch im Untergeschoss des Wohnheimes. Ein Verlies, das gerade im Winter grausam und deprimierend war und unsere Gesprächsfreude nicht sonderlich förderte. Unser einziges Fenster war permanent zugeschneit. Die Sonne war nie stark genug, um die weiße Wand zu durchbohren. Immerhin lag das Büro für die Sicherheit des Campus direkt gegenüber. Doch diese Sicherheit hatte ihren Preis. Wir konnten nie wie die anderen Kommilitonen mit Feuerlöschern bewaffnet durch die Flure Amok laufen und mit dem Löschmittel Leute besprühen.

Die Universitätszeit ist für viele auch die Phase des Aufbruchs in die Erwachsenenwelt und des Schleifens am eigenen Charakter. Partys fanden an fast allen Tagen »24/7« statt. Amerikanisches Bier floss in Strömen. Die Liste der Trinkspiele war endlos. Besonders populär war das »Beer Pong«, bei dem Ping-Pong-Bälle in mit Bier gefüllten Plastikbechern versenkt wurden. Der Verlierer musste den jeweiligen Becher in einem Zug austrinken. Oder aber »Beer Hunter«, bei dem es ähnlich zugeht wie beim russischen Roulette, nur mit einem meist glimpflicheren Ende: In einem Bierkasten wird eine Flasche versteckt, die heftig durchgeschüttelt wurde. Jeder nimmt sich eine Flasche heraus und muss sie zeitgleich mit den anderen vor dem eigenen Gesicht öffnen. Ein anderes Spiel, das sich großer Beliebtheit erfreute, bestand darin, während eines Handstandes von einem Bierfass, in dem ein Schlauch befestigt war, zu trinken. Ich hielt mich von derartigen Spielen fern, hörte allerdings, dass Woody eine aussichtsreiche Zukunft als Beer-Pong-Spieler habe, sofern es irgendwann einmal eine amerikanische Profiliga dafür gäbe.

Jedenfalls häuften sich die Besuche weiblicher Gäste in unserem Zimmer, die Woody nach seinen Triumphzügen im Beer-Pong mitbrachte, so wie manche Rockstars mit ihren Groupies nach einem Konzert im Hotelzimmer verschwinden. Sein Aktienkurs schoss bei den Frauen steil nach oben. Woody schien so krisensicher wie ein Investment in Gold. Mit der nächtlichen Geschlechtertrennung nahm es Woody nicht allzu ernst. Woodys Beer-Pong-Eroberungen blieben gleich über Nacht und störten sich nicht daran, dass ich im Zimmer war. Es ging zu wie bei den Affen im Urwald: Die sportlichen Betätigungen mit seinen Gästen und deren Kampfgeschreie versuchte Woody zwecklos, mit lauter Musik der Dave Matthews Band zu übertönen. Guns N' Roses hätten das mit Leichtigkeit geschafft, doch einer Dave Matthews Band gelang es trotz voller Volumenstärke nicht. Zumindest das sprach für meinen vorzüglichen Musikgeschmack.

Eines Samstagabends nach fast zwei Jahren Wohngemeinschaft sprach Woody mich an, was er während unserer gemeinsamen Zeit noch nie getan hatte. Als ich mich gerade auf den Weg zur Dusche begeben wollte, fragte er mich, ob ich am Abend etwas vorhätte. Ich war überrascht, aber erfreut, und dachte, Woody wolle nun endlich Freundschaft mit mir schließen. Ich antwortete ihm, dass ich nichts vorhätte. Woody meinte daraufhin nur, dann wisse er ja Bescheid. Ich verließ das Zimmer und ging zur Dusche. Als ich zurückkam, stand ich vor einer verschlossenen Tür. Ich klopfte, ich rief. Es half nichts. Woody öffnete die Tür nicht. Ich wollte sie schon einrammen, da ich Schlimmes befürchtete. Vielleicht ist Woody der ganze Erfolg als Beer-Pong-Allstar zu Kopf gestiegen, dachte ich mir, und nun ist er manisch depressiv geworden! Ich nahm Anlauf, bis ich plötzlich aus dem Zimmer die Musik der Dave Matthews Band und eindeutige Geräusche hörte. Da wusste ich, dass Woody mal wieder in seinem Element war.

Der Spuk mit der Dave Matthews Band nahm im dritten Jahr ein Ende, als ich meinen Zimmergenossen selbst aussuchen durfte. Mein Mitbewohner wurde der Serbe Uros. Wir wurden auf Anhieb Freunde, auch wenn ich mir immer seine melancholische serbische Musik anhören musste, die mir aber doch viel lieber war als die der Dave Matthews Band.

Nach meinem Abschluss im Mai 2003 ging es wieder zurück nach Deutschland, weit weg von der Dave Matthews Band. In Amerika füllen sie ganze Footballstadien, gewannen zwei Grammys und verkauften über 40 Millionen Studioalben. Ich war ziemlich froh darüber, dass man von den Erfolgen der Band in Deutschland noch nicht viel mitbekommen hatte. Doch eines schönen Tages entdeckte ich an den Werbewänden des U-Bahnhofes Hallesches Tor ein Tourplakat. Die Dave Matthews Band kündigte ein Konzert im Tempodrom an. Ich versuchte, so viele Plakate wie nur möglich zu übermalen. Das gebe ich zu. Aber mit der Anti-Dave-Matthews-Band-Seite auf Facebook habe ich nichts zu tun – ich schwöre!

DIPLOMATIE UND
DEUTSCHE FÜHRUNGSKRÄFTE

Auf die Diplomatie als mögliches Berufsziel hatte mich Vater schon von Kindesbeinen an vorbereitet. Mein Vater war viel mehr als nur ein Bergarbeiter. Er war mein Trainer, Lehrer, Bundeswehrausbilder, Musik- und Literaturkritiker und natürlich mein Henker und Richter zugleich. Besonders an Tagen, an denen mich einheimische Freunde besuchten, wurde meine diplomatische Sensibilität geschult. Mutter pflegt zu sagen, für Vater sei nicht einmal Gott gut genug, um ihn zufriedenzustellen. Das bekamen nicht nur ich, sondern vor allem auch meine deutschen Freunde zu spüren. Vater wollte sichergehen, dass ich mich mit guten Freunden umgab und nicht auf dumme Gedanken kam.

»Ich möchte nicht, dass dieser Bastard zu uns nach Hause kommt! Hast du verstanden!«, sagte Vater. Auf Koreanisch hört sich das so an: »Gae-seki-rang nolchi ma, arachi!« Meine Freunde fragten dann, was mein Vater gesagt habe. Ich antworte ihnen dann meist: »Du bist ein netter Junge und darfst uns regelmäßig besuchen kommen!« Danach hatten meine Freunde die dumme Angewohnheit, meinen Vater anzulächeln und dabei mit ihrem Kopf zu nicken. Mein Vater erwiderte natürlich das Nicken. Das ist Diplomatie – die Kunst, beide Seiten zufriedenzustellen.

»Ist das alles an Freunden, was du vorweisen kannst? Das ist wirklich erbärmlich!«, sagte Vater auch gerne. Daraus wurde dann: »Du bist ein guter Freund und sehr gut erzogen!«

So war es nicht verwunderlich, dass ich mich für eine diplomatische Laufbahn interessierte. Also recherchierte ich und wurde beim Büro Führungskräfte zu Internationalen Organisationen, kurz BFIO, fündig.

In der Einleitung des Handbuches des BFIO, die ich mir durchlas, war zu lesen: »Vier Buchstaben, mit denen deutsche Bewerber, die in Internationalen Organisationen tätig werden möchten, ihrem Berufsziel ein Stück näher kommen können.« Das ist die richtige Organisation, dachte ich mir. Vier Buchstaben, mit denen ich mein erlerntes Wissen zum Wohle der deutschen Gemeinschaft im diplomatischen Alltag erproben konnte. Die Aufgabe des BFIO liegt einzig darin, möglichst viele deutsche Nachwuchsführungskräfte in eine der rund 200 internationalen Organisationen zu integrieren. Die Deutschen, meine Landsleute, machen keine halben Sachen. So hatte man 1.600 Deutsche erfolgreich in internationalen Organisationen untergebracht. Unter den insgesamt 20.566 Mitarbeitern arbeiten nahezu 900 Deutsche im höheren Dienst der Vereinten Nationen. Bei der Weltbank und dem Internationalen Währungsfonds (IWF) sind über 200 Stellen mit Deutschen besetzt.

Die UNO bekam es langsam mit der Angst zu tun. Sie vermuteten eine groß angelegte Offensive der Deutschen, die sich auf legale Art und Weise ihren »Lebensraum« vergrößern wollten. Zwar gehört Deutschland zu der Gruppe der größten Beitragszahler für den Haushalt der UNO, doch der energische Anspruch, einen ständigen Sitz im Sicherheitsrat zu bekommen, war dann Indiz genug, um der Vermutung Glauben zu schenken.

Von 2006 bis 2011 war es deutschen Staatsbürgern deshalb nicht gestattet, an einem Nachwuchsexamen der UNO teilzunehmen. Offiziell ließ man verlauten, der Anteil des deutschen Personals sei ausgeschöpft. Doch hinter vorgehaltener Hand fürchtete man den Einzug der deutschen Gründlichkeit und den notorischen Hang, alles Erlebte detailliert für die Nachwelt zu erfassen.

Aus diesen Gründen war es nicht mehr möglich, sich durch eigene Leistung für eine Stelle bei der UNO zu empfehlen. Man war auf die Gnade des BFIO angewiesen. Also bewarb ich mich auf eine Stelle bei der UNO im Bereich Sport und Entwicklung, dessen Leiter kein Geringerer als der Ex-Werder-Bremen-Funktionär Willi Lemke ist. Und so kam es, dass ich zu einem Bewerbungsgespräch nach Bonn eingeladen wurde. Ein Tribunal von vier Personen saß mir gegenüber, die sich als Allmächtige des Auswärtigen Amtes, des Bundesministeriums für wirtschaftliche Zusammenarbeit und Entwicklung, der Gesellschaft für technische Zusammenarbeit und des BFIO vorstellten. Das Gespräch verlief so weit ganz gut, bis der Mann vom Auswärtigen Amt die Loyalitätsfrage stellte: »In Ihrem Lebenslauf steht sehr viel über Korea. Sie haben sich aber für eine deutsche Stelle beworben. Wie steht es mit Ihrer Loyalität?«, fragte mich der Mann vom Auswärtigen Amt. Ich verteidigte mich damit, dass ich deutscher Staatsbürger sei. Mehr hatte ich nicht zu sagen. Ab dem Zeitpunkt war mir klar, dass es mit der Stelle nichts werden würde. Ich verließ das Gespräch und die Geburtsstadt Beethovens mit einem schlechten Gefühl. Das Gefühl trog mich nicht. Einige

Tage später erhielt ich die Absage per E-Mail. Wie ich später herausfand, hatte man sich für eine einheimische Person entschieden, die Sportwissenschaften studiert hatte und bei der man sich der Loyalität zum Lande wohl sicher sein konnte.

»Diplomaten ärgern sich nie. Sie machen sich Notizen«, hatte einst ein französischer Diplomat aus Napoleons Zeiten gesagt, und das tat ich auch. Ich kam zu der Erkenntnis, dass die BFIO »vier Buchstaben« sind, »mit denen sich deutsche Bewerber« mit Migrationshintergrund, »die in internationalen Organisationen tätig werden möchten, ihrem Berufsziel ein Stück« weiter entfernen.

Das Handbuch des Büros für Führungskräfte in Internationalen Organisationen gibt Aufschluss darüber, wer als geeigneter Kandidat für sie in Frage kommt. Ein Mitarbeiter des Referates Vereinte Nationen im Entwicklungsministerium schreibt: »Dabei ist es generell hilfreich, wenn in den Internationalen Organisationen Deutsche als Ansprechpartner fungieren. Sie erleichtern den Brückenschlag zwischen deutscher Denkweise und der Innenansicht der Internationalen Organisation.« Der stellvertretende Leiter der Stabsstelle »Koordinator für Internationale Personalpolitik« im Auswärtigen Amt unterstreicht: »Wir benötigen Übersetzer unserer nationalen Interessen und Anliegen in den internationalen Organisationen. Natürlich steht ein internationaler Beamter ausschließlich in der Loyalitätspflicht zu seinem Dienstherrn, doch seine Sozialisation prägt seine eigene Werteordnung, die er in seiner täglichen Arbeit umsetzt. Daher ist das Ziel der Bundesregierung, mehr Landsleute in die Arbeit der internationalen Organisationen zu verankern.«

Aus Neugier habe ich in dem 165 Seiten umfassenden Handbuch nachgezählt, wie viele Male das Wort Deutscher oder Deutsch vorkommt. Es sind ganze 168 Mal. Mir ging ein Licht auf, dass man Deutscher im Sinne des Grundgesetzes Artikel 116 sein sollte, um beim BFIO berücksichtigt zu werden. Der Zusatz eingebürgert scheint hingegen ein Ausschlusskriterium zu sein. Auch die elf Erfahrungsberichte von deutschen Führungskräften allesamt ohne Migrationshintergrund vermitteln diese Botschaft – du musst in Deutschland geboren sein.

Sollte ich dennoch, irgendwie, irgendwo, irgendwann die Chance erhalten, mich noch einmal dem BFIO vorzustellen, werde ich die Verfassung dabeihaben. Vor dem Tribunal werde ich mich erheben, meine Hand auf das Grundgesetzbuch legen und mit erhobener Stimme verlauten lassen: »Ich schwöre, dass ich meine Kraft dem Wohle des deutschen Volkes widmen, seinen Nutzen mehren, Schaden von ihm wenden, das Grundgesetz und die Gesetze des Bundes wahren und verteidigen, meine Pflichten gewissenhaft erfüllen und Gerechtigkeit gegen jedermann üben werde. So wahr mir Gott helfe.«

SÄBELRASSELN UND HUNDESTEAK

Aus europäischer Sicht sind die Koreaner die wirklichen Stars. Der Koreaner ist Programm. Der Koreaner steckt voller moderner Technik. Der Koreaner überzeugt mit guten standfesten Bremsen. Der Koreaner gibt sich auch bei der Sicherheit keine Blöße. Die Wertbeständigkeit des kleinen Koreaners wird unterschätzt. Koreaner für Russland. Koreaner gehen neue Designwege. Der Koreaner ist an europäischen Geschmack angepasst. Der Koreaner ist europäischer als so mancher Europäer selbst. Mit aufregendem Design kann der neue Koreaner nicht punkten. Der Koreaner ist ein Musterknabe. Der Koreaner kennt kaum Schwächen. Die Koreaner müssen noch am Interieur arbeiten. Aber die Richtung stimmt. Mit jeder neuen Generation machen die Koreaner einen weiteren Schritt nach vorn: bessere Technik, höhere Qualität und eigener Stil. Der Koreaner ist gewachsen. Stattliche 4,80 Meter lang ist der Koreaner. Sein deutscher Konkurrent ist um knapp 20 Zentimeter kürzer. Der Koreaner ist samtweich. Der Koreaner ist erfolgreich und schön. Der Koreaner blieb beim Mängelreport ohne Beanstandung. Der Koreaner profitiert vom guten Ruf seines Vorgängers. Der kleine Koreaner hat alles an Bord. Ein Koreaner, wie für Sie gemacht. Der Koreaner ist klein, aber groß in Form. Der Koreaner bringt die besten Anlagen mit, um eine echte Größe bei den Großen zu werden. Der Koreaner ist gutmütig und angenehm sparsam. Der Koreaner hat kaum Schwächen aufzuweisen. Der Koreaner erobert Deutschland. Der Koreaner fühlt sich in der City am wohlsten. Der Koreaner hält, was er verspricht. Entdecken Sie den neuen Koreaner. Der Koreaner kommt mit Stummelheck und Einheitslook zum Schnäppchenpreis von 14.990 Euro. Damit unterbietet er die deutsche Konkurrenz deutlich. Gutes muss nicht teuer sein.

In der koreanischen Wochenzeitung *Kyoposhinmun* las ich, dass koreanische Frauen den Schrebergarten für sich entdeckt hätten. Das Sony Center in Berlin wurde an koreanische Investoren verkauft. Eine große Gruppe von sportbegeisterten Koreanern wird am Berlin Marathon teilnehmen. Besonders habe ich mich gefreut, als ich zwei glücklich strahlende koreanische Männer mit ihren koreanischen Frauen in der in Deutschland veröffentlichten koreanischen Zeitung *Kyoposhinmun* sah und darüber die Headline »*Gae-ron Chuka* (Zur Hochzeit alles Gute)«. Gott will, dass die Koreaner ihren Beitrag zum demographischen Wandel leisten. *El-Hamdallah (So Gott will)* würde mein arabischer Freund Lion Al-Fahadi jetzt wohl sagen.

Im Leben kann man auf viele Dinge warten, auf die Deutsche Bahn, auf den Internetanschluss der Telekom, auf Steuerbescheinigungen, auf eine neue Niere, auf Antworten, auf den Durchbruch der erneuerbaren Energien, auf die Zulassung für einen Studienplatz, auf den richtigen Moment, die Geburt, auf Frauen, auf die Liebe, auf dass die Sonne auf- und untergeht, auf Gerechtigkeit, auf die Zukunft, auf die Wende, auf die Erleuchtung, auf den Regen, auf die Apokalypse, auf ein Zeichen, auf ein Wunder, auf einen Absprung, auf das Ende der Krise, auf Nationalspieler, auf die nächste iPhone-Generation, auf Veränderungen. Ich warte nur darauf, dass mich die erste Tierschutzaktivistin auf der Straße anspricht und um meine Mitgliedschaft kämpft.

Beim Büchertisch in Kreuzberg habe ich Lena kennengelernt, eine Berlinerin, die lange Zeit in Baden-Württemberg lebte und dort ihre Berliner Schnauze verlor. Nach dem Studium hatte Lena lange Zeit in Burma gelebt, wo sie als Entwicklungshelferin arbeitete. Aus eigenen Mitteln und Sachspenden hatte sie dort eine Schule aufgebaut und besaß einen Elefanten als Haustier. Einen Burmesen zu ehelichen, kam für sie nicht in Frage, weil alle unter Generalverdacht standen, scharf auf ihren deutschen Pass zu sein.

Als Jugendliche hatte Lena einen koreanischen Brieffreund, der ihr irgendwann einmal aus heiterem Himmel einen Heiratsantrag per Luftpost zuschickte. Das war ihr erster und letzter Kontakt zu koreanischen Männern. Lena erzählte mir auch von den chinesischen Männern, die burmesische Frauen entführen, nicht etwa, um sie zur Prostitution zu zwingen, sondern zur Heirat.

Meine Bekannte Seung-hee aus Los Angeles meinte, die chinesischen Männer würden bei Frauen jeglicher Couleur immer begehrter, weil sie freiwillig den Abwasch machten, perfekt bügelten und exzellente Köche seien. Koreanische Männer seien Nieten in allen drei Bereichen, sagte Seung-hee und fügte hinzu, dass im Gegenteil zu den koreanischen Männern die Chinesen matriarchalisch unterwegs seien und nicht fest eingefahren in diesen konfuzianischen, hierarchischen Strukturen.

Ich verstand plötzlich. Jetzt war mir klar, warum so viele

chinesische Männer als Köche in China-Restaurants arbeiten. Und nun rasselten sie auch noch mit ihren Haushaltstalent-Säbeln und wollten uns unseren Beitrag zum demographischen Wandel streitig machen.

Die koreanischen Männer sollten sich von ihren chinesischen Leidensgenossen eine Scheibe abschneiden! Mit höherer Bildung, Sprachkompetenz und deutschem Pass kommt man als Deutsch-Koreaner nicht sehr weit in Deutschland. Warum also nicht die Liebe zur Hauptsache machen und Experte im Staubsaugen, Bügeln, Kochen und beim Abwasch werden?

Die Koreaner waren so nah dran, Menschen zu klonen. Leider hat sich das nie verwirklicht. Stattdessen haben sie erfolgreich Hunde geklont. Sonst hätten die koreanischen Männer leichtes Spiel in Sachen Liebe gehabt. Mein Bekannter In-ho, ein studierter Mathematiker, geht mit gutem Beispiel voran. Statt eine Karriere als Mathematiker anzustreben, hat In-ho einen Job bei einer Kuchenmanufaktur vorgezogen. Seine mathematischen Kenntnisse kommen ihm beim Herstellen von jeglicher Art von Gebäck zugute. Ein wahres Haushaltstalent also! Mehr Menschen vom Format In-ho braucht das Land!

Ich verfüge über keinerlei Talente, was die Kunst des Backens anbelangt. Für mich schließt sich diese Möglichkeit deshalb aus. Seit einiger Zeit interessiere ich mich aber sehr für die Psychologie. Ganz besonders interessiert mich das Verhalten von Hunden. In Deutschland leben rund fünf Millionen Hunde. Der Markt ist enorm. Ich habe mich den Hunden schon immer nahe gefühlt. Den Hunden ihre Ängste zu nehmen und zu verstehen, wie sie ticken, hatte mich fast von Geburt an interessiert. Es war an der Zeit, Sühne zu leisten für die vielen Vierbeiner, die von meinen Landsleuten verkostet wurden.

Als ich von einem Spaziergang am Treptower Park nach Hause ging und über die nicht erhaltenen Chancen in meinem Leben nachdachte, strahlte mich von der Litfasssäule ein Riesenplakat an wie Dutzende Scheinwerfer. Ich erkannte ein glückliches Gesicht und daneben einen freudestrahlenden Hund. Das Gesicht gehörte zu niemand Geringerem als Deutschlands berühmtestem Hundetrainer Martin Rütter. Der Hundetrainer hat mit der Erziehung von schwer dressierbaren und traumatisierten Hunden ein Vermögen verdient. Auftritte in ausverkauften Sportarenen sind keine Seltenheit. Sein Gesicht ziert Werbeplakate und Prospekte sämtlicher Hundefutterhersteller. Er ist ein prominenter Talkshowgast in Funk und Fernsehen, hat seine eigene Fernsehshow, und sogar ein chinesischer Buchverlag kam auf Rütter zu, weil sie dessen Handbuch für artgerechte Hundehaltung ins Chinesische übersetzen wollen.

Wann werden die Menschen endlich verstehen, dass ich ein Pescetarier bin, der nur Tierarten verspeist, in denen keinerlei Hunderasse vorkommt. Ich stelle mir vor, wie ich mit unserer glücklichen Collie-Hündin im Gepäck in Talkshows locker aus dem Nähkästchen über ihre Erziehung und Pflege plaudere, Werbung für die Tierschutzorganisation PETA mache, je nachdem auch nackt, und mein zufriedenes asiatisches Gesicht auf sämtlichen Hundeprodukten mit Qualitätssiegel »sehr empfehlenswert!« abgedruckt wird. Du wirst vielleicht sagen, ich sei ein Träumer. Aber ich bin nicht der einzige – Asiate. Ich hoffe, eines Tages wirst auch »du« einer von uns sein und die ganze Welt wird eins, so, wie Yoko Ono und John Lennon es einst waren.

Ich wendete mich von dem Plakat ab und ging weiter. Dabei dachte ich im Stillen darüber nach, wie meine Karriere verlaufen wäre, wenn ich an Martin Rütters Stelle wäre. Ein Lächeln trat auf mein Gesicht.

FALSCHE NETZWERKE

Mit Ihrem Lebenslauf dürften Sie doch keinerlei Probleme haben, irgendwo unterzukommen!« Diesen Satz bekam ich oft zu hören, wenn ich über meine missglückten Bewerbungen erzählte.

»Schade, dass Sie nicht Personalleiter eines finanzkräftigen Unternehmens sind. Vielleicht hätte ich bei Ihnen bessere Karten!«, antworte ich dann meist.

Menschen, die detaillierter über meinen Lebenslauf Bescheid wissen wollen, gebe ich gerne Auskunft unter der Voraussetzung, dass vorab eine gewisse Vertrauensbasis geschaffen wurde, was durch koreanischen Soju und spanischen Rotwein beschleunigt werden kann. Im Schnelldurchlauf gebe ich die wichtigsten Daten durch: Politikstudium in den USA und in Belgien, Praktika mit Stationen in Brüssel und Seoul. Sprachkenntnisse? Dabei hebe ich besonders hervor, dass meine Muttersprache Deutsch und nicht Koreanisch ist. Zudem erzähle ich, dass ich über Französischkenntnisse aus der Schule verfüge und Englisch dank meines Studiums »nahezu fließend« beherrsche. So gab ich das auch immer brav in meinem Lebenslauf an.

Mein Lebenslauf weist Lücken auf, gerade was die berufliche Tätigkeit anbelangt. Daraus ersichtlich ist zudem mein mehrfacher Arbeitsplatzwechsel, was sich aber in der Generation Praktikum nicht vermeiden ließ.

Bei einem Seminar über die Lebenswelten deutsch-koreanischer Migranten, aus dem ich mir neue Erkenntnisse erhoffte, nahm auch die Leiterin der Arbeitsgruppe Migration und Integration des Instituts für Arbeitsmarkt und Berufsforschung teil. Sie erzählte, dass sie für ihren Vortrag ihre Kollegen befragt hatte, ob sie irgendetwas über die Koreaner in Deutschland wüssten. Die Antwort war ein kollektives Nein. Dennoch habe sie sich Mühe gegeben, die Koreaner statistisch zu erfassen, erklärte die Frau. Dass die Arbeitslosenquote bei hochqualifizierten Migranten fast dreimal höher ist als bei den Einheimischen, war keine neue Erkenntnis für mich. Die Benachteiligung liege möglicherweise in der fehlenden Sprachkompetenz und in mangelnder Qualifikation begründet, versuchte sie zu erklären. Sie berichtete von einem Testingverfahren der Universität Konstanz, bei dem zwei identische Bewerbungen für Praktikumsstellen an Betriebe verschickt wurden. Dabei wurde eine Bewerbung mit einem einheimisch klingenden Namen versehen und eine mit einem ausländischen. Der vermeintlich einheimische Bewerber bekam 14 Prozent mehr Rückrufe als jener mit Migrationshintergrund. Bei kleineren Betrieben waren es sogar 24 Prozent.

Dann kam sie endlich auf die Koreaner in Deutschland zu sprechen: Ihren Angaben zufolge sind etwa 53 Prozent der Koreaner ohne Berufsausbildung, 15,3 Prozent mit Berufsausbildung und 29,3 Prozent der Akademiker arbeitslos. Eine Erklärung dafür, warum hochqualifizierte Migranten im Gegensatz zu den einheimischen Deutschen bei der Einstellung benachteiligt würden, seien die fehlenden Netzwerkressourcen bei der Suche.

Bei dieser Aussage konnte ich nicht mehr stillhalten. Ich fragte sie, welche Netzwerke denn die richtigen seien, und erklärte ihr, dass ich trotz meiner Mitgliedschaft in zahlreichen Online-Netzwerken wie Elitepartner, Singles mit Niveau, Partnersuche, die erste Adresse für Akademiker, und Friendsscout24 keinen Erfolg verbuchen konnte bei dem Versuch, mich in den Arbeitsmarkt zu integrieren. »Was mache ich bloß falsch?«, fragte ich die Referentin.

Aus diesem Seminar nahm ich neue Erkenntnisse mit nach Hause. Vor allem jene, über lange Zeit wertvolle Energie in die falschen Netzwerke gesteckt zu haben.

MIGRANTENKREISLAUF UND GOTT IST AUF UNSERER SEITE

Kurz vor dem 1. Mai wirft der Armeeladen an der Revaler Straße solche Umsätze ab, dass der Besitzer sich für den Rest des Jahres auf die faule Haut legen kann. Er muss ein Finanzgenie sein, ein noch größeres als Warren Buffett oder P. Diddy. Wer kann schon von sich behaupten, mit Tarnanzügen und Sturmmasken in solch kurzer Zeit derartige Renditen abzuwerfen.

Wer sich fragt, wo nach der Finanzkrise die vielen Aktienhändler und Hedge-Fondsmanager geblieben sind, wird an den Berliner S- und U-Bahnhöfen fündig. Dort verkaufen sie benutzte Fahrscheine weiter, die sie zuvor von Fahrgästen erbettelt haben. Nachdem man astronomische Summen in den Sand gesetzt hat, ist man zu den Wurzeln zurückgekehrt. Designerschlips und sündhaft teure Maßanzüge wurden an den Nagel gehängt und gegen Jeans und T-Shirt von der Kleiderkammer eingetauscht. Die Krise hat es noch einmal verdeutlicht, dass sich hinter einem Anzug nicht automatisch ein guter Mensch verbirgt. Von der unüberschaubaren virtuellen Welt der Transaktionen ist der Kosmos der einstigen Spekulanten auf einen überschaubaren realen Ort mit minimalen Profitmargen geschrumpft. Doch einige schwarze Schafe können es nicht lassen und versuchen, gefälschte Tickets mit hundertprozentigem Gewinn an den Mann zu bringen. Doch auch das wird irgendwann bestraft.

Als die Mauer das Zeitliche segnete, waren es noch die Russen, die am Brandenburger Tor oder am Alexanderplatz Relikte aus dem Kalten Krieg und der roten Sowjetarmee verkauften. Doch mit dem Reichtum an Bodenschätzen in ihrer einstigen Heimat stieg auch ihr Wohlstand. Die einstigen russischen Straßenhändler sind im Migrantenzyklus kometenhaft aufgestiegen. Die Straßen wurden samt russischem Inventar den Indern und Pakistanern überlassen. Stattdessen schlürfen die Russen nun genüsslich ihren Champagner im Adlon, sinnieren melancholisch über die alten Zeiten, wie sie sich am Brandenburger Tor einst die Füße plattstanden, essen Kaviar zu allen drei Mahlzeiten, schmücken sich mit attraktiven Statussymbolen und kleiden sich mit sündhaft teuren Produkten des Kapitalismus ein.

Nach Auflösung des Eisernen Vorhangs hat sich nicht nur die Weltordnung verändert, sondern auch die Paradigmen vieler einheimischer Gesellschaften. Der Fluch demographischer Wandel hängt über fast allen alternden europäischen Ländern. Für sie wird die Welt nie mehr so sein, wie sie einmal war – geordnet, langsam und übersichtlich. Vor zwei Jahrzehnten noch holte ich meine Brötchen beim deutschen Bäcker, die Pizza beim Italiener, und meine Haare ließ ich von einem deutschen Friseur schneiden. Mein Friseur und mein Bäcker gingen vor einigen Jahren in den wohlverdienten Ruhestand. Die Läden wurden an türkische Geschäftsleute verkauft. Meinen italienischen Pizzabäcker packte das Heimweh. Er eilte nach bella Italia zurück. Erst zog ein Gyros-Pita-Laden ein. Nun ist dort ein indisches Lebensmittelgeschäft beheimatet. Brötchen und

Pizza hole ich beim Türken nebenan, meinen Kaffee beim kamerunschen Kiosk und das chinesische Essen beim Vietnamesen meines Vertrauens.

Der Wandel begann mit der Ankunft des ersten Gastarbeiters im Lande. Nur die Zukunft wollte sich die junge Republik nicht vor Augen halten. Wer sich fragt, was mit den vielen Koffern passiert ist, mit denen die Gastarbeiter nach Deutschland kamen, sollte den SK-Berlin-Shop an der Eberswalder Straße im Prenzlauer Berg aufsuchen. Dort sind die Koffer vor dem Laden meterhoch aufgestapelt. Beim Anblick dieses Kofferberges bekommt ein jeder die Gewissheit, dass die einstigen Gastarbeiter das Land nie mehr verlassen werden. Und so stauben die Koffer vor sich hin und hüten den Laden.

Einige Bereiche aber geben die Einheimischen nicht kampflos auf. Etwa beim Kulinarischen. Bei mir um die Ecke hat ein Imbiss eröffnet, in dem sich alles um die Kartoffel dreht. Müde wird der Kiosk von meinem türkischen Pizzabäcker, meinem Hamburger-Verkäufer aus dem Nahen Osten, dem ghanaischen Imbissbetreiber und den Döner-Kebab-Ladenbesitzern ringsherum belächelt. Denn sie wissen, dass sie in der Gastronomie noch immer über den Exotenbonus verfügen. Lange Zeit ist die deutsche Küche nicht über Wurst und Sauerkraut hinausgewachsen. Dafür waren die Gastarbeiter da. Auch hier sollten sie in Akkordarbeit beim Aufbau helfen, sich die Hände mit Bratfett schmutzig machen und die Versorgungslücke schließen. Der Döner hat der Currywurst schon lange den Rang abgelaufen.

Viele Einheimische wendeten sich von ihrer heimatlichen Küche ab und den Kochkünsten der Gastarbeiter zu, die ihr Heimweh und ihre Sehnsucht in lukullische Köstlichkeiten verarbeiteten und den Einheimischen mit Liebe servierten. Läden wie »Karteufel« sind der Beweis dafür, dass die einheimischen Gastronomen nun nach jahrzehntelanger kulinarischer Industriespionage um eine Aufwertung der deutschen Küche bemüht sind und keine Mühen scheuen, um den Anschluss zu finden. Doch auch die ausländischen Restaurants entwickeln sich weiter. So bietet mein Kebab-Laden neuerdings nicht nur Kebabs, sondern auch gebratene Nudeln mit Hühnerfleisch an. Und auch die Spätaussiedler wollen im Kampf über die kulinarische Hegemonialmacht nicht hintanstehen. Sie fühlen sich unterfordert, wenn sie mit ihren Ingenieurdiplomen die Toiletten der Republik säubern und Taxi fahren, und wie die Araber haben auch sie eine besondere Affinität zu Hamburgern entwickelt, als wollte man sich an der Weltmacht Amerika rächen.

Aus purer Nostalgie verirren sich ab und an die ehemaligen Gastarbeiter der ersten Stunde in die Imbisse und Restaurants mit germanischer Küche. Erst kürzlich wurde ich am Hermannplatz in Neukölln Zeuge davon, wie eine türkische Frau mit Kopftuch hastig einen Kartoffelpuffer verschlang, als hätte sie Angst davor, von ihren Landsleuten dabei erwischt zu werden.

Als ich meinen Freund Matthias im Café Schwarzsauer im Prenzlauer Berg traf, prangte nahe der Eberswalder Straße ein Schild vor einem Friseurladen mit der Aufschrift: »Billig kann jeder, schneiden muss gelernt sein«. Eine Kampfansage deutscher Inhaber, die sich gegen die zunehmende Vermehrung der türkischen Edwards mit den Scherenhänden in ihrer Branche wehrten, die den Haarschnitt zu Dumpingpreisen anbieten. Die wenigen Salons, die noch in deutschen Händen sind, stehen unter immensem Druck, dem Geiz-ist-Geil-Preiskampf standzuhalten. In Berlin ist die Auswahl an Friseuren jeglicher Qualität einfach zu groß. Die Suche nach einem guten Friseur kostete mich viele Haare, Schweiß und Blut. Bei einem Discounter schnitt mir die türkischstämmige Friseurin fast ein Stück vom Ohr ab und entschuldigte sich erst, als das Blut in alle Himmelsrichtungen hinausquoll. »Upps! Tut mir leid! Passiert im Eifer des Gefechts!«, murmelte sie kurz und knapp. Anderswo wurde meine Kopfhaut fast verbrannt. Fündig wurde ich erst bei meinem allerletzten Versuch, einen geeigneten Friseur auszumachen, bei dem man nicht 60 Prozent für den Namen und 40 für die Leistung bezahlt. Eine dank des Jobcenters Friedrichshain-Kreuzberg umgeschulte Hundezüchterin sollte es werden. Sie ist ein Musterbeispiel für die gelungene Investition von Steuergeldern, begnadet im Umgang mit der Schere und tatsächlich so talentiert wie Edward mit den Scherenhänden. Bei ihr fühle ich mich gut aufgehoben. Ihr Ratschlag, einen Hundehalter-Verein für Menschen mit Migrationshintergrund zu gründen, beschäftigt mich noch heute. Die Menschen sollen mit eigenen Augen sehen, dass wir gute Führungskräfte sind.

Mit dem Beginn der Globalisierung ist die Welt der einheimischen Gesellschaften aus den Fugen geraten. Die Schere zwischen Arm und Reich wird größer. Es gibt kaum noch Marktlücken, die nicht schon von multinationalen Unternehmen besetzt sind. Dennoch sind alle auf Migration angewiesen, um Populationsschwund, Arbeitskräftemangel und somit eine demographische Krise abzuwenden. Korea hat mit rund acht Millionen im Ausland lebenden Koreanern eine der größten Diasporen der Welt. Sogenannte »Auswandererkoffer (Imin-Gabang)« sind eine Erfindung koreanischer Geschäftsleute. Rund 16 Millionen Menschen sind weltweit auf der Flucht, und die Kofferindustrie denkt darüber nach, speziell für diese Zielgruppe handliche Reisetrolleys zu konzipieren. So schlägt man zwei Fliegen mit einer Klappe. Man sichert sich als Pionier einen großen Marktanteil, und man macht die Flucht der Menschen komfortabler – flüchten mit Stil. Ein möglicher Werbeslogan könnte heißen: »Sind Sie ein Flüchtling? Dann flüchten Sie mit dem Trolley Light, mit dem sie unter jeden LKW passen.«

Und irgendwie scheint mir in dieser Welt trotz Wandel und Aufbruch noch immer alles beim Alten zu sein – business as usual. Das dicke Geld machen die Migranten noch immer nicht mit sich selbst – so, wie die Afrikaner es nicht mit ihren eigenen Diamanten machen. Immer noch sind sie ein Produkt und dem Geschäftsgebaren einiger weniger unterworfen, die aus der Integration eine milliardenschwere Industriemaschinerie geschaffen haben. Doch dieses Mal haben wir Migranten die Zeit und den demographischen Wandelgott auf unserer Seite.

KRIMINELLE TOURISTEN

Die türkischen Gastarbeiter waren ein Segen für den Unternehmer Vural Öger. Durch die Rückbeförderung seiner Landsleute in die Heimat wurde Öger mehrfacher Millionär. Bereits in den Sechzigerjahren gründete er das »Reisebüro Istanbul« und bot die ersten Direktflüge von Hamburg in die Türkei an. Unter den Koreanern, die als Gastarbeiter nach Deutschland kamen, gab es keinen Vural Öger. Die Reisebüros deutscher Unternehmer machten das dicke Geschäft mit den Koreanern. Für ein Flugticket in die Heimat ging ein ganzes Monatsgehalt drauf. Erst später, als die Koreaner wegen der Globalisierung nicht mehr willkommen auf dem Arbeitsmarkt waren, machten sich manche von ihnen mit Reisebüros selbstständig. So wirklich reich, außer im Herzen, wurde keiner damit.

Es ist allgemein bekannt, dass ein nichteuropäischer Migrationshintergrund ein Nachteil in der Arbeitswelt ist. Denn bei gleicher Qualifikation, Eignung und Leistung wie Einheimische müssen sich jene mit Migrationshintergrund auf dieselbe Stelle bis zu viermal öfter bewerben. Obwohl über 450 Firmen die Charta der Vielfalt unterzeichneten, um für mehr Vielfalt in ihren Unternehmen zu sorgen, brachte das nicht den erhofften Durchbruch. Es hatte nicht mehr als einen symbolischen Wert. Bei Personalentscheidungen kann man sich immer noch nicht so recht mit dem Multikultigedanken und der Führungskraft mit Migrationshintergrund anfreunden. Aufstieg hängt noch immer stark von der Herkunft der Eltern ab. So grübelten die Politiker weiter, wie man den Menschen mit Migrationshintergrund bei der strukturellen Integration in die Arbeitswelt helfen könnte. Wofür sind sie prädestiniert?, fragte man sich.

Schließlich erinnerte man sich an Vural Öger, wie er damals seine Landsleute in Scharen in die Türkei zurückbeförderte und der Regierung die eine oder andere Rückkehrprämie ersparte. 2001 wurde Öger mit dem Bundesverdienstkreuz ausgezeichnet. Er hat sich um das Land verdient gemacht.

So kamen einige Politiker auf die Idee, einen Antrag an die Bundesregierung zu stellen, den Anteil von Migranten in der Tourismusbranche zu erhöhen und Ausbildungsplätze in der Branche vermehrt mit Migranten zu besetzen. Ihre Begründung klang nüchtern: »Eine bessere Nutzung der Potenziale in Deutschland lebender Migranten kann dazu beitragen, die Arbeitslosigkeit in dieser Bevölkerungsgruppe zu senken. Besonders gute Chancen ergeben sich dafür im Tourismus, da sie aufgrund ihrer Herkunft mit den Vorstellungen und Wünschen deutscher Reisender sowie den Rahmenbedingungen und der Kultur im jeweiligen Zielland vertraut sind.« Zudem haben die Politiker bereits konkrete Vorstellungen, in welchen Bereichen sie arbeiten sollten: »Geeignete Arbeitsgebiete sind dabei z.B. die Planung von Land-und-Leute-Programmen oder die Erarbeitung von Kultur- und Naturerlebnisreisen, die Durchführung solcher Reisen, die Reiseleitung, die Kundenbetreuung sowie auch Verhandlungen mit Geschäftspartnern der Zielländer.«

Ich bin stolz auf so viel Aufmerksamkeit, fast schon peinlich berührt, wie liebevoll man sich Gedanken über unsere berufliche Zukunft macht.

Als der Ruf nach mehr Menschen mit Migrationshintergrund in der Tourismusbranche fast abgeklungen war, kam prompt die Forderung nach mehr Migranten in der Kriminalstatistik. Die Volksvertreter begründeten dies damit, dass man durch die statistischen Erhebungen maßgeschneiderte Integrationsmaßnahmen erstellen und Defizite aufdecken könne und deshalb nicht zuletzt im Interesse der Migranten selbst handle. Kriminalität sei schließlich ein Ausdruck deutlicher Integrationsdefizite, die man nur mit belastbaren Daten korrigieren könne, fügten die Politiker hinzu.

Von mehr beschäftigten Migranten, die mithelfen sollten, die Kriminalstatistiken zu erstellen, verlor man kein Wort. Winston Churchill sagte einmal: »Trau keiner Statistik, die du nicht selbst gefälscht hast.« Die Politiker haben Churchills legendären Satz etwas modifiziert: »Trau keinem Migranten, der die Statistik fälschen soll.«

Ich fragte mich, wie sie den Migrationshintergrund überprüfen lassen wollen, speziell bei jenen, die bereits eingebürgert sind, und angesichts der Tatsache, dass schon jetzt über 40 Prozent der unter 35-Jährigen einen Migrationshintergrund haben. Wollen sie den Migrationshintergrund etwa durch Beleuchten des Familienstammbaumes ausfindig machen oder anhand eines Gentests? Vielleicht sollte man auf altbewährte Methoden zurückgreifen, mit denen man bereits Erfahrung gesammelt hat, wie etwa dem Einführen eines speziellen Passes für Migranten. Vielleicht aber könnte man Migranten auch einfach chippen? Das Implantieren des Chips ist angeblich schmerzlos, und einmal eingesetzt, soll der Chip ein Leben lang halten. Es würde die Sache erheblich leichter machen. Eine konkrete Vorstellung haben die Politiker noch nicht.

Neulich habe ich der Zeitung entnommen, dass Senioren immer häufiger straffällig und infolgedessen Insassen von Justizvollzugsanstalten werden. Die Anzahl steigt von Jahr zu Jahr. Schon wird die Rente mit 67 eingeführt.

Neben den Senioren sorgt in der Finanzkrise auch ein Forderungsmanagement-Unternehmen namens »Moskau-Inkasso« für Schlagzeilen. Die kompetenten Mitarbeiter sind zum größten Teil bosnische und russischstämmige Ex-Bodybuilder und -türsteher. Ihre Philosophie ist einfach: »Ihr Schuldner muss kein Russisch können, er wird uns auch so verstehen.« Manchmal muss man eben nur Präsenz zeigen.

Spätestens jetzt mache ich mir Sorgen, dass sich einige Politiker wieder ihre Gedanken machen werden, ob wir neben der Tourismusbranche auch für das Inkassogewerbe prädestiniert sind.

DIE MACHT DES T-SHIRTS

Marlon Brando verhalf dem T-Shirt zu unsterblichem Ruhm. In seinem Film »Endstation Sehnsucht« setzte Brando mit dem T-Shirt nicht nur ein Fashionstatement, sondern vor allem ein politisches. Das T-Shirt wurde zu einer Art Symbol der Rebellion gegen den Status quo.

Die Vermittlung von Botschaften über ein T-Shirt ist in unserer Gesellschaft längst zur Normalität geworden. Axl Rose, der Leadsänger der Rockband Guns N' Roses, löste damals einen Skandal aus, als er bei einem Konzert ein T-Shirt mit der Aufschrift »kill your idols« trug, auf dem das Gesicht von Jesus prangte.

Mein Nachbar, der äußerlich große Ähnlichkeit mit Jesus aufweist, ist auch so einer. Wenn wir uns zufällig im Treppenflur begegnen, dann begrüßt er mich wortlos, indem er einfach seine Hand hebt, als wollte er mich segnen. Ich habe dann immer das Bedürfnis zu antworten: »Und mit deinem Geiste!« Einmal trug er ein T-Shirt, auf dessen Vorderseite der Schriftzug »Jesus kommt« zu sehen war. Auf der Rückseite stand: »Jesus geht.« Wenn es irgendwann heißt, Christus sei zurückgekehrt, dann weiß ich, wo er lebt.

In meinem Fitnessstudio in Friedrichshain gibt es einen

älteren Herrn, der Besitzer mehrerer T-Shirts mit eindeutig-zweideutiger Aussage ist. Einmal trug er ein T-Shirt, auf dem ein Pfeil nach oben deutete mit dem Aufdruck »Der Mann« und ein Pfeil nach unten mit dem Aufdruck »Die Legende«. Ein ähnliches T-Shirt war mit den Worten »Bier rein« und »Bier raus« versehen. In der nächsten Woche prangte auf seiner Brust: »Romantiker sucht geile Schlampe.«

Meine muslimischen Freunde haben aus der Not eine Tugend gemacht. Die zunehmende Dämonisierung in der Öffentlichkeit als Terroristen wollen sie nicht mehr hinnehmen. Und wie kann man besser Botschaften des Friedens und der Versöhnung entsenden als über ein T-Shirt? Einige Start-up-Unternehmen haben einen neuen Markt entdeckt. Sie verkaufen T-Shirts mit dem Aufdruck »I'm Muslim Not Terrorist«, »I'm Muslim Don't Panic«, »Muslim by Nature«, »Drop Love not Bombs«, »I love my Prophet« oder aber »Make Cay (Kinder) not War«. Letzteres gefällt mir am besten, auch wenn es Thilo Sarrazin vermutlich missfallen würde. Auf der Homepage des Unternehmens steht übrigens: »Wir kommunizieren die Religion des Friedens in der Sprache der Jugend, ohne dabei unsere Werte zu verlieren.« Aus einem T-Shirt ist eine ganze Ethnien-Fashion-Linie geworden, die sich internationaler Beliebtheit rühmt.

Der CDU-Generalsekretär Hermann Gröhe suchte kürzlich einen Referenten für sein Bundestagsbüro. Zu den Bewerbern gehörte auch ein Bekannter von mir, der in Deutschland aufgewachsen ist, aber koreanische Wurzeln hat. Gröhe ist ein Mann der Tat. Bei der zweiten Konferenz der CDU-Mandatsträger mit Migrationshintergrund in Düsseldorf sprach Gröhe in seiner Rede davon, dass die migrantischen Teilnehmer »alle das Gesicht der CDU« seien, und versprach, in Zukunft »dieses Gesicht in seinem ganzen Facettenreichtum noch viel öfter zu zeigen«. Der CDU stünde das wirklich gut zu Gesicht. Gröhe schmeichelte den Teilnehmern damit, dass sie für eine gelungene Integration stünden und »Vorbilder, Wegbereiter und Multiplikatoren« seien.

Meinem deutsch-koreanischen Bekannten half das wenig. Er bekam eine Absage via E-Mail mit den Standardfloskeln. Ich sagte ihm, es solle es einmal mit einem beschrifteten T-Shirt versuchen. Einige Tage später traf ich ihn zufällig im Prenzlauer Berg. Er war gut gelaunt und auf dem Weg zum Bundestag, wie er mir sagte. Kurz bevor wir uns verabschiedeten, zeigte er mir sein T-Shirt. Das Gesicht kam mir irgendwie bekannt vor. Darunter stand ein Zitat: »Gelingende Integration braucht Klartext statt Schönfärberei, Konsequenz statt Ausgrenzung!« Es waren die Worte Hermann Gröhes.

UNTER GLADIATOREN
IM SCHLOSS BELLEVUE

Der Bundespräsident bittet Herrn Martin Hyun zur Konferenz »Vielfalt leben – Gemeinsamkeit gestalten«, entnahm ich der Einladung aus dem Bundespräsidialamt. Endlich bekommen wir eine Plattform, um dem Bundespräsidenten unsere Ansichten und Gefühle vorzutragen, war mein nächster Gedanke. Die Liste der Teilnehmer war lang.

Die Gladiatoren der Integration trafen sich am Vorabend der Konferenz standesgemäß im Hotel de Rome an der Behrenstraße. Von Staatssekretären bis zu Chefredakteuren, Referatsleitern, Abgeordneten, Senatoren, Direktoren, Botschaftern, Geschäftsführern, Chief Diversity Officern, Aufsichtsrats- und Vorstandsvorsitzenden tummelte sich in der Arena fast alles an Titeln und Ehren, was unsere Gesellschaft hergibt. Menschen, auf deren Gesichtern »Sieger« und »No Time for Losers« stand. Mit dem Sektkelch in der Hand bildeten die Teilnehmer Kreise. Kreise aus Menschen mit Migrationshintergrund – und Kreise mit den Gladiatoren der Integration. Küsschen hier, Küsschen da, Küsschen sind für alle da. Wir blieben unter uns. Unsere Blicke trafen sich, aber mehr passierte nicht. Klaus Kinkel, unser ehemaliger Verteidigungsminister, war auch unter den geladenen Gästen. Er ist heute

Vorsitzender der Deutschen-Telekom-Stiftung. Ohne Politik scheint sein Leben gemächlicher zu verlaufen.

Es herrschte Friede, Freude, Eierkuchen. Wir waren zusammengekommen, um Vielfalt zu erleben und Gemeinsamkeiten zu gestalten. Aber schon die Sitzordnung an den runden Tischen zeigte das genaue Gegenteil. Sadik, Alexis, Hülya, Armin, José, Eleonora und mir wurde ein Tisch am äußersten Ende zugeteilt. Die türkischstämmige Moderatorin Asli Sevindim hielt eine Rede für den Personenkreis, der sie zu der machte, die sie heute ist, und warf ihm dabei die schönsten Blicke zu. Sevindim nahm uns nicht wahr. Womöglich ist sie kurzsichtig. Vielleicht saßen wir nur zu weit entfernt von ihr. Wäre das Essen zumindest gut gewesen, dachte ich mir.

Ein einheimischer Professor, der verspätet zum Abendessen erschien, musste sich notgedrungen mit einem Platz am multiethnischsten Tisch des Abends begnügen. Sein Unmut war ihm sichtlich ins Gesicht geschrieben, auch wenn er vergeblich versuchte, ihn zu unterdrücken. Diesen Abend hatte er sich wohl anders vorgestellt. Um mit seinen Forschungsgegenständen gar nicht erst groß ins Gespräch zu kommen, stopfte der Professor die ganze Zeit seinen Mund voll, entweder mit Brot oder mit Wasser. Schließlich spricht man nicht mit vollem Mund. Wir ließen uns diesen Abend durch die Umstände nicht vermiesen. Herzhaft lachten wir über unsere Geschichten aus dem Alltag, tranken reichlich vom teuren Wein auf unsere Zukunft und hofften, dass der nächste Tag ein vielfältiger und gemeinsamer werden würde.

Doch auch am Tag der Konferenz im Schloss Bellevue gab es dieselben homogenen Kreise. Sie tranken Kaffee unter sich, diskutierten unter sich und saßen unter sich. Wozu sind sie da, fragte ich mich, wenn sie nur ihre eigenen Kreise bilden? Und als ich die Sitzhaltung der Gladiatoren in den ersten beiden Reihen beobachtete, wurde es mir schlagartig bewusst: Sie sind nicht wirklich hier, um die Integration in diesem Land voranzutreiben, sondern weil sie sich als gönnerhafte Elite des Landes sehen, in der es selbstverständlich ist, vom Bundespräsidenten in sein Schloss eingeladen zu werden, gemeinsam zu dinieren, zu scherzen und so bestätigt zu bekommen, ganz oben auf der Leiter der Republik angekommen zu sein. Ich hatte genug gesehen von der Zurschaustellung und zückte meinen iPod aus dem Jackett. Es lief Jimi Hendrix, Castles made of sand.

VERDIENSTORDEN FÜR DREI EURO

Eine Gesellschaft kann sich über Nacht wandeln. Schon das Anheften anderer Abzeichen oder das Tragen einer neuen Uniform bedeutet Veränderung. Das, was richtig war, kann plötzlich falsch und unrecht sein.

Dessen werde ich mir bewusst, wenn ich sonntags am Berliner Ostbahnhof zum Trödelmarkt gehe. Es sind vor allem die alten Bücher, die mich dort hinziehen, aber auch die Orden und Abzeichen der ehemaligen DDR. Neben unzähligen Uniformen der Volkspolizei und FDJ stehen auch zahlreiche Abzeichen zum Verkauf. Ein netter Verkäufer erklärte mir einmal einige der Medaillen. Er zeigte mir das Abzeichen für den Helden der Arbeit, den Helden der DDR, eine Medaille für langjährige Pflichterfüllung zur Stärkung der Landesverteidigung der DDR, eine Medaille für ausgezeichnete Leistungen in den Kampfgruppen der Arbeiterklasse, einen Kampforden für Verdienste um Volk und Vaterland und noch viele andere.

Manchmal stoße ich beim Stöbern auch auf alte Schriftstücke, Anstecknadeln und Uniformen aus der Zeit des Nationalsozialismus. Ich frage mich dann immer, wer diese Orden wohl einst getragen hat und was diejenigen dafür geleistet haben. Einst so begehrt und stolz getragen, liegen sie nun glanzlos in Plastikschatullen zum Verkauf. Ich habe für drei Euro eine DDR-Medaille »Für treue Dienste« erworben. Der ältere Herr wollte mir die ganze Palette von Abzeichen und Orden für 50 Euro andrehen. Ich winkte höflich ab.

Die richtigen Menschen kriegen das Verdienstkreuz posthum verliehen und die falschen, wenn sie noch am Leben sind. Für manche Menschen spielt so ein Orden eine große Rolle. Bei Staatsbanketten des Bundespräsidenten oder bei anderen hochrangigen politischen Festivitäten stellen Verdienstkreuzträger die kleine Anstecknadel an ihren Jacketts gerne zur Schau. Zum Glück ist die russische Mentalität nicht weit verbreitet, sich mit allen Orden, die man jemals erhalten hat, zu schmücken, so dass man als Zuschauer Angst haben muss, derjenige könne vom Gewicht der Medaillen vornüberfallen.

Wenn ich Zeuge dieser Verdienstkreuzshows werde, dann stelle ich mir die Frage, ob dieses kleine Stück Blech vielleicht doch einen besseren Menschen aus einem macht oder die Träger dem Himmel ein Stück näher bringt. Man kann gespannt sein, ob diese Bundesverdienstkreuze genau so enden wie die Abzeichen und Orden aus der DDR, nämlich auf den Trödelmärkten dieser Republik.

Seoul-Onkel ist auch Verdienstkreuzträger, allerdings der Republik Korea. Viele bedeutende Hochhäuser und Brücken im Land tragen seine Handschrift. Doch es käme Seoul-Onkel nie in den Sinn, wie auf einer Fashionshow seinen Orden zur Schau zu tragen. Dieses Stück Blech hat keine Bedeutung für ihn. Ich bewundere seine Bodenständigkeit. Sein Verdienstkreuz liegt irgendwo verstaubt in einem Karton. Ich bin ohnehin der Meinung, dass die größte Auszeichnung, die man in der Bundesrepublik bekommen kann, nicht das Bundesverdienstkreuz ist, sondern wenn ein waschechter Berliner auf einen zukommt und einem, anerkennend für das, was man tut, die Hand schüttelt. Das ist die größte Auszeichnung, die man im Leben bekommen kann.

Nach dem Fall der Mauer setzte der Neoliberalismus seinen Siegeszug Richtung Osten fort. Er stellte ein Räumungsverkauf-Schild auf. Alles muss raus! Der Palast der Republik musste einer riesigen Grünfläche weichen. Mauerrestbestände werden an andere Länder verschenkt, in Postkarten verarbeitet, als Kunstgalerie benutzt oder mit Zertifikat an Touristen verkauft. Indische und pakistanische Straßenhändler demonstrieren trotz Kaschmirkonflikt, dass man friedlich miteinander auskommt – im Namen der Gewinnmaximierung. Dafür haben sie ein Bundesverdienstkreuz verdient.

Mein Vater hat nie ein Bundesverdienstkreuz erhalten. Weder für seine fragwürdigen Erziehungsmethoden, um aus seinen Kindern Musterschüler der Integration zu machen, noch für seine Arbeit als Taekwondo-Trainer unter Migranten. So wie ich Vater kenne, wäre ihm diese Medaille auch schnuppe gewesen. Wahrscheinlich hätte er die Schatulle des Ordens als Aschenbecher benutzt. Vater wird sich in diesem Leben nicht mehr ändern, zumindest, was seine konservativen Ansichten und sein Faible für Zigaretten anbelangt. Er ist ein schlauer Fuchs und wusste, wie er uns zu akademischen Höchstleistungen ermuntern konnte. Vater versprach, mit dem Rauchen aufzuhören, wenn meine Schwester Julia das Physikum bestehen würde. Als Julia bestand, legte Vater noch einen drauf. Zumindest für Julia. Erst das erfolgreiche Bestehen des Medizinstudiums würde ihn zum Aufhören bringen. Auch das schaffte meine Schwester mit Leichtigkeit, und dennoch hielt Vater sein Versprechen nicht. Deshalb nahm Vater sich mich vor und erklärte, wenn ich mein Diplom bestünde, würde er wirklich die Zigaretten für immer aus der Hand legen. Aber auch das war ein politisches Versprechen. Erst nach seinem Schlaganfall hörte Vater mit dem Rauchen auf. Ganze drei Jahre blieb Vater nikotinfrei. Dann holte ihn die Sucht zurück. Er raucht in der Toilette, in der Küche, im Wohnzimmer, im Garten und im Auto und macht uns damit zu Passivrauchern.

Kurzzeitig dachte ich, Menschen könnten sich tatsächlich ändern unter der Voraussetzung, dass der Wille vorhanden ist. Da Vater mit allen Wassern gewaschen ist, was das Durchschauen unserer Methoden anbelangt, ihn zum Nichtraucher zu machen, mussten wir besonders raffiniert vorgehen. Gott sei Dank hatte Vater uns immer zu akademischen Höchstleistungen gepusht. Die Abwrackprämie wurde unser Komplize. Meine Geschwister und ich kauften Vater ein nagelneues Auto, aus dem wir den Aschenbecher ausbauen ließen. Als Vater nach dem Aschenbecher fragte, antworteten wir, im Auto dürfe aus Versicherungsgründen nicht geraucht werden. Wir dramatisierten das Ganze natürlich und ermahnten Vater, die Versicherung würde keinen Cent zahlen, wenn sie auch nur ansatzweise Überbleibsel von Zigaretten oder Asche im Auto vorfände. Vater hat uns die Geschichte abgekauft. Bislang hat er sich strikt an unsere aus Not erfundene Regel gehalten. Dafür danke ich der Abwrackprämie. Sie hat sich nicht nur in der Automobilindustrie verdient gemacht und sich den Orden verdient.

GANGSTER, TERRORIST, HEILIGER KRIEG

Der Dschihad ist eine Erfindung des Westens. Wer glaubt, die tamilischen Tiger, al-Qaida oder die islamischen Bruderschaften dieser Welt hätten dem Westen den heiligen Krieg erklärt, liegt falsch. Es sind nämlich die staatlich organisierten Ausländerbehörden in Deutschland, die im Namen der Regierung Angst und Schrecken unter den Migranten verbreiten sollen. Deswegen haben die Amerikaner bis heute vergeblich versucht, die rollenden Biowaffenlabore in Irak ausfindig zu machen. Wie auch, wenn die rollenden Massenvernichtungswaffen in den Büros der Ausländerbehörden in Deutschland vorzufinden sind – allen voran mein Bekannter Johann, dessen Winde tödlich sind. Ich habe ihn auf den Namen »Air Berlin« getauft.

Die Ausländerämter sind neben einer bekannten Billig-Fitnesskette die größten Terrorcamps dieser Welt, die sogar jene in Pakistan und Jemen wie eine Kindertagesstätte aussehen lassen. Dort kann man sich zu einem Topterroristen ausbilden lassen.

In der Beamtensprache bezeichnet man die Terroristen verniedlicht als »Führungskraft«, das Training als »Fortbildungsveranstaltung« und Rekrutierungsversuche als »Kundenservice«. Erst hinter verschlossenen Türen bewaffnen sie sich mit chinesischen Kugelschreibern, Tackernadeln, Lineal und spitzen Bleistiften »made in bzw. unter anderem in Germany« und mutieren zu kleinen fundamentalistischen Osama Bin-Ladens. Die Büroausstattung der Behörden kann sich mit jeder Militärausrüstung einer Eliteeinheit messen lassen. Bei Asylsuchenden wenden sie verbales Waterboarding an. Unter massivem Druck und stundenlangen Verhören werden so lange Fragen gestellt, bis die gewünschte Antwort ertönt.

Der Dschihad der Ausländerbehörden weist große Erfolge vor, so lagen 1992 die Asylanträge noch bei rund 400.000, 2006 nur noch bei 20.000. Um ihre Effizienz weiter zu steigern, bieten manche Ämter des Terrors neuerdings anonyme Kundenumfragen an. Ich kann mir gut vorstellen, wie die Fragen aussehen: »Wie zufrieden sind Sie mit Ihrem persönlichen Terroristen? Bitte kreuzen Sie Zutreffendes an – sehr zufrieden, mittelmäßig, nicht zufrieden. Oder: Würden Sie uns weiterempfehlen? Nein, Ja, Ich muss noch Erfahrungen sammeln.«

Der 11. September hat in diesem Land vieles verändert. Mein Bekannter Mehmet Ata kann davon Geschichten erzählen. Sowohl bei Inlands- als auch bei Auslandsflügen wurde Mehmet unter Terrorverdacht aus dem Flugzeug geholt und den örtlichen Behörden vorgeführt. Doch jedes Mal konnte er die beunruhigten Beamten davon überzeugen, keinerlei terroristische Pläne zu hegen. Es störte ihn auch nicht, dass er den Beamten seinen Jahresplan detailliert darlegen musste. Die Beamten wollten auf Nummer sicher gehen, dass er überhaupt Pläne habe, die über den heutigen Tag hinausgehen.

Verständnisvoll erklärte er den Beamten, sein Nachname möge zwar ähnlich klingen wie der des Terroristen vom 11. September, mit dem feinen Unterschied, dass seiner mit nur einem »t« geschrieben werde. Das Einzige, was er sich habe zuschulden kommen lassen im Leben, sei der Verkauf seiner Tupperwaren-Sammlung auf Ebay während seiner Studienzeit. Er war jung und brauchte das Geld, erklärte Mehmet den Beamten.

Wenn Mehmet einheimische Deutsche kennenlernt, verteidigt er seine Person, sofort nachdem er sich vorgestellt hat, grundsätzlich mit dem Versprechen, dass er nicht »so ein Türke« sei.

Mein iranischstämmiger Bekannter Reza wird oft für einen Araber gehalten. Das hat seine guten und seine schlechten Seiten. Er erklärt den einheimischen Deutschen dann immer, die Araber sprächen viel schneller und härter als die Perser. Reza betont, die Perser seien in ihrer Art und Weise so sanft und zart wie Perserkatzen. Trotz aller Erklärungsversuche machen sie Reza Komplimente für das hervorragende Schawarma und den Hummus seiner Landsleute.

»Uns Perser zeichnet ein guter Humor aus, nur manchmal, wenn die Menschen mir doof kommen, gebe ich vor, ein Araber zu sein«, erzählte mir Reza. Dann schüchtere er sie ein mit Sätzen wie: »Reiz mich nicht, sonst werde ich mir dein Gesicht merken und mir deine Anschrift in meinem iPhone abspeichern!«

Das erinnert mich an meinen Freund José Ramon, der mit Jesus verwandt ist und nicht das Privileg hat, sich wie Reza als Araber ausgeben zu können. Jesus ist sein Onkel. Wenn José gefragt wird, ob sein Onkel wirklich Jesus heiße, entgegnet er: »Ja! Wir sind gestern noch spazieren gegangen!«

Ich finde es immer wieder amüsant, wie manche Einheimische mit den Namen einiger koreanischer Gerichte umherschmeißen, wenn sie herausfinden, dass koreanisches Blut in

mir fließt. »Du bist Koreaner, ja?! Euer *Kimchi* und euer Bul-
dogi (richtig wäre Bulgogi) sind ausgezeichnet!« Ich sehe das
als Kompliment an, denn wenn zum Beispiel Amerikaner auf
Deutsche treffen, fallen ihnen nicht sofort Speisenamen ein,
sondern immer zuerst Begriffe wie Adolf Hitler oder Leder-
hosen. Komischerweise habe ich noch nie erlebt, dass Einheimische bei Türken das Essen loben. Da verlässt sie wahrscheinlich der Mut. »Du bist Türke, ach was?! Euer Döner ist
ausgezeichnet!«

Im Zeitalter des Terrors habe ich als Asiate mehr zu lachen
als meine türkischen Brüder und muslimischen Schwestern,
die, egal ob sie nun zu den Sunniten, Aleviten, Schiiten oder
Kurden gehören, allesamt als potenzielle Schläfer, von Haus
aus kriminell oder künftige Opfer von Ehrenmorden gelten.

Nur in manchen Situationen wünschte ich mir, ein Türke
oder ein Araber zu sein. Bei meinem ersten Buch etwa erwies
sich die Verlagssuche als äußerst schwierig. Viel zu oft bekam
ich ein Absageschreiben zurück mit dem Hinweis, das Buch
würde sich wirtschaftlich nicht rentieren, weil die in Deutschland lebende koreanische Bevölkerung zu klein sei und deren Kaufkraft zu schwach. Hin und wieder wurde ich gefragt,
ob ich nicht etwas Spannenderes wie eine Terroristen- oder
Gangsterkarriere oder Erfahrungen aus einem nordkoreanischen Gulag zu erzählen habe, das sei schließlich der Stoff,
den die Leser wollten. Dann würde man mich mit Kusshand
aufnehmen, versicherte man mir.

Aber wie auf die Schnelle ein Problem-Türke, Gangster,
Terrorist a.D. oder eine islamkritische Türkin werden? Trotz
der Erfolge, die die plastische Chirurgie im 21. Jahrhundert
feiert, mochte ich mich keiner Identitäts- geschweige denn
Geschlechtsumwandlung unterziehen. Ich gefalle mir so, wie

ich bin, auch wenn ich ein paar Pfund zu viel drauf habe. Ich bin eben ein Genussmensch. Ich musste die Leute enttäuschen.

»Koreaner sind gesetzestreue Bürger und genießen den Ruf, der anscheinend doch mehr Fluch als Segen ist, Musterbeispiel gelungener Integration zu sein«, antwortete ich meist.

»Ich will ehrlich zu Ihnen sein«, sagte man mir dann. »Gehen Sie in die Buchhandlungen, und schauen Sie sich die Titel aller Bücher zum Thema Integration an. Was Sie dort vorfinden werden, ist: Türken-Sam: Eine deutsche Gangster-Karriere, Der Antitürke, Der Moslem-TÜV, So wie ich will: mein Leben zwischen Moschee und Minirock, Einmal Hans mit scharfer Soße: Leben in zwei Welten, Jung Erfolgreich Türkisch, Erzähl mir nix von Unterschicht: Die Geschichte einer Türkin in Deutschland, Ganz schön deutsch: Meine türkische Familie und ich, Wer ist Wir? Deutschland und seine Muslime und Der große Bruder von Neukölln: Ich war einer von Ihnen – vom Gangmitglied zum Streetworker.« Und dann riet mir der gute Mann: »Schmeißen Sie Ihr Manuskript in die Mülltonne. Keiner interessiert sich für gelungene Integration in diesem Land.«

Ich hing diesem Gedanken noch etwas länger als nötig hinterher und überlegte kurz, wenn Guantánamo sich bald in Luft auflöst und die Wellness-Umschulungscamps für Terroristen Schule machen, dann werde ich es mir noch einmal gründlich überlegen. Ein Deutschlandtrikot, zwar nicht von Michael Ballack, dafür aber von Gerald Asamoah, habe ich schon, so wie der Kofferbomber von Köln.

BEGEGNUNG MIT THILO SARRAZIN
VOR DEM BUCH

Was würden Sie tun, wenn Sie diktatorische Vollmacht besäßen, um in Berlin bis 2020 Dinge so zu verändern, wie Sie es gern hätten?«, fragte der etwas schüchtern wirkende Prototyp eines Yuppie, die Haare penibel zum Scheitel gekämmt, Brille und Bauchansatz, so wie sich die deutschen Personalleiterinnen und Personalleiter ihre künftigen Kollegen wünschen. Und er fragte keinen Geringeren als den politischen Schwergewichtler Thilo Sarrazin.

Die Frage war ganz nach seinem Geschmack. Der ehemalige Finanzsenator Berlins, der Bushido der deutschen Politik, von den Medien gesteinigt, der Elite gelobt wegen seiner polemischen Aussagen gegenüber Hartz-IV-Empfängern und Migranten, wirkte ruhig und gelassen, als hätte er keine andere als diese Frage erwartet. »Ich bin so wenig Prophet wie Sie und kann nicht voraussehen, wie Berlin 2020 aussehen wird«, erwiderte Sarrazin beinahe bescheiden, streckte dabei die Beine aus und faltete die Hände gekonnt wie zum Gebet, so, wie es Intellektuelle tun, wenn sie den Anschein erwecken wollen, tiefgründig über eine Sache nachzudenken.

Im Jahr 2020 ist Sarrazin 75 Jahre alt. Innere Ruhe kehrte in mir ein. 2020 wird er kein Amt mehr ausführen. Es sei denn, Sarrazin verfügt über solch exzellente Gene wie Jopie Heesters.

Der Unterschied zwischen guten und schlechten Entertainern liegt darin, dass die guten wissen, wann sie die Bühne zu verlassen haben. Die Bühne ist voll von Politikern, und der Kampf um einen Eintrag in die Geschichtsbücher erfordert erbarmungslose Kreativität. Eine unauslöschliche Verknüpfung mit seinem Namen, wie Walter Riester mit der Riester-Rente oder Peter Hartz mit Hartz-IV, kann Sarrazin kaum noch erlangen – dachte ich. Um eine Doktrin zu erklären, spielt Sarrazin auf der weltpolitischen Bühne eine zu kleine Nebenrolle. Für eine Agenda, die nach ihm benannt werden könnte, fehlt ihm das nötige Bundesprofil. Zu einem Mythos kann Sarrazin auch nicht werden, dazu hätte er jung und an einer Überdosis Heroin sterben müssen. Ich wünsche Sarrazin von Herzen ein langes Leben. Ich hoffe, dass er sich gesund ernährt und 100 wird und von türkischstämmigen Krankenpflegerinnen mit Kopftuch umsorgt wird.

»Aufhören, wenn es am schönsten ist«, lautet eine Volksweisheit. Vielleicht erweist sich der ein oder andere Doktorand als gnädig und widmet Sarrazin zumindest eine kleine Fußnote in seiner Promotionsarbeit, dachte ich.

Sarrazin hat eine steile Beamtenkarriere hinter sich, die er vor Beginn seines Vortrags routiniert referierte. Sein Weg führte weiter in die Bundesbank, einem homogenen Kreis gleichgesinnter elitärer Halbgötter. Ich kann mir gut vorstellen, wie sie in diesem exklusiven Kreis bei Zigarre und Whiskey über die Zukunft des Landes diskutieren. Sarrazin wirkt nicht wie ein Mann von Welt, auch wenn er Fontane und Brecht fehlerfrei zitieren kann.

Zuhause in den Villenvierteln von Westend, Heimat der Kolonie des Kleingartenvereins, und in den Bankenvierteln von Frankfurt, weit weg von sozialen Brennpunkten und Hartz-IVlern, schaut Sarrazin auf seine Welt, wie es ihm gefällt.

»Meine Vorfahren sind aus Westfalen!«, sagte er und fügte im selben Atemzug hinzu: »Auch wenn der Name französisch klingen mag.« Möglicherweise fließt ja in Sarrazin auch noch anderes, fremdes Blut, darauf lässt schon der Name schließen, der an die Sarrazenen erinnert: ein Seeräubervolk aus dem Mittelmeerraum. Davon abgeleitet bedeutete der Begriff »Saracenus« oft auch nur fremdartig oder heidnisch. Eigentlich wollte er Geschichte studieren, aber der Lehrerberuf kam für ihn nicht in Frage, sagte er. Stattdessen heiratete er eine Lehrerin. Die Politik war sein großes Ziel.

Sarrazin ist bei Weitem nicht der Schrecken von Loch Ness, wie die Medien ihn porträtieren. Er sprach leise, mit sanfter Stimme, was fast schon zerbrechlich wirkt. Sarrazin machte einen sympathischen und vertrauensvollen Eindruck, wie der nette Onkel von nebenan. Vornehm lachte er über seine eigenen Witze und Pointen, die ich nicht immer so richtig verstand.

Schließlich sprach Sarrazin über Migration und Integration in Berlin und über die Juden und deren Vertreibung aus der Stadt 1933. »Es sind Leute zugewandert, die nicht kompatibel, mit einer modernen Dienstleistungsgesellschaft zu vereinbaren sind«, sagte er sachlich. »In Berlin leben rund 700.000 Migranten. Das sind etwa 20 Prozent. 20 Prozent, die für den wirtschaftlichen Kreislauf nicht gebraucht werden. 40 Prozent aller Neugeburten haben eine migrantische Herkunft. In Berlin werden Gewalttaten zu 70 Prozent von Türken und Arabern ausgeübt. 60 Prozent in Neukölln haben einen türkischen oder kurdischen Hintergrund. 1,2 Milliarden Euro jährlich wird nur für die Unterkunft der Hartz-IV-Empfänger und Migranten ausgegeben.« Und so ging dieser statistische Amoklauf gegen Araber, Türken und Hartz-IV-Empfänger über eine Stunde weiter. Er erwähnte nicht die Studie des Instituts für Menschenrechte aus Berlin, die belegt, dass nur 15 Prozent der Muslime in Deutschland unter ihresgleichen leben und 38 Prozent der Deutschen nur unter ihresgleichen leben wollen. Vielmehr gab Sarrazin das wieder, was er bereits 2009 im Lettre International von sich gegeben hatte, welches vom Leiter der Kommunikationsabteilung und dem Bundesbankchef abgesegnet wurde.

Woher kommt diese Kritik an Türken und Arabern?, fragte ich mich. Haben ihn Türken oder Araber während seiner Schulzeit verprügelt? War er das Opfer, das in den Pausen in die Mülltonne gestopft wurde? Wenn, dann waren das doch nur Jugendstreiche. Man muss vergeben können. Schließlich hat die Gesellschaft diese Missetäter schon längst bestraft mit Benachteiligung bei der Jobsuche, Diskriminierung bei der Wohnungssuche und schlechter Benotung in den Schulen. Türkischen Freunden gebe ich immer den Rat, ihre Kinder so zu erziehen, dass sie nicht ausgerechnet ihre deutschen Mitschüler verprügeln, wenn ihnen ein Leben in Deutschland lieb ist. Vergeben ist eine Kunst, die nur wenigen großen Persönlichkeiten vorbehalten ist.

In Kreuzberg kommt es ab und an vor, dass sich türkische Jugendliche über meine asiatische Herkunft lustig machen. In Duisburg wurden meine Freunde Il-sung, Jong-un und ich von Türken krankenhausreif geschlagen. Trotzdem verspüre ich nichts als Liebe für meine schlagkräftigen türkischen Brüder. Das hat seinen Grund: In sämtlichen Kebabläden dieser Republik bin ich ein gern gesehener Gast. Dort sind meine koreanischen Wurzeln von großem Vorteil. Während des Koreakrieges hatte die Türkei von allen 16 Ländern das viertstärkste Truppenkontingent geschickt. Seitdem verbindet beide Länder eine tiefe Freundschaft, von der ich heute profitiere. Meine Kebabs sind immer mit extra viel Fleisch und Salat gefüllt, so dass ich meine Mühe und Not habe, alles aufzuessen. Schwarzer Tee und Baklava gehen aufs Haus. Ohne zu zögern, würden sie mir ihr letztes Hemd geben. Das Obst und Gemüse vom türkischen Händler um die Ecke sind extra frisch, und manchmal wird mir die ein oder andere grüne Peperoni mehr in die Tüte getan, mit einem Augenzwinkern. Dem koreanischen Bruder, im Geiste vereint, soll es an nichts mangeln. Wie kann ich also dagegen sein, wenn die Türken, wie Sarrazin behauptet, »Deutschland erobern, genauso, wie die Kosovaren das Kosovo erobert haben: durch eine höhere Geburtenrate«. Ich plädiere für mehr Türken in Deutschland.

»Damit muss man umgehen! Ich habe keine Lösung dafür und biete auch keine an! Das muss man erst einmal auf sich einwirken lassen. Damit muss man leben. Damit muss man umgehen«, mit diesen Worten schloss Sarrazin seinen Vortrag. Und ich dachte bei mir, die Kosovaren sind seit Sarrazins Interview sicher ins Visier der Ausländerbehörden gerückt. Man wird es mit der Angst zu tun bekommen haben. Unter politischem Druck wurde ein Rückführungsabkommen vereinbart. Die Kosovaren sollen gar nicht erst auf dumme Gedanken kommen.

»Wie kann es sein, dass viele hochqualifizierte Asiaten mit deutscher Staatsbürgerschaft es dennoch nicht schaffen, in repräsentativen Stellen anzukommen?«, fragte ich Sarrazin in der anschließenden Fragerunde. Man benötige bis zu drei Generationen, um anzukommen, antwortete Sarrazin.

Während des Ramadans meldete sich Sarrazin wieder zu Wort. Schon vor dem Fastenfest hatte ich mit meinen muslimischen Freunden darüber gescherzt, Sarrazin würde wohl die Gunst der Stunde nutzen, um einen weiteren Angriff gegen meine vom Hunger geschwächten muslimischen Schwestern und Brüder zu starten. Und so kam es auch. Er hatte sein Hobby zum Beruf gemacht und neben seinem Job bei der Bundesbank, der ihn offenbar nicht auslastete, ein Buch über Integration geschrieben. Und allmählich wird mir klar, wonach Sarrazin strebt. Er kämpft nicht um einen Platz im Geschichtsbuch. Möchte er, wie einst Churchill, den Literaturnobelpreis?

SARRAZIN NACH SEINEM BUCH

Nicht alles, was Sarrazin behauptet, ist falsch«, entgegneten mir viele einheimische Deutsche, als wir auf den Bestseller »Deutschland schafft sich ab« zu sprechen kamen. Als ich nachhakte und fragte, welche genau von seinen Thesen richtig sei, blieben ihre Münder stumm.

Nach der Wende habe ich diese unglaubliche Welle des Ausländerhasses miterlebt und auch selbst zu spüren bekommen. In meinem Geburtsland war ich plötzlich nicht mehr willkommen. Menschen machten mich darauf aufmerksam. Im Osten war es am schlimmsten. Asylantenheime standen in Flammen, Ausländer wurden beschimpft, verprügelt und durch die Straßen gejagt. Menschen, die ich kannte, rasierten sich von heute auf morgen die Haare ab, um auf dieser rechten Welle mitzuschwimmen. Ich habe mit eigenen Augen gesehen, wie sie Steine auf Asylanten schmissen, und ich habe vergeblich versucht, es zu verhindern. Rostock-Lichtenhagen habe ich nie aus meinem Gedächtnis gelöscht. Ich habe Rostock bis heute nicht verziehen, auch wenn ich von den Anschlägen nicht unmittelbar betroffen war. Seit Rostock weiß ich, dass es sich jederzeit wieder ereignen kann.

In einer Emnid-Umfrage stimmten 51 Prozent der Befragten mit den Gedankengängen Sarrazins überein. Buschkowsky, der Oberbürgermeister von Neukölln, nannte in der BILD sogar 95 Prozent, die sich im Gleichklang mit Sarrazin sähen. Ich frage mich, wie viele lautlose Sarrazins in ihren stillen Kämmerlein noch klammheimlich applaudieren und der Öffentlichkeit Empörung vorgaukeln, weil man diese Haltung von ihnen erwartet. Wie viele von den lautlosen Sarrazins sind in den Regierungsinstituten für Personalentscheidungen zuständig? Mein Bekannter Hyo-jin hat mir einmal gesagt, dass er trotz koreanischer Staatsbürgerschaft in seiner Kindheit wie ein Deutscher behandelt wurde. Nun habe er einen deutschen Pass und werde wie ein Ausländer behandelt.

Renate Künast meldete sich zu Wort, Erhart Körting bekam das Wort erteilt, Ulrich Wickert äußerte sich dazu, Klaus Bade vom Sachverständigenrat deutscher Stiftungen für Integration kritisierte, der Bundesminister für Arbeit und Soziales a.D. Olaf Scholz monierte sanft, der Medienexperte Jo Groebel gab seinen Senf dazu, Sarrazins Parteikollege Rudolf Dreßler empörte sich, der Außenminister Guido Westerwelle mischte sich reichlich verspätet in die Debatte ein mit der Begründung, selbst einer Minderheit angehörig zu sein, der Historiker Arnulf Baring sympathisierte, und mitten hinein in die Diskussionen setzte man wohl aus Dekorationszwecken einige Menschen mit Migrationshintergrund. Bei Beckmann waren es die türkischstämmige Integrationsministerin von Niedersachsen Aygül Özkan und der Halbinder Ranga Yogeshwar. Bei Markus Lanz wurden die Sitzmöbel mit Exgangster Fadi Saad und der türkischstämmigen Autorin Melda Akbaş geschmückt. Der CSU-Vorsitzende Horst Seehofer, selbst aus einem befremdlichen und anachronistischen Kulturkreis stammend, forderte einen Einwanderungsstopp aus der Türkei und den arabischen Ländern, weil die

Migranten seiner Auffassung nach integrationsunwillig seien und nicht zur deutschen Kultur passten. Er sehe es als seine Pflicht an, Stellung zu Zukunftsfragen zu beziehen, begründete Seehofer seine Aussage. Ich dachte nur, dass schließlich nicht jeder so integrationswillig sein kann wie seine ehemalige Mitarbeiterin im Bundestag. Die Familienministerin Kristina Schröder beklagte die Deutschenfeindlichkeit an Schulen, und der saarländische Ministerpräsident forderte die Türken auf, die eine deutsche Staatsbürgerschaft besitzen, »nicht im Herzen Türken bleiben zu wollen«.

Mein Bekannter Hyo-jin sagte dazu nur, man müsse seine Loyalität zu Deutschland deshalb ständig beweisen, weil man einem die deutsche Staatsbürgerschaft schließlich nicht gleich ansehe.

Ich bin erstaunt darüber, dass Sarrazin bei all seinen statistischen Beweismaterialien zu Lasten der Türken und Araber keine über die Bildungs- und Integrationserfolge der asiatischen Migranten auf dem Arbeitsmarkt vorzuweisen hat, obwohl er die Asiaten und Inder in seinem Buch zu Musterbeispielen gelungener Integration erklärt. Sarrazin behauptet nämlich, gerade die Vietnamesen seien zum Teil besser integriert als die Einheimischen selbst. Diskriminierung als Motiv für die schlechte Integration der Türken und Araber kann somit ausgeschlossen werden, wenn sie doch den Asiaten so gut gelingt.

Bei der Diskussionsrunde mit Sarrazin wies ich ihn auf die Koreaner in Deutschland hin, und dass sie trotz Integrationswillens und höherer Bildung nicht überall willkommen seien, gerade wenn es um Führungspositionen gehe. Ich erzählte ihm, dass viele meiner Freunde von Personalleitern deutscher Unternehmen nach Hause geschickt würden mit der Anmerkung, sie seien mit ihren Qualifikationen besser in einem koreanischen Unternehmen aufgehoben. Das wäre vielleicht eine Option. Dumm nur, dass viele koreanische Migranten in der zweiten Generation, die in Deutschland geboren und aufgewachsen sind, der koreanischen Sprache nicht mächtig sind. Deutsch ist ihre Muttersprache. Dumm auch die Sache mit der Staatsbürgerschaft. Viele sind bereits deutsche Staatsbürger. Von einer doppelten Staatsbürgerschaft hätte man profitieren und sich so die Möglichkeit bewahren können, im Land der Eltern die Chance zum gesellschaftlichen Aufstieg zu bekommen. Vor einigen Jahren suchte das koreanische Außenministerium händeringend nach talentierten Koreanern, die im Ausland lebten und für Korea in den diplomatischen Dienst eintreten könnten. Für viele scheiterte diese Möglichkeit wegen der Staatsbürgerschaft. Dennoch sind einige meiner Freunde zurückgekehrt in das Land der Eltern oder aber in ein anderes Land ausgewandert, weil sie für sich keine Zukunft in Deutschland sehen. Den Wechsel vom Arbeiter zum Akademiker hat man innerhalb von einer Generation vollzogen, doch der Sprung in die deutsche Arbeitswelt bleibt vielen verwehrt. Wie erfolgreich die Integration der Vietnamesen in Deutschland wirklich ist, wird sich erst daran messen lassen, inwiefern sie sich auf dem deutschen Arbeitsmarkt durchsetzen können.

VON DÖNER, INSCHALLAH UND VIELFALT AUF DEM »ZWEITEN« ARBEITSMARKT

Mein Freund Ömer ist ein lebensfroher Migrant aus Kreuzberg. Ich habe ihn auf einer Veranstaltung im roten Rathaus kennengelernt. Die neue Freundschaft wollte ich mit einem Döner feierlich begehen. Doch Ömer ist äußerst anspruchsvoll, was einen guten und gesunden Döner anbelangt. In seinen Magen lasse er nur Halalfleisch von den Dönerproduktionen Baha und Tadim, sagte Ömer und gestikulierte mit einem mahnenden Zeigefinger in der Luft. Alle anderen seien für ihn Betrüger, versicherte mir Ömer mit ernstem Gesicht. Jeden der über 1.500 Dönerbetriebe in Berlin nach der Herkunft des Fleisches zu fragen, erschien mir als extrem heikel. Das Lied vom Tod wollte ich noch nicht spielen. Ömer hatte mir davon erzählt, dass ihn einst kurdische Imbissbesitzer unter Gewalteinfluss hochkant rausschmissen, nachdem er die Herkunft des Fleisches hinterfragt hatte.

So bleiben die täglich über eine Million verkauften Döner ein gut gehütetes Betriebsgeheimnis; genauso, wie Currywurstbetreiber aus guten Gründen die Zutaten ihrer Soße nie verraten würden.

Ich sagte zu Ömer, dass nicht nur die türkischen Imbissbetreiber allergisch auf die Frage nach der Herkunft ihres Produktes reagierten, sondern auch die Menschen, wenn man sie nach ihrem Migrationshintergrund befrage.

Er könne die ganze Scheiße über Migrationshintergrund nicht mehr hören, entgegnete mir Ömer sichtlich genervt. Schließlich habe er einen deutschen Pass und sei in Kreuzberg aufgewachsen, und doch begegne man ihm überall mit türkischer Sprache, vor allem bei den Behörden und den zahlreichen Berufsberatungszentren. Als wäre man als Türkischstämmiger behindert, fügte Ömer noch hastig hinzu.

Jedenfalls erschien es uns als förderlicher, die Freundschaft mit einem Haloumi und Ayran zu besiegeln.

Ömer hatte Politikwissenschaften an der Humboldt-Universität und am Pariser Institut d'Etudes Politiques studiert. Sein Master-Abschluss erfolgte vor sieben Jahren. Danach dümpelte er durch mehrere unentgeltliche Praktika unterschiedlicher Politikverbände, bis er sich im Superwahljahr 2009 in einer Arbeitsgelegenheit mit Mehraufwandsentschädigungsmaßnahme, kurz AGH, des Jobcenters wiederfand, dessen Ziel es war, Ömer aus seiner Langzeitarbeitslosigkeit zu befreien und in den »ersten« Arbeitsmarkt zu integrieren.

Politikwissenschaftler gebe es wie Sand am Meer, wurde er vom Jobcenter angeklagt. Ömer war sich sicher, dass die Politik so kurz vor den Wahlen wieder einmal die Arbeitslosenzahlen beschönigen wollte, indem sie möglichst viele Arbeitslose in irgendwelche sinnlosen Maßnahmen steckte, um die Chance auf eine Wiederwahl zu erhöhen. Er sei auf den harten Boden der Migrantenrealität in Deutschland gefallen, sagte Ömer. Doch die Hoffnung wolle er nicht aufgeben, und er bemühe sich weiterhin bei seinen Bewerbungen, versicherte mir Ömer und nahm dabei einen großen Schluck Ayran. Vor kurzem habe er sich als Referent im Bundespräsidialamt und im Familienministerium beworben. Bei Letzterem habe er sich sogar anonym bewerben können, beeilte er sich hinzuzufügen.

Ich sprach ihm Mut zu. Schließlich konnte ich seine negativen Erfahrungen mit dem ersten Arbeitsmarkt gut nachvollziehen.

Unsere Diskussion wurde immer politischer. Ich sagte ihm, dass der zweite Arbeitsmarkt vor allem ein Tummelplatz für gut ausgebildete Migranten sei, die man mit AGH-Maßnahmen zum Schweigen bringen wolle. Nur dort ist kulturelle Vielfalt ein Gewinn. Ömers Bildung, Kenntnisse und Sprachfähigkeiten sind auf dem zweiten Arbeitsmarkt gefragt. Nicht als Führungsverantwortlicher, sondern als einfache Servicekraft, die ihren türkischen »Landsleuten« mit Behördenschreiben oder Übersetzungsdiensten unterstützend zur Seite stehe.

In der Maßnahme, in die er gesteckt wurde, erlebte er kuriose Dinge. Ein einheimischer Kollege, der keinerlei interkulturelle Kompetenzen vorweisen konnte und aus seiner Abneigung gegenüber ausländischen Kunden keinen Hehl machte, ließ sich zum Sozialassistenten mit Schwerpunkt Migrationssozialarbeit weiterqualifizieren.

Wie viele der Sarrazin-Jünger arbeiten noch als Migrationssozialberater?, fragte sich Ömer.

»Darüber gibt es keine Statistiken«, versicherte ich ihm.

Über Döner und den zweiten Arbeitsmarkt kamen wir auf koreanische Flachbildfernseher zu sprechen. Ömer liebäugelte nämlich damit, einen koreanischen Fernseher zu kaufen. Dabei verzichtete er gänzlich auf die Expertenmeinungen sämtlicher Berliner Elektronikhändler, und nötigte mich dazu, ein Qualitätsurteil abzugeben, wovon er den Kauf des

Produktes abhängig machen wollte. Erst hatte ich Bedenken, weil ich von Flachbildfernsehern so viel Ahnung habe wie ein Hahn vom Eierlegen, aber Ömer bestach mich mit einer Einladung zum Mittagsmenü bei einem Vietnamesen meiner Wahl, der sich später als seine Wahl entpuppte. Ömer kannte meine Schwachstelle. Denn mit Essen, egal welcher Herkunft, kann man mich leicht bestechen.

Letzten Endes empfahl ich Ömer, das koreanische Produkt zu kaufen. Nun kann man meinen, dass ich es aus patriotischen Gründen tat. Doch dem ist nicht so. Denn dann hätte ich die noch »deutschen« Unternehmen Medion oder Telefunken angeben müssen. Mein Urteil basierte allein auf der Qualität des Produktes, und im Vergleich mit meinen heimatlichen Produkten, schnitt der Koreaner schlichtweg besser ab. Kurze Zeit später war Ömer stolzer Besitzer eines Samsung-Fernsehers.

Nachdem ich einige Tage nichts mehr von Ömer gehört hatte, rief er mich plötzlich an. Er beklagte sich, dass der koreanische Fernseher, den ich ihm angedreht hätte, nur auszuschalten sei, wenn man das Netzteil aus der Steckdose ziehe. Während des Gespräches ließ mich das komische Gefühl nicht los, als machte Ömer mich für die Misere schuldig, so als hätte ich den koreanischen Fernseher mit meinen eigenen Händen zusammengebaut. Ich forderte Ömer auf, den Herstellungsort des Fernsehers nachzuprüfen, was er auch sofort tat.

»Made in Slovakia«, sagte Ömer in den Telefonhörer.

»Da liegt die Wurzel allen Übels! Es sind die äußerlichen Einflüsse!«, scherzte ich mit ihm.

Sein Versprechen hielt Ömer, der mich zu einem Vietnamesen meiner Wahl einlud. Da sich Ömer allerdings nur widerwillig gen Osten aufmacht, begab ich mich in den Westen. Ich zog ihn auf und sagte ihm, dass die Türkei nie in die EU aufgenommen werde, wenn sie die Ostphobie nicht ablegen würde.

Beim Treffen wirkte Ömer bedrückt. Bei der Süßsauer-Suppe fing Ömer an, über sein Land zu klagen. Er könne es nicht verstehen, dass er mit seinen Qualifikationen nur Ablehnungen bekäme. Ich sagte, er dürfe die Geduld nicht verlieren, seine Zeit würde gewiss noch kommen.

»Ich bin am Ende meiner Geduld!«, antwortete Ömer.

»Ich kann dich gut verstehen! Auch ich bin am Ende meiner Geduld!«, erwiderte ich.

Dann kamen wir auf sein Singleleben zu sprechen und dass er es satthabe, einsam um die Häuser zu ziehen. Er sei seit Jahren bereit für die Liebe, doch keine Frau wolle mit ihm eine Bindung eingehen. Auch in der Hinsicht versuchte ich, Ömer zu beruhigen, und ermutigte ihn, dass alles seine Zeit brauche und der Grund allen Übels der Hundekot auf den Straßen sei. Denn statt Ausschau nach Singlemännern zu halten, schauen die Frauen lieber auf den Boden, um den Tretminen auszuweichen. Deswegen ist Berlin die Hauptstadt der Singles, begründete ich meine Theorie.

Ömer fing an zu lachen und antwortete: »Ich danke dir, dass wir uns gegenseitig mit Lügen aufbauen. Ich meine, was die Arbeits- und Heiratsmarktintegration anbelangt!«

»Nein«, entgegnete ich ihm voller Idealismus. »Das wird schon noch alles kommen. Erst die Arbeit, dann die Liebe. Oder vielleicht umgekehrt. Alles wird gut!«, fügte ich hinzu.

»Inschallah, inschallah«, sagte Ömer und griff nach der Reisschüssel.

DEXTRO ENERGY

n der Stadt läuft der Hase anders als auf dem Land. Als zwei vietnamesische Frauen mit ihren Kinderwagen die U-Bahn-Treppe hinaufwollten, wurden sie von einem türkischen und einem deutschen Mann dabei unterstützt. Ich kam zu spät. Der türkische und der deutsche Mann waren mir um einige Schritte voraus. Hinter den zwei vietnamesischen Müttern bildete sich eine Menschentraube, in die ich mich notgedrungen einreihte, den vietnamesischen Müttern dicht auf den Fersen.

Plötzlich tippte mir eine ältere Dame mit ihrem Gehstock auf den Rücken. Ich dachte, ich sollte ihr mit den Einkaufstüten helfen – bis sie mir diesen abschätzigen Blick zuwarf.

Was mir denn einfalle, sagte sie und rückte mir dabei unangenehm nahe. »Warum lassen Sie diese fremden Männer die schweren Kinderwagen nach oben schleppen, und Sie schauen genüsslich dabei zu?«, fauchte sie mich an. »Das haben wir ja gerne«, sagte sie, »erst Kinder auf die Welt setzen und sich dann aus der Verantwortung stehlen.«

Ich schwöre, dass ich der älteren Dame alles erklären wollte. Aber ich wollte auch keine Debatte lostreten. Berliner sind für ihr rhetorisches Geschick berüchtigt. Die vietnamesischen Frauen drehten sich zu mir um, blickten mich mit bittersüßem Lächeln an, unternahmen aber nichts, um meine vermeintliche Vaterschaft zu bestreiten. Ich schaute mich ratlos um, hob wortlos meine Hände, um den anderen Menschen zu zeigen, dass ich vollkommen unschuldig sei und für den sicherlich wundervollen Inhalt der zwei Kinderwagen keinerlei Verantwortung trage; aber was jetzt noch nicht ist, könne auch immer noch werden. Es geht doch immer um Energie und Kreativität.

In meinem Kiez in Friedrichshain habe ich bei meinen Exkursionen immer wieder Neues entdeckt. Aus dem erfolglosen deutschen Kartoffelimbiss wurde ein Geschäft für finnische und amerikanische Mobilfunkprodukte. An der Boxhagener Straße betreibt ein einheimischer Deutscher einen Imbiss namens »Vöner«, in dem er vegetarische Döner verkauft. Den Namen will er markenrechtlich vor Raubzügen schützen lassen, versicherte mir der Imbissbetreiber. »Mit Kartoffelspeisen außer Pommes lässt sich kaum noch Geld machen«, erklärte er mir und behauptete, die Zukunft gehöre dem Ethno-Marketing.

In Marzahn habe ich vereinzelt Russen entdeckt, die wohl von der Finanzkrise betroffen sind und sich nun als Kebab-Verkäufer versuchen. Der Döner soll nun den Rubel rollen. An der Warschauer Straße, unmittelbar neben der Jugendherberge, hat der türkische Besitzer seinen Spätkauf zu einem *Dis-kiosk* umfunktioniert, einem Kiosk mit Diskoatmosphäre. Aus seinem *Dis-kiosk* dröhnen keine Musik von Ata Canani oder anatolischer Rock, sondern die europäischen Top 20 der Charthits. Er habe sich den Gegebenheiten des Kiezes angepasst. »So viel zum Thema Integration«, sagte der Verkäufer.

Meine türkischen Brüder haben wahrlich einen siebten Sinn für Überlebenskreativität. Zwar beglückt der türkische

Bob Dylan, dem die Musik wahrhaftig nicht in die Wiege gelegt wurde, die Fahrgäste der U1 immer noch mit seinen Spontanauftritten. Allerdings hat sich sein Sinn für Rhythmik und Harmonie um einiges verbessert. Ein paar Töne verfehlt er mal hier und dort. Doch im Groben ist seine Leistung erträglich für die Ohren. Er ist der beste Beweis dafür, dass keiner als Mozart auf die Welt kommt, dass man seine Träume nie aufgeben sollte und nur Übung den Meister macht. An der Krossener Straße stellen Türken die besten Hamburger im Kiez her. Meine Begegnung mit dem Besitzer habe ich noch in guter Erinnerung. Als ich meinen leeren Teller auf den Tresen stellte, um zu bezahlen, kam der erschöpft aussehende Besitzer, mit der Zunge schnalzend, seine Hose richtend, aus der Küche und fragte mich, ob mir seine Spezialsoße geschmeckt habe, die er mit viel Liebe frisch zubereitet habe. Dabei überkam mich ein unbehagliches Gefühl. Ich wollte dem Besitzer nichts unterstellen, hätte aber doch gerne einen Blick in die Küche geworfen und gesehen, wie er die Soße produziert. In Deutschland gilt die Unschuldsvermutung.

Die Debatte um Sarrazin und die Unterstellung, dass die Araber und Türken die einheimischen Deutschen verdummen ließen, haben tiefe Spuren hinterlassen. Mit eigenen Augen habe ich gesehen, wie kurz vor Schulbeginn arabisch- und türkischstämmige Mütter in Wedding sämtliche Lebensmitteldiscounterregale mit Produkten von Dextro Energy palettenweise aufkauften. Sie haben wohl Wind davon bekommen, dass die Dextrose zur besseren Konzentrations- und Leistungsfähigkeit in der Schule verhilft. Ihre Kinder sollen mit legalen Dopingmitteln zu Strebern und Intelligenzbestien mutieren. Am Hermannplatz sah ich tatsächlich einen türkischen Jungen, der ein T-Shirt trug mit dem Aufdruck: »I am Mutant«. Ich beobachtete ihn dabei, wie er virtuos mit seiner Nintendo Spielkonsole *Dr. Kawashimas Gehirn-Jogging – Wie fit ist Ihr Gehirn?* spielte. Man konnte ihm ansehen, dass er vollgepumpt war mit Dextro Energy. An seiner Nase war noch eine kleine Gebrauchsspur vom weißen Traubenpuder zu erkennen.

Am Kottbusser Tor beobachtete ich, wie junge türkische Mädchen mit MP3-Playern anstelle von Bushido oder Sido Mozarts »Eine kleine Nachtmusik« mitsummten. Wissenschaftler haben herausgefunden, dass klassische Musik die Intelligenz erhöht. Ich mache mir keine Sorgen mehr, was die nächste PISA-Studie anbelangt. Bald wird Deutschland wieder zum Land der Dichter und Denker werden.

DIASPORA LIEBESTRAUM

Wenn meine Bekannte Renate aus Kreuzberg neue Mitarbeiter für ihren Betrieb anheuert, stellt sie ihnen beim Bewerbungsgespräch grundsätzlich die Suchtfrage. Diese Frage sei eine reine Vorsichtsmaßnahme, um spätere Überraschungen zu vermeiden. Schließlich könne man einen alkoholsüchtigen Mitarbeiter nicht für eine Veranstaltung einteilen, bei der Alkohol ausgeschenkt werde.

Renate ist für mich so etwas wie die Mutter Teresa aus Kreuzberg. Sie würde Drogen-, Spiel- und Alkoholsüchtigen eine zweite Chance im Leben geben, wenn andere schon längst die Flinte ins Korn geworfen hätten. Renate fordert keinen imponierenden Lebenslauf und mehrjährige Berufserfahrung. Das Einzige, was Renate von einem Mitarbeiter verlangt, ist Ehrlichkeit. In einem ihrer letzten Bewerbungsgespräche gestand der Bewerber Renate offen und ehrlich, dass er ein Partydrogist sei und mit allen erdenklichen Chemikalien zu tun habe.

Ich dachte darüber nach, was ich wohl Renate gebeichtet hätte, wenn ich an der Stelle des Hobbychemikers gewesen wäre. Mit Sicherheit wäre Kimchidrogist in die engere Auswahl gekommen, weil ich Schweißausbrüche bekomme und anfange zu zittern, wenn ich nicht regelmäßig meine wöchentliche Dosis *Kimchi* verabreicht bekomme. Ich gebe zu, dass ich auch goldbärensüchtig bin. Trotz eines kalten Entzugs bin ich bisher immer rückfällig geworden. Ich bin ein vielfältig süchtiger Mensch, von Produkten aus der Industrie und der Natur, die sich aber alle im Rahmen des Legalen bewegen. Da die Wahrheit sowieso eines Tages ans Licht kommt und ich Renate als Menschenkennerin nichts vormachen könnte, hätte ich ihr gesagt, dass ich von allen Süchten am allermeisten sehnsüchtig nach Liebe bin, so wie der mehrheitliche Anteil der koreanischen Männer in Deutschland. Das ist die brutale Wahrheit.

Wir haben es nicht leicht. Die koreanischen Frauen haben sich seit Langem von uns abgewandt. Hollywood hat sich seit Pearl Harbor gegen uns verschworen. Die Bezeichnung Sexsymbol ist uns seitdem zeitlebens vorenthalten. Und zu allem Übel muss Gott seine schlechte Laune gehabt haben, als er mit den koreanischen Männern am grünen Tisch über ihre Zusammenstellung verhandelte.

»Ich werde euch mit Disziplin, Mut und Ausdauer ausrüsten. Damit könnt ihr auch unter extrem schlechten Bedingungen überleben. Dafür werdet ihr minimale anatomische Einbußen hinnehmen müssen. Manche von euch werde ich mit sehr kleinen Körpern ausstatten, manch andere mit einer kleinen Nase, an der man bekanntlich ein anderes Körpermerkmal erkennen kann. Dies aber, sei euch gesagt, ist nur ein Klischee. Klein ist nämlich relativ, und deshalb werde ich es für euch spannend machen. In jedem siebten Ei soll es eine Überraschung geben!«

Schweigend blickte er in die Runde.

»Der Herr sei mit euch!«, mit diesen Schlussworten wandte sich Gott schließlich von den koreanischen Männern ab.

»Und mit deinem Geiste!«, antworteten die koreanischen Männer im Kanon, und es blieb ihnen gar nichts anderes übrig, als das Angebot Gottes zu akzeptieren.

Bei meinen afrikanischen Brüdern hingegen war Gott in Geberlaune. Er wandte sich ihnen liebevoll zu und sagte: »Die Menschheit wird hässliche Dinge mit euch anstellen. Euer Leidensweg wird dank Sklaverei, Rassismus und Diskriminierung sehr groß sein. Eventuell werdet ihr euch von den Fesseln befreien können. Deshalb werde ich euch mit einem Körperteil ganz besonders segnen, das ich euren koreanischen Brüdern weggenommen habe.«

Wer versteht schon die Launen Gottes. Es hätte jeden von uns treffen können. Wir haben nur einen schlechten Tag erwischt.

Der koreanische Honorarkonsul, ein einheimischer Deutscher, erzählte mir mit einem breiten Grinsen im Gesicht, dass viele koreanische Frauen ihm erzählten, sie wollten keinen Koreaner heiraten, weil sie so machohaft seien. Der Konsul sagte das so genüsslich daher, als wollte er es mir noch einmal unter die Nase reiben mit der Botschaft, dass dies vor allem ihm und seiner Spezies zugute komme.

Das Machohafte kann doch nicht der einzige Anhaltspunkt sein, um unserer biologischen Artenvielfalt so den Garaus zu machen! Warum können Diplomaten nicht diplomatisch sein, wenn es darauf ankommt, fragte ich mich und beruhigte mich damit, der Konsul müsse wohl noch von den bei den deutschen Frauen einst so populären Südländern traumatisiert sein, bevor diese zu Mördern im Namen der Familienehre und zu Terroristen dämonisiert wurden.

Von unseren Landsfrauen und erst recht von den einheimischen Frauen werden wir Koreaner bei der Auswahl gar nicht erst in Betracht gezogen. Wir sind keine Auswahl, wir sind keine zweite oder dritte Wahl, und erst recht keine, die man in die engere Wahl nimmt, und so versauern wir auf der Ersatzbank der Liebe, hoffnungslos auf einen Einsatz wartend.

Doch am Ende des tiefdunklen Liebestunnels sehe ich Licht für uns. Ich habe Hoffnung, dass sich alles zum Guten wenden wird und wir unser Paradies vorfinden werden. Mein Bekannter Jin-young und seine französische Frau Josephine dienen mir als Beweis dafür. Nach dem Studium hat sich Jin-young nach Paris, in die Stadt der Liebe, aufgemacht. An den Champs-Élysées traf Jin-young zufällig auf Josephine. Weil Jin-young sich verlaufen hatte, fragte er Josephine nach dem Weg. Es war Liebe auf den ersten Blick. Der falsche Weg entpuppte sich als richtiger. Beide leben heute glücklich in Berlin, sind stolze Eltern von zwei Mädchen und Botschafter der Liebe für einsame koreanische Männerherzen. Aus der koreanischen Wochenzeitung in Deutschland, *Kyoposhinmun*, schneide ich mir neuerdings Heiratsannoncen aus, aus denen hervorgeht, dass koreanische Männer mit deutschen Frauen in den Hafen der Ehe einlaufen, auch wenn dies zugegebenermaßen selten der Fall ist. Die Inserate möchte ich für eine spätere Ausstellung über koreanische Männer nutzen. Mit der Ausstellung will ich den Frauen die Ängste und Vorbehalte gegenüber koreanischen Männern nehmen. Es sollen Bilder gezeigt werden von koreanischen Männern im Alltag, wie sie etwa schlafen, arbeiten, essen, altern, betrunken U-Bahn fahren und ihre Geschäfte in der freien Natur verrichten.

Erst kürzlich schrieb mir meine Freundin Seung-hee aus Kalifornien, sie wolle gerne eine weltweite Konferenz via Skype organisieren zum Thema »Diaspora Love«. Ich war sofort Feuer und Flamme dafür. Seung-hee bat mich, bei der

Konferenz die Hauptrede zu halten, da ich, wie sie sagte, als »special advisor, (un)official ambassador and lobbyist to Korean men worldwide« die besten Voraussetzungen mitbrächte. Diesen Auftrag, natürlich ganz im Dienste der Sache, nahm ich gerne an. Meinen Freund Achmet, ein Womanizer und Frauenflüsterer aus Kreuzberg, bat ich um Unterstützung. Wozu sind schließlich gute Freunde da, appellierte ich an Achmets Gewissen.

Ich habe einen Traum, dass eines Tages die koreanischen Männer mit einem breiten Grinsen im Gesicht ihre Flagge auf dem erklommenen Berg der Liebe hissen werden. Ich habe einen Traum, dass Gott die Frauen mit so viel Mut ausstattet, über ihre Schatten zu springen. Ich habe einen Traum, dass eines Tages einheimische Frauen mit koreanischen Männern in Liebe Händchen halten können und nicht nur in platonischer Freundschaft. Ich habe einen Traum, dass sich die koreanischen Männer zu einer einzigen Oase der Liebe transformieren.

Ich habe einen Traum, dass die koreanischen Männer eines Tages in einem Land leben werden, in dem sie nach dem Wesen ihres mit Liebe gefüllten Charakters beurteilt werden. Wenn dies geschieht, und wenn wir es erlauben, dass die Glocken Amors läuten, und wenn wir sie von Dorf zu Dorf und in jedem Bundesland und jeder Stadt läuten lassen, werden wir diesen Tag schneller erleben. Artenschutz geht uns alle an! Setzen Sie sich, helfen Sie mit, die Voraussetzungen für das langfristige Überleben der koreanischen Männer auf diesem Planeten zu schaffen. Tauchen Sie ein in die faszinierende Welt der koreanischen Männer! Erfahren Sie, welchen Bedrohungen die koreanischen Männer ausgesetzt sind und mit welch einfachen Mitteln Sie sich für deren Erhalt einsetzen können. Werden Sie Teil dieses Rettungsplanes! Schenken Sie uns Zukunft! Helfen Sie den koreanischen Männern, diese letzte Integrationslücke zu schließen!

CAPTAIN AHOI

Meinem tatarischen Freund Vitali, der heute erfolgreich für ein Beratungsunternehmen in Boston arbeitet, gab ich einst den Spitznamen »Captain Ahoi«.

Der Name stammt aus unserer gemeinsamen Unizeit und hat mit Fischstäbchen nicht das Geringste zu tun. Er erinnert uns an ein historisches Ereignis im Leben meines aus der Hölle gekommenen tatarischen Bruders.

Kein Mann höheren Alters gibt gerne zu, ein keusches Leben geführt zu haben. Das trifft sowohl für die nationale als auch für die internationale Männerwelt zu. Also zeigte mir Vitali immer wieder Fotos aus seiner Schulzeit in Mutter Russland, mit dem Stolz eines Jägers, der seine Trophäen zur Schau stellt. Er stach aus den Bildern hervor, weil er einen Borat-Bart trug. Es muss eine ehemalige Mädchenschule gewesen sein. Denn auf dem Bild waren nur drei Jungs zu sehen, umgeben von einer Mädchenschar.

Vitali zeigte mit dem nackten Finger einzeln auf mindestens die Hälfte der Mädchen. »Das da ist Olga. Das hier ist Dascha, Glascha, Ninotschka, Annuschka und Irina. Das waren alles meine Freundinnen!«, sagte Vitali mit stolzgeschwellter, stark behaarter Brust. Ich war beeindruckt von der

Ausbeute des aus der Hölle gekommenen tatarischen Schürzenjägers und dachte im Stillen, es müsse sein Bart gewesen sein, der die Frauen in seiner Klasse beeindruckt hatte. Vitali war für mich ab sofort der russische Casanova, der Don Juan aus St. Petersburg. Er war stolz auf die Komplimente der zugegebenermaßen meist schwulen amerikanischen Kommilitonen über seinen europäischen Kleidungsstil, der darin bestand, enge Jeanshosen zu tragen.

Als das Semester zu Ende ging und wir alle Prüfungen hinter uns hatten, wollten Vitali und ich im Millennium Night Club in Burlington feiern. Es war in meinem dritten Jahr an der Uni. Vitali, der russische Don Juan, hatte durch sein tatarisches Tanztalent eine kaukasische Frau in seinen Bann gezogen. Die kaukasische Frau drängte Vitali, der Freude schöner Götterfunken an einem ruhigeren Ort zu Ende zu singen. Als designierter Fahrer wurde ich Zuschauer dieser Oper.

Die kaukasische Dame nahm schließlich auf dem Beifahrersitz des weißen Saturn Sedan Platz. Vitali setzte sich hinten rein. Er sah nervös aus. Zusammengekauert suchte Vitali Blickkontakt zu mir. Die ganze Fahrt über brachte Vitali, der sonst sehr gesprächig ist, kein einziges Wort über die Lippen. Um seinen Abend zu retten und aus dem Pflichtgefühl des loyalen Freundes heraus, übernahm ich das Gespräch mit seiner kaukasischen Eroberung.

Angekommen an der Wohnung, verabschiedeten sich beide hastig von mir. Beide hatten es sehr eilig. Ich konnte mir einen Spruch nicht verkneifen und sagte zu Vitali: »Don't forget to put on the raincoat! Immer den Regenmantel anziehen, wenn du rausgehst!« Vitali streckte beide Daumen nach oben und verschwand.

Ich wollte schon losfahren, als Vitali zum Auto zurückgerannt kam. Er bat mich, die Scheibe runterzukurbeln.

»Was ist? Nervös vor dem ersten Mal?«, fragte ich spaßeshalber.

»Nein! Das ist es nicht … Oder ist es doch!«, sagte Vitali sichtlich verschämt.

»Was?«, erwiderte ich. »Heißt das, du hast mich mit Olga, Dascha, Glascha, Ninotschka, Annuschka und Irina aufs Korn genommen?«

»Hör mir zu!«, flehte Vitali. »Ich weiß, ich bin dir eine Erklärung schuldig. Aber jetzt ist dafür ein schlechter Zeitpunkt!«

»Martin, I am desperate!«, fügte Vitali hinzu.

»Ich bin nicht der, für den du mich hältst!«, stammelte Vitali. »Wie stülpt man es über?«

Ich fasste mir an den Kopf. »Okay, nur weil du mein tatarischer Bruder bist, werde ich es dir im Schnelldurchlauf erklären! Also: Banane vorstellen, oder auch Gurke, was auch immer. Packung aufreißen. Das Obere drücken und drüber damit! *Harascho*! Verstanden?!«

»Ich glaub, ich hab's! *Harascho*!«, antwortete Vitali und ging die letzten Schritte seines jüngferlichen Weges. Ich hingegen fuhr einsam nach Hause.

Ich war gerade zur Tür hinein, da rief mich Vitali auf dem Handy an. »Martin? Kannst du mich abholen?«

»Warum?«, fragte ich nach.

»Hol mich bitte ab!«, bat mich Vitali.

Wozu sind Blutsbrüder da, dachte ich mir, legte auf, zog die Jacke an und machte mich auf den Weg. Es stellte sich heraus, dass seine kaukasische Eroberung, nicht, was Sie jetzt denken, ein Mann war, sondern Mutter eines Babys und auf der Suche nach einem Vater. Das muss auf Vitali wie eine kalte Dusche gewirkt haben, denn sein tatarisches Blut floss fluchtartig wieder ins Gehirn.

Der russische Don Juan, der tatarische Liebesaffe, der Weiberheld aus St. Petersburg war ein gefallener Mann. Er war nur noch die Hälfte des Jungen, der er ausgab zu sein. Die Wahrheit holt einen immer ein. Freunde soll man nicht belügen. Für Wochen und Monate musste Vitali meinen Spott ertragen.

»Vitali! You are never going to dock out from the Virgin Islands!«

Vitali muss sich diese Worte zu Herzen genommen haben. Er war in seinem männlichen Stolz gekränkt. Im Sommer darauf lernte Vitali Catherine kennen. Catherine war Studentin an einer reinen Frauenuniversität. Es war Sommer. Als ich gegen sechs Uhr morgens im Halbschlaf meine Zähne putzte, um mich für die Bücherei fertig zu machen, galoppierte Vitali in Boxershorts und mit verwuschelten Haaren ins Badezimmer. Er salutierte und rief: »Ich habe soeben die Jungferninseln verlassen! Schiff Ahoi!«

GRENZEN ÜBERWINDEN MIT GEN 3.0

Die Fertilitätsrate der koreanischen Frauen lag im Jahr 2008 bei 1,19 Kindern. In Deutschland liegt die Geburtenrate im Schnitt bei 1,4 Kindern. Damit gehören Korea und Deutschland zu den Ländern mit den niedrigsten Geburtenraten. Während das deutsche Familienministerium noch darüber nachdenkt, Anreizstrukturen und Lösungen zu finden, geht das koreanische Familienministerium mit gutem Beispiel voran. Einmal im Monat werden die koreanischen Mitarbeiter früher in den Feierabend geschickt, damit sie innerhalb der heimischen Wände aktiv etwas gegen die sinkende Geburtenrate tun können. Für Singles werden Dates organisiert, und Beamte, die bereits mehr als zwei Kinder haben, werden mit einer Prämie belohnt.

Bürokraten sind auch nur Menschen wie du und ich. Am Ende des Tages wollen auch sie nur in den Arm genommen und geliebt werden.

In Sachen Wiedervereinigung mag Deutschland dem noch geteilten Korea um einiges voraus sein, doch bei der Integration von Migranten und der Gewährung von Liebe im öffentlichen Dienst haben die Koreaner die Nase vorn. Der deutsche Diplomat Paul Georg von Möllendorff (1847–1901) war von 1882 bis 1885 Vizeaußenminister und enger Berater des koreanischen Königs während der Choson-Dynastie (1392–1910). Der Professor für deutsche Sprache und Literatur Hans-Alexander Kneider ist der erste ausländische Bezirksbürgermeister in einem Stadtteil von Seoul. Der gebürtige Deutsche Bernhard Quandt alias Cham Lee, ein Medienstar und koreanischer Staatsbürger, wurde 2009 von Präsident Lee Myung-bak zum Chef der Koreanischen Zentrale für Tourismus (KTO) ernannt. Vor seiner politischen Laufbahn war Lee ein gefragter Schauspieler.

Die Liebe ist ein Schlüssel zu einsamen Herzen. Stasispione eroberten sich so die Sympathien einsamer Sekretärinnen und Referentinnen von Regierungsbehörden, um an vertrauliche Dokumente heranzukommen. Liebe kennt keine Grenzen. Durch die technologischen Fortschritte des 21. Jahrhunderts kann die Liebe auch Zeitzonen durchbrechen. Ich hatte schon eine gewisse Vorahnung, worauf meine Bekannte Seung-hee aus Los Angeles hinauswollte, als sie mich per E-Mail kontaktierte. Seung-hee wollte eine internationale Konferenz zum Thema »Diaspora Love« via Skype, Podcast und YouTube durchführen. Zur Auswahl standen der 11. September oder der 9. November. Ich sagte Seung-hee, dass der 9. November nicht gerade ein guter Tag sei, da seien die Deutschen immer so komisch. Wir einigten uns auf den weltbekannten 11. September, 23 Uhr CET, der auf einen Samstag fiel. Für Seung-hee bedeutete das 14 Uhr Pacific Time in Los Angeles. Für Woonkyung in New York 17 Uhr. Für Yerrie 22 Uhr GMT in London. Für Eun-jin in Valencia und für mich in Berlin 23 Uhr. Nur Dong-chul und Oleg mussten am Folgetag um 7 Uhr in der Früh aufstehen, um bei der Konferenz dabei zu sein. Seung-hee nannte die Konferenz »Gen 3.0 Crossing Borders«.

Die Agenda für die Konferenz wurde von Seung-hee erstellt und von den anderen Teilnehmern abgesegnet.

I. Why do Korean women prefer non-Korean men?

1. *It's Raining Men?* Do women outnumber men?

2. Media of Attraction: McDreamy, McSteamy & Marilyn Monroe

3. »Pretty Woman« Courtesy vs. Korean Chauvinism: Would Julia Roberts Marry a Korean Man?

4. *Nearness of You*: Miles Away from Koreatown & *Noraebang*

5. Prelude to a Kiss: Mind Over Matter? *Romantic fairy tale about newlywed Peter and the young woman he marries, who accidentally switches souls with a dying, old man.*

II. Why do Korean men prefer Korean women from Korea?

1. Korean Man + Korean Woman =?

III. Closing remarks from everyone

Was die Welt jetzt braucht, vor allem die Welt der koreanischen Männer, ist Liebe, süße Liebe. Seung-hee drückte es intellektueller, fast schon politisch aus, so wie sie es an der Yale Universität gelernt hatte, und dem kann ich nichts entgegensetzen: Sie meinte, wir bräuchten eine vielschichtige Annäherung auf der Basis unserer jeweiligen Wurzeln, um über unsere Herkunft hinaus die Gestaltung einer gemeinsamen Zukunft zu bewerkstelligen.

Wenn man außerordentlich verzweifelt ist, dann schreckt man vor drastischen Handlungen nicht zurück. Ein Bekannter, dessen Namen ich aus Sicherheitsgründen inkognito halte, ist mittlerweile Mitte dreißig und rastlos auf der Suche nach Ms. Perfect. Darüber hat er seine Freunde vergessen, und man kriegt ihn mittlerweile nur noch dann zu Gesicht, wenn man ihm versichert, beim Treffen seien unfassbar hübsche Singledamen mit von der Partie.

Die koreanischen Männer, egal, wo in der Welt sie leben, sind akut vom Aussterben bedroht, obwohl mehr als ein kuscheliges Pokémon und das Talent zum Herstellen von Sushis in ihnen steckt. Erst kürzlich war ich bei der Hochzeitsfeier meines schwulen Bekannten Yong-ho, der mit seinem Partner Jürgen im Nikolaiviertel lebt. Yong-ho hatte für diesen Tag eine Zwei-Mann-Band angeheuert. Bei einem Lied, das die Band sang, gefiel mir ganz besonders der Refrain, der den emotionalen Zustand der koreanischen Männer widerspiegelt: »Ich bin von Kopf bis Fuß auf Liebe eingestellt, denn das ist meine (unsere) Welt«.

Trotz dieser zahlreichen gestopften Eimer voller Liebe, die jeder koreanischstämmige Mann mit sich herumschleppt, sind Endabnehmerinnen dieser schweren Last nicht zu finden. Die meisten einheimischen deutschen Frauen würden asiatische Männer nicht einmal im Sonderangebot oder sogar mit staatlichem Zuschuss mit nach Hause nehmen. Von einer Protagonistenrolle sind koreanischstämmige Männer noch weit entfernt.

Die Menschen sagen, ich wäre ein hoffnungsloser Träumer, aber, wie John Lennon einst sang, ich bin nicht der Einzige auf dieser Welt. Stellen Sie sich vor, ein koreanischer Mann hätte die Rolle Johnny Depps im Film »Don Juan« gespielt. Stellen Sie sich vor, ein Asiate hätte den Part Richard Geres in »Ein Offizier und Gentleman« übernommen. Im Film »Last Samurai« war es der Scientologe Tom Cruise, der den Helden spielte, und kein Asiate, der von mir aus auch von den Scientologen hätte sein können. Stellen Sie sich das alles ganz genau vor. Und nun schließen Sie die Augen und fühlen tief in sich hinein. Begeben Sie sich zurück in Ihre Jugend oder auch in die Gegenwart, je nachdem. Stellen Sie sich asiatische Männer vor, die hauptberuflich in der Pornoindustrie arbeiten, und damit meine ich nicht als Kabelverleger oder Mikrofonhalter.

Öffnen Sie jetzt die Augen!

Wissen Sie jetzt, wovon ich spreche?

Fühlen Sie den Schmerz der koreanischen Männer?

Bei einheimischen deutschen Frauen spielen wir keine Rolle, weder Haupt- noch Nebenrolle. Bei den koreanischstämmigen Frauen kommen wir nicht mehr als einer absoluten Notlösung, einem Trostpreis gleich. In der Auswahlhierarchie der koreanischen Frauen finden sich ihre Landsmänner auf der untersten Stufe wieder. An erster Stelle stehen einheimische deutsche Männer, gefolgt von allen anderen erdenklichen Nationen, die in Deutschland zuhause sind. Die hier geborenen koreanischen Frauen können sich ein gemeinsames, harmonisches Leben in Eintracht wie Ying und Yang mit uns nicht vorstellen.

Ich vermute, die koreanischen Frauen haben unserer Väter wegen ein schwerwiegendes Trauma. Unsere Väter, die obersten Befehlshaber des Hauses, tragen eine gewisse Mitschuld an unserem Leiden; die Leiden der jungen Koreaner. In ihren Häusern und Wohnungen gilt nur ihr gesprochenes Wort. Der Rest der Familie hat sich dem Machtwort zu beugen. Es sei denn, man wurde in die Rolle des einzigen Sohnes, des zukünftigen Stammeshalters, des Thronfolgers der Sonnenkönige hineingeboren. Unsere Väter sind geübt im Erteilen von Befehlen und rudimentär bis hin zu resistent im Entgegennehmen von Instruktionen. Die Rollenverteilung ist sehr anachronistisch. Frauen üben sich im Haushalt, während die Männer ihnen beim Spülen, Saugen und Abwischen zuschauen und sie dabei notfalls lautstark mit Kommentaren begleiten.

Aber nicht alle koreanischstämmigen Männer sind so. Gyeong-leol kam deshalb auf die Idee, ganz im Sinne der koreanischen Männer auf YouTube einen Kanal einzurichten, um ein gutes Image für koreanische Männer zu vermitteln. Von diesem Kanal aus sollten Videobotschaften von ledigen, liebestollen und liebessehnsüchtigen koreanischstämmigen Männern an interessierte Singlefrauen in die ganze Welt gehen.

Da Gyeong-leol den Stein ins Rollen gebracht hatte, opferte er sich für den ersten Testlauf. Also sprach er etwas schüchtern in die Kamera: »Ich heiße Gyeong-leol, bin vierzig Jahre alt. Ich bin ein liebevoller Mensch und suche nun mein Glück fürs Leben. Ich bin kein dominanter Mensch. Es sei denn, du möchtest, dass ich dich dominiere. Dann erfülle ich dir diesen Wunsch sehr gerne. Meine Lippen sind unausgelastet und unverbraucht. Alles Weitere kannst du bei einem persönlichen Treffen erfahren. Wenn du dich angesprochen fühlst, dann hinterlasse eine Nachricht mit deiner Mail-Adresse!«

Nach der anfänglichen Yes-We-Can-Euphorie holte uns die harte reale Welt der Liebe wieder auf den Boden der Tatsachen zurück. Unsere Zeit für »change« war noch nicht gekommen. Fast drei Monate ließen wir das Video auf YouTube laufen. Doch der Zulauf war äußerst bescheiden. Das Video hatte nur wenige Klicks. Zwar gab es Kommentare und Feedback, aber meist von Männern, die unsere Liebesbotschaften falsch verstanden hatten. Diese Männer waren äußerst scharf darauf, Gyeong-leol kennenzulernen, aber so, wie Gyeong-leol es sich wohl in seinen kühnsten Träumen nicht vorgestellt hatte. Sie schrieben allerlei schweinische Sachen, die sie mit Gyeong-leols jungen und unverbrauchten Lippen anstellen würden.

Enttäuscht von der Ausbeute, nahmen wir das Video aus YouTube heraus. Wir verstanden, dass YouTube eine Karriere zerstören oder sie aber auch auf den nächsten Level hieven kann. Diese bittere Erfahrung musste auch Japans Finanzminister Shoichi Nakagawa machen. Nach einer berüchtigten Orgie und reichlich viel *Saki* mit Gigolo Silvio Berlusconi nahm Nakagawa benommen an einer Pressekonferenz des G7-Treffens in Rom teil. Das kostete ihn seine Karriere. Gerüchten zufolge arbeitet Nakagawa nun für die Sapporo Brewery Company. Was unsere YouTube-Ambitionen anbelangt – sie sind erst einmal auf Eis gelegt.

Ein Paradigmenwechsel musste her. David war der Meinung, wir sollten herkömmliche Mittel nutzen und die Frauen auf klassischem Wege erobern. Und da ist Angriff bekanntlich die beste Lösung. David und Gyeong-leol sollten nach drei Wochen über ihre Erfahrungen berichten.

Gyeong-leol meldete sich schon nach zwei Wochen Feldforschung zurück. Aufgeregt und etwas mitgenommen erzählte er von der Begegnung mit seiner Traumfrau. Zugegebenermaßen, sagte Gyeong-leol, liege sein letzter Flirtversuch fast ein Jahrzehnt zurück. Dieser endete mit einer saftigen Ohrfeige, nachdem Gyeong-leol der Dame erklärt hatte, dass er ein Schlaraffenland aus Süßigkeiten sei, wo sie Leckereien umsonst bekomme und Alice im Wunderland spielen könne.

Zeit heilt alle Wunden, sagt der Volksmund. Es wächst sehr viel Gras über ein Jahrzehnt, in dem man neuen Mut schöpfen kann. Bei seiner zweiwöchigen Feldforschung ging auch diesmal vieles schief. Sein Motto war es gewesen, im Namen der wahren Liebe ausdauernd und konsequent zu bleiben. Gyeong-leol war der Auffassung, man dürfe sich von einem Korb nicht einschüchtern lassen, da Frauen sich oft unnahbar gäben. So lauerte Gyeong-leol seiner Traumfrau bei der Arbeitsstelle auf, vor ihrer Wohnung, und wenn sie im Park mit ihrem Hund spazieren ging. Einige Signale der Traumfrau muss Gyeong-leol wohl übersehen haben. Liebe macht eben blind. Mich würde es nicht wundern, wenn ihn die Traumfrau am Ende wegen Stalking anzeigte.

David war auf der Suche nach der wahren Liebe einen kleinen Tick erfolgreicher. Zugegebenermaßen war es nicht die große Liebe, eher ein kleines Intermezzo, ein kurzer Zwischenstopp dahin. Er habe die Dame bei einer Busfahrt kennengelernt, sagte David. »Die Dame setzte sich zu mir und sprach mich aus heiterem Himmel an«, fügte David hinzu. »Sie stellte sich vor und plauderte über Gott und die Welt.« Er sei an diesem Tag etwas betrunken gewesen, und die Hitze habe ihm nicht sonderlich gutgetan, erklärte David. Daraufhin wurde er einfach direkt. Er versuchte, aus der langen Rede einen kurzen Sinn zu machen: »Hey, junge Frau! Wir kennen uns nicht! Ich habe keine Zeit für diese Vorspiel-Konversationsscheiße! Wie sieht es aus?! Gehen wir zu mir oder zu dir?!«

Wie die Geschichte ausging zwischen David und der überaus reifen Dame, wollte ich nicht weiter hinterfragen. David sagte nur: »Ein Gentleman genießt und schweigt.«

WAS KOREANISCHE MÄNNER WOLLEN

Wenn koreanische Männer ihren Titel »Musterbeispiel gelungener Integration« gegen die Fähigkeit eintauschen könnten, die Gedanken der Frauen zu lesen, würden sie es unverzüglich tun. Meinen koreanischen Freunden und mir wurde früh beigebracht, dass man von Luft und Liebe allein nicht leben kann. Darum blieb uns keine andere Wahl, als uns unsterblich in die Bildung zu verlieben. Sie war unsere erste große Liebe, im platonischen Sinne. Bei der Bildung sind wir Champions-League, in Sachen Liebe bestenfalls Kreisklasse.

Mein Freund Wladimir ist ein lebenserfahrener Mensch. Aus diesem Grunde suchte ich Rat bei ihm. Russische Männer teilen ein ähnliches Schicksal wie die koreanischstämmigen in Deutschland. Immer häufiger wenden sich russische und koreanische Frauen von ihren Landsmännern ab, getreu dem Motto: »Go West!«

»Ich würde so pauschal die koreanischen Frauen nicht des Verrats bezichtigen. Ich glaube, dass die Frauen überall auf der Welt auf richtige Männer stehen, die lustig, gut erzogen und sportlich sind, die der Welt begeistert in die Augen schauen und Energie ausstrahlen, wie du und ich eben. Sicher zeigen viele Russen eine gewisse Charakterlosigkeit dem Kapitalismus gegenüber, sie liegen die meiste Zeit ihres Lebens auf dem Sofa und werden dafür mit Bäuchen und Bärten bestraft. Eine echte russische Frau kann aber auch aus einer Lusche einen richtigen Kerl machen.«

Wladimir hatte wie immer recht. Eine echte koreanische Frau kann aus einer Lusche einen richtigen Mann machen.

Vor ein paar Jahren hatte ich Gyeong-leol, einen in Portugal geborenen Koreaner, in Seoul kennengelernt. Wir schlossen auf Anhieb Freundschaft und besiegelten diese mit reichlich *Soju* und Karaoke-Nächten.

Bei einem dieser berüchtigten Abende schmiedeten wir den Plan, eine Vereinigung zu gründen, die sich für die Belange koreanischstämmiger Männer einsetzt, die vom Aussterben bedroht sind. Gyeong-leol wollte das Kind beim Namen nennen und schlug vor, die Initiative »Korean Men First« zu taufen. Ich war mir nicht sicher.

Wir überlegten uns, wie wir bei der Zielgruppe Bedürfnisse schaffen könnten, so dass sie in den Glauben versetzt würden, ohne uns nicht mehr leben zu können, wie es McDonald's mit seinen Hamburgern und Samsung mit seinen Flachbildschirmen gelungen ist. Weiter überlegten wir uns, wie wir einen Boom auslösen könnten – wie einst das Tamagotchi-Ei. Wir mussten der Realität ins Auge schauen, uns auf das Hier und Jetzt konzentrieren und auf unseren Instinkt vertrauen.

Es war ein Zeichen des Himmels, als ein Karaoke-Bus vor unserem Hotel hielt, ein *Ajeoshi* ausstieg und uns einlud mitzufahren. Der Bus war nahezu paritätisch besetzt mit gleichaltrigen Koreanerinnen und Koreanern aus aller Herren Länder. Von Gottes Hand geführt, nahm ich das Mikrofon in die Hand und forderte Horst aus Frankfurt auf, sich den weiblichen Fahrgästen vorzustellen. Horst muss sehr verzweifelt gewesen sein und ließ sich nicht zweimal bitten. Hastig entriss er mir das Mikrofon und begann, auf Englisch zu reden.

»Hallo, ich heiße Horst, komme aus Frankfurt, bin tageslichttauglich und biete die Gardemaße 35/170/75. Ich stehe mit beiden Beinen im Leben, habe ein Mittelklasseauto und eine nette Wohnung. Seit fast zehn Jahren rudere ich allein durchs Leben, nachdem meine Exfreundin ans andere Ufer geschwommen ist. Nun suche ich jemanden, der in meinem frei gewordenen Zweier mitrudert. Eine spätere Erweiterung der Mannschaft ist nicht ausgeschlossen.«

Im Anschluss an seine Rede forderten die koreanischen Frauen Horst auf, im Mittelgang des Busses elegant und sexy wie ein Model auf dem Catwalk zu posen, so dass sie ihn begutachten konnten. Horst sollte noch Liegestützen machen und mehrfach seinen Po zeigen.

Was man nicht alles für die Liebe macht! Frauen können grausam sein. Sie sollten vermehrt im Bereich Lebensmittelüberwachung eingesetzt werden, dann wäre es nie zu einem Gammelfleischskandal gekommen.

Nach Horst wollte Eung-seob, ebenfalls ein Hesse, die Gunst der Stunde nutzen und sich den koreanischen Frauen auf dem goldenen Teller präsentieren.

»Ich bin Hänsel und suche Gretel. Ich bin Mitte dreißig und habe genau dieselben materialistischen Dinge zu bieten wie mein Vorgänger Horst. Ich lege großen Wert auf ein gepflegtes Erscheinungsbild. Der Gang der Frau ist für mich sehr wichtig. Sie muss einen eleganten Gang haben und nicht wie ein Mann herumstolzieren. Ich bin schüchtern und gebe es offen zu. In Zeiten der Emanzipation bin ich für Gleichberechtigung. Ich bin ein Mann der neuen Schule und würde mich freuen, wenn auch mal die Frau den ersten Schritt wagt.

Meine zukünftige Freundin braucht nicht unbedingt ein guter Koch zu sein, aber zumindest muss sie wissen, wie man *Kimchi* herstellt.« Auch Eung-seob forderten die Frauen auf, sich im Mittelgang zu zeigen.

Der letzte im Bunde, der sich von dem Gejohle der koreanischen Frauen nicht einschüchtern ließ, war Alex aus Kanada. Alex ging gleich zur Sache. Er sagte: »Ich bevorzuge eine elegante, selbstbewusste und geistreiche Frau mit konservativen Werten. Ich schließe mich meinem Vorgänger Eung-seob an und würde kulinarische Talente bei der Frau als großes Plus bewerten. Die Herstellung von *Kimchi* ist das Mindeste, was drin sein muss. Gutes Benehmen und Etikette sollte sie haben. Gepflegtes Äußeres. Saubere Fuß- und Fingernägel. Das war's.«

Auch Alex blieb der Laufstegwalk nicht erspart. Die koreanischen Frauen kamen voll auf ihre Kosten. Doch trotz aller Bemühungen gingen am Ende unserer Reise alle drei Männer leer aus und traten die Heimreise nach Deutschland beziehungsweise Kanada so an, wie sie in Seoul angekommen waren, einsam und mit leichtem Gepäck.

GRENZGÄNGER UND BERLIN-BERLINER

Die Original-Berliner sterben aus!«, erklärte mir meine Friseurin, eine Berlinerin aus Lichtenberg, mit großer Besorgnis.

»Da sagst du etwas. Als deutsch-koreanischer Mann kann ich das gut nachvollziehen. Auch wir sind ein Auslaufmodell, wenn wir nicht schnellstmöglich Entwicklungshilfe von der weiblichen Bevölkerung bekommen«, erwiderte ich und betonte dabei, dass ich aus eigener Erfahrung spreche.

Das Verhältnis zwischen meiner Friseurin Yvonne und mir war anfangs alles andere als vertraut. Ein eiserner Vorhang trennte uns. Die zwischenmenschliche Atmosphäre war bestimmt von eisiger Leere, gar Abneigung, so wie im kalten Krieg zwischen der Sowjetunion und Amerika. Ich hatte Verständnis, denn trotz meiner Gier, mit allen gut Freund zu sein, ist es schwer, diese zu befriedigen. Doch Mutter mit ihrer langjährigen Erfahrung als Krankenschwester brachte mir früh bei, dass sich Menschen ändern können, im positiven Sinne, wenn man nur auf sie eingeht und eine gewisse Zeit mit ihnen verbringt. Für Mutter gab es nichts Negatives im Leben. Manche würden dies als Zweckoptimismus bezeichnen, doch zutreffender wäre Lebensoptimismus. Als Zweckoptimistin wäre Mutter nie nach Deutschland ausgewandert.

Eines Tages beschloss ich, die Grenze, die zwischen meiner Friseurin und mir bestand, zu überschreiten. Ich sagte ihr, dass das Leben kurz sei, man Menschen Möglichkeiten geben müsse, um sich kennenzulernen, sich dadurch eventuell Freundschaften fürs Leben ergäben oder aber auch Feindschaften, zumindest aber hätte man Gewissheit, ob einem die Person liege oder nicht. Die Kraft der Worte wirkte Wunder. Ihre Grenzen öffneten sich, sie rollte den Stacheldrahtzaun ein, und das Redestillstandsabkommen wurde mit sofortiger Wirkung für nichtig erklärt. Mittlerweile sind wir zu einer Art Schicksalsgemeinschaft zusammengewachsen. Sie schneidet mir die Haare, und ich erzähle ihr aus meinem spannenden deutsch-koreanischen Leben in Berlin.

Ungeniert sagte ich zu Yvonne, dass die Lösung des Problems so einfach wäre, wenn sich die Berlin-Berliner zur Förderung der eigenen Bevölkerungsgruppe zusammenschließen würden. Yvonne kicherte und sprach irgendetwas von Niveau, von Hartz-IV und endlich wegkommen vom Proletarismus.

»Ick brauch 'n richtijen Mann, keene uffjewärmte Karteileiche«, sagte Yvonne. Berlin-Berliner haben eben Staralüren, und Schuld daran tragen die privaten Fernsehsender, wo sie in Realitysoaps wie »Raus aus den Schulden«, »Frauentausch«, »Teenager außer Kontrolle« oder den täglichen Talkshows die Hauptrolle spielen. Zumindest bei den privaten Sendern ist der Berliner Slang nicht fremd. Er ist dort zuhause. Noch sind Oscars, Cannes, Hollywood, Bollywood und Nollywood weit entfernt. Doch mit jeder weiteren Sendung rückt man diesem Ziel ein Stück näher, und schließlich hat jeder Holly- oder Bollywoodstar einmal klein angefangen.

Die Berliner sind auch äußerst begnadete Verkäufer, und dabei kommt ihnen ihr Herz, das ihnen der liebe Gott auf der Zunge hat wachsen lassen, zugute. Egal, in welchem Kiez man unterwegs ist, sie werden nicht müde, ihre Kulturgüter an die zugewanderten Migranten aus Köln oder Tübingen zu verkaufen, wie etwa den Motz oder den Straßenfeger. Da ist es egal, dass 164.000 Berliner Analphabeten sind und jeder 15. Bürger über 15 Jahre nicht lesen und schreiben kann. Manche haben ihren Hund sogar so dressiert, dass er die Zeitung im Maul präsentiert, dabei den U-Bahn-Waggon auf- und abgeht und auf Kommando sitzen bleibt. Als gemeinnützige Ich-AGs nehmen sie auch gerne Spenden an und buhlen mit den ausländischen Musikern um die Gunst der Zuhörer. Sie sind sich selbst die größten Kritiker und Förderer. So sagte kürzlich ein Berlin-Berliner zu einem landsmännischen Musiker: »Kof dir eine Geige! Mit dem Trommeln, dit bringt nix!«

Manche Berlin-Berliner gehen auch gerne auf Dienstreise. Im Anzug als Geschäftsmann oder leger als Tourist gekleidet sind sie dann und wann mit ihren Reisetrolleys an den Flughäfen Schönefeld und Tegel anzutreffen. Einchecken und boarden tun sie aber nie. Ihre Reise führt von den Mülleimern zu den Toiletten der Terminals A bis Z.

Berlin, Berlin gibt keine Versprechungen, und Berlin-Berliner halten ihre Versprechen. Man kriegt das, was man verdient. Berlin-Berliner sind Menschen wie du und ich, die sich schon mal um halb elf Uhr morgens ein Bier gönnen. Ihre Erst-reden-dann-denken-Mentalität ist mir doch irgendwie sympathisch. Nicht selten ist das, was sie sagen, auf den Punkt gebracht und brutal ehrlich. Sind wir tief im Herzen nicht alle ein wenig Berlin-Berliner?! Und wie sagte schon Helga Hahnemann? »Dit sitzt zu tief, Dit sitzt hier drin.«

AUF DER SUCHE NACH
DEN LETZTEN BERLINERN

Auf der Suche nach den letzten verbliebenen Berlinern wird man immer häufiger in den von Vietnamesen geführten chinesischen Bistros fündig. Mit dem Fall der Mauer wurden nicht nur neue Geburtsstunden eingeläutet, sondern auch die Ära des Aussterbens der Berliner Eckkneipen. Es ist nur noch eine Frage der Zeit, bis Eisbein mit Kartoffeln oder Erbspüree von sämtlichen Menükarten der Republik verschwunden sind. Ganz zum Leidwesen vieler vietnamesischer Inhaber dienen nun ihre asiatischen Imbisse als Ersatzkneipen und Zufluchtsorte für die leidgeprüften und trinkfesten original Berliner.

Bei mir in der Nähe gibt es so ein Asia-Bistro. Nicht gerade ein Ort, an den man eine Frau ausführt. Es sei denn, man möchte der Frau seine klare Abneigung signalisieren. Das Bistro ist das Zuhause einer Berliner Rentnergang, die aus sechs Männern und zwei Frauen besteht. Ein ausgedienter Spielautomat dient als Herberge kitschiger Plastikblumen. Ein immer eingeschalteter koreanischer Plasmafernseher belebt den tristen in Orange gestrichenen Raum. Einzelne Löcher sind notdürftig mit Putz übertüncht worden. Zum Inventar gehören noch eine Garderobe, in der schon seit Ewigkeiten eine abgetragene graue Jacke der Marke Rentner hängt, eine Bar, die als Abstellkammer dient und vor der Übernahme durch den Vietnamesen viele Berliner glücklich machte, drei Bilder mit drei typisch chinesischen Propaganda-Kunstmotiven, fünf birkenfarbene Ecktische mit abgesessenen, sperrmüllreifen Stühlen, wo sich der Dreck tief in den Bezug eingefressen hat, drei Lampions, im Raum verteilt, um chinesisches Flair vorzugaukeln, ein funktionierender Actionstar-Spielautomat und ein grüner Kronleuchter an der mit Stuck versehenen Decke, der seinen Modernitätszenit längst überschritten hat.

Apathisch, als hätte es ihnen die Sprache verschlagen, sitzen sich die Rentner an den Tischen gegenüber. Heiterkeit kommt auf, wenn einer für Nachschub mit Berliner Kindl und billigem Weinbrand der Marke Chantré und Herzog sorgt. Dann fällt auch mal der Spruch: »Den Sozialismus in seinem Lauf hält weder Ochs noch Esel auf!« oder »Vorwärts immer, rückwärts nimmer!«, womit sie recht haben, denn das Getrunkene kehrt nicht mehr zurück.

Der eine Brillenträger löst Rätsel, der andere liest mit seinen dicken Lupengläsern Zeitung, die er so nahe an sich heranzieht, dass sie förmlich an seiner roten Nase klebt. Ein anderer vergeudet sein Geld am Spielautomaten. Der nächste schaut sich jegliche Sportsendungen eines Pay-TVs an und lässt es sich nicht nehmen, die Stille mit seinen Kommentaren zu brechen. Während eines Formel-1-Rennens etwa sagte er: »Vettel, schnapp dir den Neger!«, womit er den farbigen Briten Hamilton Lewis meinte.

Einmal bekam ich mit, wie ein Schwarzer den Raum betrat, um sich das Fußball Champions-League-Spiel Real Madrid gegen Barcelona anzuschauen. Die Anwesenheit des Schwarzen verursachte plötzliche Heiterkeit, als würden sie alkoholischen Nachschub bekommen. Der Lupenglas-Brillenträger mit schütterer Fukuhila-Frisur ging schnurstracks auf den Schwarzen zu und fragte ihn: »Hast du meine Bananen mitgebracht?« Dabei kam ihm der alte Berliner so gefährlich nah, als hätte er seine Zeitung vor der Nase.

»Nein«, antwortete der Schwarze.

»Du wääst ja, dit ist nich so jemeint, wah!«, entgegnete ihm der Brillenträger mit einem verschmitzten Lächeln. »Du bist janz schön sonnengebräunt, wah. Welcher Rasse jehörst du an?«, fragte er gleich hinterher.

»Brasilien!«, sagte der Schwarze und fügte im selben Atemzug hinzu: »Bevor Sie weiterfragen: Nein, ich bin kein Fußballspieler, bin weder mit Pele noch mit Ronaldinho verwandt und trinke auch keine Caipirinha zum Frühstück!« Der Brasilianer nahm das Frage- und Antwortspiel mit Humor. Alles ging glimpflich aus.

Die chinesischen Imbisse dienen den letzten verbliebenen Berlinern als Exil oder Zuhause in der Fremde. Bei den Berlinern hat sich herumgesprochen, dass sich das Motto der Vietnamesen »Der frühe Vogel fängt den Wurm« in den Öffnungszeiten widerspiegelt, ganz zu ihrem Vorteil. So kann man bereits um 8 Uhr in der Früh die 0,5 Promillegrenze überschreiten. Die Asiaten verfügen über keine Verjagungsqualitäten, die bei den türkischen Imbissbesitzern sehr ausgeprägt sind, die eine Assimilierung ihres Imbisses in ein gammliges Berliner Ecklokal nur über ihre Leiche tolerieren würden. Den Berliner Promille-Grenzgängern kommt diese Eigenschaft der Vietnamesen zugute, und so beginnen und beenden sie ihren Tag mit den Vietnamesen.

In meinem Asia-Bistro um die Ecke habe ich bemerkt, wie diese Situation der Entmachtung den vietnamesischen Besitzern zu schaffen macht. Manchmal beobachte ich, wie der Besitzer selbst entnervt und verbittert mit einem Berliner Kindl und einer Kippe in der Hand düster in die Welt blickt. Vergeblich hatte der Besitzer gegen die Übernahme durch die letzten verbliebenen Berliner Rentner angekämpft. Mit Weg-zappen von interessanten Fernsehsendungen hatte er es ver-sucht, und auch mit gelegentlichen Wutausbrüchen, indem er mit seiner piepsigen Stimme sagte: »Gehen nach Hause!«

Aber all das half nicht, und wenn man mit seinem vietna-mesischen Latein am Ende ist, greift man nach unkonventio-nellen Mitteln. Als ich neulich im Asia-Bistro war, bemerkte ich, dass der Besitzer rund um die Theke eine Mauer aus Ple-xiglas errichtet hatte. Ich fragte ihn, warum er eine Plexiglas-mauer um seine Theke gebaut habe. Nach einigem Zögern antwortete er: »Niemand hat die Absicht, eine Plexiglasmauer zu errichten! Ich liebe doch alle Menschen!«

Die letzten verbliebenen Berliner haben die Mauer zur Kenntnis genommen, doch stören sie sich nicht weiter daran. Das lässt sie nur noch mehr in Nostalgie schwelgen. So hat der vietnamesische Besitzer mit seiner Mauer genau das Ge-genteil erreicht. Mittlerweile herrscht an der Mauer Hochkon-junktur von den letzten verbliebenen Berlinern. Friedrichs-hain muss ein Loch sein. Aus den vermeintlich letzten sechs verbliebenen Berlinern verdreifachte sich ihre Zahl binnen kürzester Zeit auf satte achtzehn.

Die Türken sagen, dass ihre Heimat dort sei, wo sie satt werden. Für die anspruchsloseren Berliner gilt: »Heimat ist dort, wo man blau wird.« Ihre Heimat verlassen die Berliner äußerst ungerne. Nur im Sarg lassen sich aus den Stadtgren-zen befördern, um in Tschechien eingeäschert zu werden. Damit das Jobcenter sie nicht in irgendwelche Maßnahmen steckt, die außerhalb Berlins zu verrichten sind, schränken sie sich stark in ihrer Mobilität ein und machen erst gar nicht den Führerschein.

Man kann es den Berlinern nicht verübeln. Mögen sie die Ersten und Letzten sein, die das Licht ausmachen, wenn unsere kunterbunte Welt untergeht.

MEIN SPAZIERGANG DURCH BERLIN

Früher war es ein Traum, in Berlin zu leben. Heute ist es Wirklichkeit. Für einen Kulturbanausen und Zonendödel, wie meine Freundin Dani mich liebevoll nennt, war die Größe Berlins zunächst sehr einschüchternd. Doch nach fast drei Jahren Berlin kommt mir die Stadt wie ein kleines Dorf vor. Berlin ist meine Heimat geworden, mein Zuhause. An Wochenenden meide ich die Mitte Berlins, überlasse sie den Touristen und bleibe in meinem Kiez im Osten.

Ich verlasse Berlin nur ungern, und wenn, dann ist es ein Ritual, dass ich bei meiner Rückkehr den Fernsehturm begrüße. Diese Zuneigung beruht auf Gegenseitigkeit. Denn der Turm ist auch immer für mich da, wenn ich ihn brauche, vor allem, wenn ich mich wieder einmal mit dem Fahrrad verfahren habe. Bei Dunkelheit blinkt der Turm mir zu und weist mir den Weg nach Hause. An warmen Frühlingstagen setze ich mich, wie einige andere, an die Modersohnbrücke, mit Blick Richtung Fernsehturm, und schaue dem Sonnenuntergang zu. Wenn ich genug davon habe, gehe ich weiter in Richtung Treptower Park. Über die Abteibrücke gehe ich auf die Insel der Jugend zu. Irgendwo finde ich einen Platz, wo ich ungestört auf die Spree schauen kann.

Ich frage mich, wenn der Maler Heinrich Zille noch lebte,

was er wohl heute für Bilder malen würde. Worüber würde Fontane schreiben, und was für Gedichte würde Rainer Maria Rilke verfassen? Bei meinem letzten Besuch im Treptower Park habe ich mindestens sechs mongolische Großfamilien gesehen. Sowieso sind an warmen Tagen im Treptower Park Gott und die Welt unterwegs. Wenn ich von dem Rummel der Menschen genug habe, gehe ich weiter zum sowjetischen Ehrenmal. Dieser Ort hat etwas, so wie der Ausblick vom Kino International auf die Karl-Marx-Allee. Wenn man die Oberbaumbrücke mit ihren zwei Türmen im Neugotik-Stil betrachtet, dann wird einem bewusst, was für eine Verschwendung es war, die Flussüberquerung jahrzehntelang geschlossen zu halten.

Man mag es in einer Großstadt wie Berlin nicht glauben, aber die Stadt bietet viele Ruheoasen, in denen man neue Kraft schöpfen kann, wie etwa im Schlosspark in Pankow. Neue Kraft zu schöpfen ist wichtig, denn der Berliner Winter ist unglaublich grau, lang und kalt. An solchen Wintertagen wandere ich ab und an durch den Görlitzer Park, der an wärmeren Tagen meine afrikanischen Brüder in Scharen anlockt. Meistens sitzen sie auf den Parkbänken oder unter einem Baum, der ihnen Schatten spendet, und erholen sich wahrscheinlich von der Hetzjagd der Polizei mit ihren Ausweiskontrollen. Sie scheinen sehr fürsorgliche und kontaktfreudige Menschen zu sein, denn sie fragen fast jeden Passanten, der an ihnen vorbeigeht, ob er etwas brauche – und wünschen einem einen schönen Tag, wenn man höflich verneint.

Am Paul-Lincke-Ufer verfolge ich eine Partie Boule, bis mir die Lust vergeht, und lasse mich dann auf einer Parkbank nieder, mit einem Ayran in der Hand. Ich frage mich, was mein Berlin so besonders macht. Mein Berlin ist, wenn

Fahrradschlösser teurer sind als das Fahrrad selbst, wenn am Trödelmarkt am Boxhagener Platz Armani-Anzug und Punkerkluft friedlich nebeneinanderstehen, wenn Obdachlose sich nicht mehr die Mühe machen, die Passanten auf den Straßen nach ein paar Cent zu fragen, sondern direkt vor den Bankeingängen stehen, wenn Nacktflitzer durch die Proskauer Straße laufen, als wäre es das Alltäglichste der Welt, wenn einem Hollywood-Größen entgegenkommen und man sich nicht die Blöße gibt hinterherzuschauen, wenn ein Ben Becker an regnerischen Tagen mit Sonnenbrille auf der Straße musiziert, und keiner hört hin, wenn Touristen Fahrradwege mit Bürgersteigen verwechseln und die Lichtschranke in den BVG-Bussen blockieren, wenn jemand mit Fireball-Wrestlingmaske auf der Parkbank sitzt und sich niemand daran stört, und wenn ein Osama Bin-Laden in der Bänschstraße frei herumlaufen kann, ohne Terroralarm zu schlagen.

Berlin, das ist: so sein zu dürfen, wie man ist, ohne dass einer die Nase rümpft. Mit seinen Ecken und Kanten ist Berlin auf der einen Seite tolerant und auf der anderen Seite ignorant. Berlin kann dich zerbrechen oder aber auch zu etwas machen. Letzteres ist wünschenswerter.

Eines ist klar, Berlin wird sie alle überdauern, die neuen und alten Migranten, die Alteingesessenen und Neuankömmlinge, die Guten und die Schlechten, die Gaukler und Politiker, die Neurotiker und Egozentriker, die Reichen und Armen und die Opportunisten und Narren dieser Welt.

FREUNDLICHKEITSKAMPAGNEN

Mit 15.100 Patenten kommen die meisten deutschen Erfindungen aus Baden-Württemberg. Es muss etwas in den Maultaschen und Spätzle stecken, was die Schaffenskraft der Schwaben mit ihrem »Schaffe, schaffe, Häusle baue!« so in die Höhe jagt. An einem gesunden Selbstbewusstsein mangelt es ihnen auch nicht. Ausgerechnet im armen Berlin werben sie auf BVG-Bussen mit: »Nett hier. Aber waren Sie schon mal in Baden-Württemberg?« Eine gesunde Demut vor der Hauptstadt haben sie nicht, obwohl auf eines der Plakate der Buskampagne der Zusatz gesprayt war: »Dann finden Sie es in Berlin noch schöner!«

Der Prenzlauer Berg, wenn nicht schon ganz Berlin, ist von Schwaben unterwandert. Mit rund 200.000 stellen sie in Berlin die zweitgrößte Minderheit nach den Türken (140.000). Nur kann man sie rein optisch nicht sofort erkennen. Sie sind hier schon so heimisch geworden, dass ich einmal mitbekam, wie sich ein junger Mann in der vollen S-Bahn aufregte, indem er sagte: »Die *Scheißtourischte* hier bei uns!«

In der Schönhauser Allee bekam ich einmal ein Gespräch unter alteingesessenen Prenzlbergern mit.

»Früher war alles viel schöner im Prenzlauer Berg!«, sagte der eine.

»Ja! Da hascht recht!«, entgegnete ihm der andere.

»Seit wann lebst du schon hier?«

»Seit einem halben Jahr!«, antwortete er.

Willkommen in Schwabylon, dachte ich nur, im bezaubernden Stuttgart an der Spree.

Die Schwaben sind angekommen, ohne sich von ihren kulturellen Gepflogenheiten zu verabschieden. Da soll mir jemand noch einmal erzählen, dass sich die Ausländer nicht integrieren wollen, oder vor einer zunehmenden Islamisierung in Deutschland warnen.

Die Häuslebauer nehmen den Berlinern nicht nur den Wohnraum weg, sondern auch die Arbeitsplätze. Seit längerem schon beobachte ich, dass die obdachlosen Zeitungsverkäufer mit stark schwäbischem Dialekt sprechen. Während der Fußball-WM in Südafrika fand ich an einigen Berliner Kneipen, die Public-Viewing anboten, auch Schilder mit Anmerkungen, die jedem Migranten geläufig sind: »Was wollt ihr hier – Stuttgart 605 KM!« oder: »Schwaben ist der Zutritt nicht erlaubt!« Manche beschimpfen die Schwaben schon abwertend als Südländer. Eine Jugendherberge, die mit dem Slogan »Ein Hotel für alle« wirbt, weist im selben Atemzug darauf hin: »Außer Schwaben, Engländern und Iren ab einer Anzahl über 5 Personen oder in Superman-Kostümen«.

Dass mein Nachbar Franz, der eine Kneipe an der Kopernikusstraße betreibt, ein Schwabe ist, habe ich nur zufällig mitbekommen. Ihm ist wahrscheinlich die wachsende Antipathie gegenüber seinen Landsleuten nicht entgangen. Mir stellte sich Franz in betontem Hochdeutsch als Ost-Berliner vor, der schon immer in Friedrichshain zuhause sei.

Ich mag die Schwaben, vor allem ihre Maultaschen und Spätzle. Aus Verbundenheit gegenüber meinen schwäbischen

Brüdern und Schwestern überlege ich, eine Antidiskriminierungskampagne zu starten mit dem Slogan: »Deine Bohrmaschine: ein Schwabe; dein Herzkatheter: ein Schwabe; dein IBM-Computer: ein Schwabe; dein Bundestrainer: ein Schwabe; dein EU-Kommissar für Energie: ein Schwabe; und dein Nachmieter: auch nur ein Schwabe.«

Die Schwaben sind für mich so etwas wie die Schotten Deutschlands. Völlig ungerechtfertigt haften Klischees wie geizig und pedantisch an ihnen, obwohl mir eine Bekannte aus Ravensburg einmal den folgenden Witz erzählte: »Wenn Sie weidrhin in Ihrer Zeidung Schwabawitzla druckad, dann isch es die lengschde Zeit gwäa, dass ich mir Ihr Zeidung ausleih!«

Berlin ist arm. Mit rund 60 Milliarden Euro steht die Hauptstadt in der Kreide, und dennoch haben die Berliner ihren international anerkannten Humor nicht verloren. Doch mit dem S-Bahn-Chaos hat man die Berliner, die eigentlich hart im Nehmen sind, durch verspätete und funktionsuntaugliche Bahnen so verärgert, dass Schluss mit ihrem lustigen Berliner Humor war. Deshalb beschloss man 2008 im Senat, eine Freundlichkeitskampagne zu starten, die das ramponierte Selbstwertgefühl der Berliner wiederherstellen und Berlin als Hauptstadt der Freundlichkeit erstrahlen lassen sollte. Die Berliner sollten, untypisch für sie, um die Wette lächeln. Mehrere Hunderttausende von Euro ließ sich der Senat die Kampagne kosten. Ein simpler Slogan sollte es richten: »Be Berlin«, der beliebig erweitert werden konnte: »Sei Herz, Sei Schnauze, Sei Berlin« oder: »Sei Unikat, Sei Delikat, Sei Berlin.« Vor dem Eingang des Bezirksamtes Friedrichshain-Kreuzberg an der Yorckstraße wehen seither rote Flaggen mit dem aufbauenden Spruch: »Sei Traum, Sei Ziel, Sei Berlin«.

Berliner wurden aufgefordert, mit dem Einreichen von fetzigen Sprüchen an der Kampagne mitzuwirken, bei der man sogar Sei-Berlin-Botschafter werden konnte.

Doch trotz der großen Investition, gestartet, um den Berlinern ihre Eigenarten zu nehmen, wissen anscheinend nur die wenigsten Berliner über die Kampagne Bescheid. Als eine Frau an der S-Bahn-Haltestelle Warschauer Straße aus der Bahn steigen wollte, hörte ich, wie sie einen schwarzen Mann beschimpfte, der mit seinem Fahrrad an der Tür stand und sie beim Ausstieg leicht behinderte: »Scheißneger! *Jeh* mal zur Seite!«

Tage später wurde ich Zeuge, wie ein Punker in der Tram einen indischen Touristen, der so stand, dass die Tür nicht zuging, ankeifte mit den Worten: »Hey du! Rück doch noch ein Stück rein, *wah*. Wir sind hier nicht in Bombay!«

An der U-Bahn-Haltestelle Rathaus Neukölln wurden ein Nigerianer und ich Augenzeuge, wie ein Tourist eine einheimisch aussehende Frau nach dem Weg fragte und von ihr genervt die Antwort bekam: »Verpiss dich!« Der Nigerianer und ich schauten uns nur an und dachten in dem Moment dasselbe: Keiner fragt uns nach dem Weg. Aber Berlin wäre nicht Berlin, wenn es nicht so wäre, wie es ist, dachte ich – und sagte mir im Stillen: »Willkommen in Berlin – der freundlichsten Stadt der Welt!«

Freundlichkeitskampagnen sind immer mit Vorsicht zu genießen. Mein Heimatland Nordrhein-Westfalen wollte der Berliner Kampagne wohl in nichts nachstehen. Eines Tages rief mich die Büroleiterin des Integrationsbeauftragten an. Was kann so wichtig sein, dass sie mich in Berlin anruft?, fragte ich mich. Sie wolle mir ein sehr wichtiges Paket zukommen lassen, sagte sie, und verriet mir nichts weiter. Bereitwillig gab ich ihr meine Adresse, und schon einige Tage später kam das Paket bei mir an. Ich öffnete es sofort, rollte die eingewickelten Poster aus, drei Jugendliche mit Migrationshintergrund lächelten mich an, und dann entdeckte ich den Schriftzug: »Ümit ist schwul, Aleksej ist schwul, Kai auch.« Ich legte die Poster zur Seite, öffnete den beigelegten Brief und las, dass Nordrhein-Westfalen von allen sechzehn Bundesländern das vielfältigste sei, den ersten Integrationsminister stelle und nun auch eine Vorreiterrolle einnehmen wolle, was die Akzeptanz und Integration von schwulen und lesbischen Jugendlichen mit Migrationshintergrund angehe. So etwas Progressives kann nur die Handschrift Nordrhein-Westfalens tragen, dachte ich und konnte mir den Slogan gut vorstellen: »Willkommen in Nordrhein-Westfalen – dem freundlichsten Bundesland für schwule und lesbische Jugendliche mit Migrationshintergrund.«

FILMSTAR

Vor einiger Zeit erhielt ich eine interessante E-Mail von einer Filmproduktionsfirma. Die E-Mail, vermutete ich, stammte von Chang-hoon, der sich wieder einen Scherz auf meine Kosten erlaubte. Wenn Chang-hoon nämlich zum Spaßen aufgelegt war, dann rief er gerne einmal bei seinen Freunden an, etwa mit starkem spanischem Akzent, wobei er sich als Journalist des *Playboy* ausgab. Dieses Mal wollte ich Chang-hoon nicht auf den Leim gehen. Also rief ich Chang-hoon an und sagte ihm das. Daraufhin erwiderte Chang-hoon gereizt, ob ich mich allein fühle und keine anderen Gesprächspartner habe, oder warum ich ihn am helllichten Tage belästige. Dafür gebe es professionelle Hilfe, fügte Chang-hoon hinzu. Er habe viel zu tun, stehe täglich im Labor und arbeite hart an seiner Promotion, sagte Chang-hoon mit eisiger Stimme.

Da wir uns seit der Kindheit kennen, können wir uns nichts vormachen. Mit dieser exzellenten schauspielerischen Darbietung wollte Chang-hoon mich auffordern, von weiteren Anrufen abzusehen. Es sei denn in dringlichen Angelegenheiten, und das hieß in Klartext: Frauen. Bei solch einer Dringlichkeit hatten wir Chang-hoons Genehmigung, ihn auch um drei Uhr in der Früh zu wecken. Mäuse kann man nur mit Speck locken und Chang-hoon eben mit hübschen Frauen.

Skeptisch rief ich die Telefonnummer der Filmproduktionsfirma an, die in der E-Mail angegeben war. Nachdem ich die Dame höflich begrüßt hatte, fragte ich sofort, ob ich es hier mit einem seriösen Unternehmen zu tun habe oder einem, das eher zur Sparte zensierter Erwachsenenfilme gehöre. Die Dame musste herzhaft lachen, beruhigte mich und erklärte, dass sie mich lediglich für einen Imagefilm der Ruhr2010-Kampagne featuren wollten. Soviel sie wisse, seien keine Akt- oder Nacktszenen mit entsprechenden Handlungen eingeplant, scherzte die Dame. In dem Film wolle man lediglich die bunte Vielfalt des Ruhrgebietes widerspiegeln. Meine Rolle bestehe darin, einen seriösen Geschäftsmann in Führungsposition zu spielen. Das hörte sich gut an. Keine Klischeerolle. Also sagte ich zu.

Am Drehtag schien die Sonne am Set des RWE-Towers in Essen. Die Komparsen und die Filmcrew waren guter Stimmung, und neben einer überaus attraktiven Sekretärin wurden mir zwei weitere Mitarbeiter zur Seite gestellt. Schließlich sollte ich den Chef spielen, und das war nicht meine Idee gewesen. Der eine Mitarbeiter erzählte mir, dass er schon viele Komparsenrollen gespielt habe und derzeit nur berüchtigt sei, aber auf das »berühmt« arbeite er hin.

Dann kam der Regisseur auf mich zu. Er sagte, dass es sich bei der Produktion um einen Stummfilm handle. Das trübte meine gute Stimmung. Nun war ich der Chance so nahe gekommen, als männlicher Asiate eine Hauptfigur in einer Nicht-Klischeerolle zu spielen und so meine perfekten Deutschkenntnisse einem breiteren Publikum stolz unter Beweis zu stellen, da ließ der Regisseur diesen Traum wie eine Seifenblase zerplatzen. Ich bat den Regisseur, als Entschädigung zumindest eine leidenschaftliche Kussszene mit der Sekretärin einzubauen, damit ich dem Publikum zeigen könne, wie gut koreanische Männer küssen, ganz im Sinne meiner Imagekampagne für koreanische Männer. Der Regisseur winkte ab und faselte etwas von »keinen Raum für Improvisationen« und von »Manuskript«, und dass er sich daran halten müsse. Ich sei schließlich nicht in Hollywood und auch nicht der Moviestar mit dem größten Trailer am Filmset. Ein Stummfilm ist auch ein Fortschritt, dachte ich mir, und erledigte meine schauspielerischen Aufgaben, wie es von einem Profi verlangt wird. Es sollte nicht meine letzte Rolle gewesen sein.

Meine Bekannte Han-ah forderte mich auf, bei der politischen Castingshow des ZDF »Ich, Kanzler« mitzumachen. Ich antwortete ihr, dass ich nach meiner bambireifen Performance im Imagefilm der Ruhr2010-Kampagne in der glücklichen Lage sei, meine Rollen nun selbst aussuchen zu können, und lehnte ihr Angebot ab. Der Preis im Falle eines Sieges war nämlich nicht gerade verlockend: Dem Gewinner bot man ein Praktikum im Bundeskanzleramt an. Es war ein Nullsummenspiel. Der Gewinner konnte nur das ZDF sein. Welche Partei würde einen Castingshow-Teilnehmer ernst nehmen und ihm Aufstiegsmöglichkeiten gewähren? Anstelle eines Praktikums hätte man ein Jahresgehalt der Bundeskanzlerin als Geldpreis festlegen sollen. Mit dem Geld hätte man sich zumindest von der öffentlichen Blamage reinwaschen, sich die Herzen der Parteivorstände erkaufen, seine eigene Partei gründen oder aber in der Provence ein neues anonymes Leben beginnen können. Dann hätte ich mir Han-ahs Aufforderung noch einmal gründlich durch den Kopf gehen lassen.

Doch meine Chance kam. Kurz vor dem Sommerloch erschien das ZDF im Büro unseres Abgeordneten. Es ging um

Nebentätigkeiten. Das ZDF-Team wollte zwei der Mitarbeiter im Bild haben. Darunter war ich. Endlich dürfen Deutsch-Koreaner Stellung nehmen zu Themen, die nichts mit nordkoreanischen Atomraketen oder Prügeleien der Abgeordneten im Parlament zu tun haben, dachte ich. Bis der Kameramann kurz vor Drehbeginn beiläufig erwähnte, dass es sich um einen Nonverbal-Dreh handele und deshalb die Stimmen nicht zu hören sein würden. Wir sollten aber so tun, als ob wir ernsthaft diskutierten.

Ich hatte die Nase voll. Ein stummer Filmstar wollte ich nicht werden und bleiben, und deshalb hing ich meine vielversprechende Filmkarriere an den berühmten Nagel.

MORITZ BLEIBTREU –
EIN INTEGRATIONSTRAUM

M it einem Wort kann alles, aber auch nichts gesagt sein. Ein falsches Wort kann einen Krieg auslösen, eine Freundschaft beenden oder eine Ehe in die Krise führen. Ein gutes Wort dagegen kann Frieden schaffen und Menschen zusammenführen. Schließlich macht auch nur ein Wort von Gott unsere Seele wieder gesund. Worte in Taten umzusetzen, um etwa das Korsett aus Chancenlosigkeit und Diskriminierung zu durchbrechen, das fällt uns noch ein wenig schwer.

Geschichten über Ausländer sind zeitlos und lesen sich wie spannende Hitchcock-Krimis. Das Leben der Migranten wird nie aus der Mode kommen, wie Taschen von Chanel oder Werke von Schostakowitsch. Hätte ich das große Glück, Aladin aus der Wunderlampe zu begegnen, der mir einen Wunsch gewährt, dann den, in meinem nächsten Leben Moritz Bleibtreu zu sein. Kein anderer Schauspieler seiner Generation ist so vielseitig wie er. Bleibtreu ist ein Metamorphosen-Genie, ein All-in-One-Schauspieler und der Prototyp des Menschen in der Einwanderungsgesellschaft. Beim Identitätshopping kann ihm keiner das Wasser reichen. Im Film »Solino« spielt Bleibtreu den Sohn italienischer Gastarbeiter. In »Knockin' on

Heaven's Door« brilliert Bleibtreu als der türkische Kleinkriminelle Abdul. In Bushidos »Zeiten ändern dich« schlüpft er in die Rolle des Tunesiers Arafat Abou-Chaka. In »Jud Süß« verkörpert Bleibtreu Joseph Goebbels. Im Film »Baader Meinhof Komplex« agiert Bleibtreu als Terrorist Andreas Baader. In »Soul Kitchen« stellt er den Deutsch-Griechen Illias Kazantsakis dar. Im Film »Das Experiment« steckte man Bleibtreu in die Rolle des Tarek Fahd, ein Taxifahrer und Ex-Journalist. In »Germanikus« spielt er Kaiser Titus, und im deutsch-türkischen Gangsterfilm »Chiko« verkörpert Bleibtreu die Hamburger Kiezgröße Big Boss Brownie. In jeder seiner Rollen konnte Bleibtreu überzeugen, ob als Türke, Grieche, Italiener, Tunesier, RAF-Terrorist oder als Nazi. Es ist nur eine Frage der Zeit, bis Bleibtreu die afrikanische, indische und asiatische Identitätsmauer durchbrechen wird. Dann wird Bollywood-Star Sha Rukh Khan nicht mehr viel zu lachen haben. Für mich besteht kein Zweifel, dass Bleibtreu auch in asiatischen Melodramen und sogar in Kung-Fu-Filmen jede Rolle spielen könnte. Ich kann mir schon die riesigen Filmposter vor den Kinoeingängen vorstellen: »Moritz Bleibtreu in Der Killer mit der Affenpranke«, oder: »Moritz Bleibtreu in Die 18 Todesschläge der Shaolin«.

Bleibtreu kann sie alle spielen. Er besitzt diese göttliche Gabe, die asiatische, deutsch-indische und afrodeutsche Schauspielerkollegen vor Neid blass werden lassen. Egal wie talentiert sie sind, sie könnten nie einen Joseph Goebbels oder Andreas Baader spielen. Nur der demographische Wandel und die Förderung binationaler Ehen können die Schauspieler, deren Aussehen einen Migrationshintergrund verrät, vor der Arbeitslosigkeit bewahren. Bis dahin müssen sie sich mit begrenzten Rollen zufriedengeben. Der Asiate spielt den treu ergebenen Diener. Der Afrodeutsche übernimmt den Part des Drogendealers, und alle sprechen sie kein Deutsch.

Neuerdings ist Bleibtreu im Fernsehen als Werbeikone zu bewundern. Eine Wachsfigur mit seinem Konterfei steht im Berliner Madame Tussauds. Er ist Vater eines Kindes und beweist mit seiner schwedischen Freundin, dass auch Sprachbarrieren ihm nichts anhaben können. In einem Interview verriet Bleibtreu einem Journalisten, was auf seinem Grabstein stehen solle. Dabei zitierte er Kurt Vonnegut mit: »Er hat's versucht«.

Ein cooler Spruch von einem coolen Mann. Ausländer und Migranten sollten nach seiner Leichtigkeit der Metamorphose streben und Identitäten produzieren, deren Migrationshintergrund den Menschen ein Rätsel bleibt, um ethnische Grenzen aufzulösen und Raster im Kopf zu sprengen. Bleibtreu sollte menschliches UNESCO-Weltkulturerbe werden. Sein Erbgut sollte der Nachwelt erhalten bleiben. Ich bin schon gespannt darauf, in welche Rolle Bleibtreu in seinem nächsten Film schlüpfen wird.

Zugegebenermaßen sollen Migranten nicht zwingend zu lauter kleinen und großen Moritz Bleibtreus mutieren. Aber vielleicht zu prächtigen asiatischen Marienkäfern? Die haben nämlich einen ungeheueren Vermehrungstrieb, so dass sie heute schon bis zu vier Generationen vorproduziert und damit den einheimischen Marienkäfer vom Markt verdrängt haben.

BLUMEN

Im Osten Berlins sind die Blumenläden in fester Hand der Vietnamesen. Und das ist kein Zufall, sondern Schicksal. Auch wenn Sozialwissenschaftler einen anderen Grund dahinter sehen und der Globalisierung die Schuld in die Schuhe schieben. Ich glaube, die Vietnamesen wurden durch den Vietnamkrieg während der Flower-Power-Zeit traumatisiert. Nach dem Krieg haben sich die ehemaligen sozialistischen DDR-Vertragsarbeiter geschworen, Friedensbotschafter zu werden. Wie kann man seine Abneigung gegen Krieg und Gewalt besser zeigen als durch den Verkauf von Blumen. Die Botschaft »Make Love, not War« lassen sie durch die Vielfalt der Blumen sprechen. Dazu benötigt man keine Sprachkompetenz, kein Sprachzertifikat, keinen deutschen Pass und vor allem keinen Integrationskurs. Obwohl die vietnamesischen Blumenverkäuferinnen und -verkäufer nur gebrochen Deutsch sprechen, verabschieden sie ihre Kunden wie Ur-Berliner mit »Tschüssi!«

Auch die NPD kann – nachdem ihre »Anti-Döner«-Kampagne kläglich gescheitert war – trotz ihrer Protestplakate »Anti-Blumen« nichts gegen diese friedliche vietnamesische Übernahme der Blumenbranche in Berlin tun. Die Blumengeschäfte mit einheimischen deutschen Inhabern haben sich dramatisch verringert. Nach der mehr oder minder erfolgreichen Wende sind viele heimische Inhaber wohl amtsmüde geworden als Botschafter des Friedens und haben sich selbst außer Dienst gestellt. Nun lässt man den Vietnamesen den Vortritt. Das nenne ich gelebte Solidarität.

Aber die Vietnamesen wollen mit den Blumenläden nicht nur friedliche Botschaften verbreiten. Sie wollen auch Brückenbauer sein. Man möchte einen Sinneswandel erzeugen, indem man Klischees zerschlägt, das vom asiatischen Restaurantbesitzer etwa. Es ist kein Wunder, dass Vietnamesen zu den am besten integrierten Zuwanderern in Deutschland zählen. Die zweite Generation Deutsch-Vietnamesen weist, ähnlich wie die der Deutsch-Koreaner, eine hohe Bildungsquote auf. Im Gegensatz zu den Deutsch-Vietnamesen sind die Deutsch-Koreaner schon auf dem Arbeitsmarkt. Dort erst wird sich zeigen, ob die Integration wirklich gelungen ist, ob vietnamesischstämmige Arbeitnehmer Wege in die Aufsichtsräte von DAX-Unternehmen finden und sie in der Politik als Delegierte fungieren.

Der vietnamesischstämmige Philipp Rösler, der mit neun Monaten von deutschen Eltern adoptiert wurde und seit der 17. Wahlperiode Wirtschaftsminister und Vizekanzler ist, gibt Mut.

IHR HABT DOCH EINEN!

hr habt doch einen!«, sagte der Mann während der Gesprächsrunde im ibero-amerikanischen Institut bei der Veranstaltung »Die Kunst, deutsch zu sein«.

»Ihr habt doch den Philipp Rösler!«, bekam ich von einer jungen Frau während der Diskussionsrunde meiner Lesung in Hamburg zu hören.

In diesen Tagen möchte ich mit Philipp Rösler nicht tauschen. Ist er doch von der Bundesregierung beauftragt, alle Asiaten in Deutschland zu repräsentieren, die Mitglied des 21 Staaten umfassenden Asiatisch-Pazifischen Wirtschafts-Kooperationsrates (APEC) sind.

Frank Plasberg stellte in seiner Sendung »hart aber fair« die These auf, dass vietnamesische Einwandererkinder in Deutschland Minister würden. Er sagte es so leicht und locker daher, wie ein routinierter Magier seine Hasen aus dem Zylinder hervorzaubert, als hätte die Gesellschaft nie ein Problem damit gehabt. Als repräsentativ für »vietnamesische Einwandererkinder« war Gesundheitsminister Philipp Rösler gemeint. Die Rechtskonservativen in Niedersachen haben Rösler liebevoll den Spitznamen »Chinese« gegeben, und seine Gegner nennen ihn auch mal die »gelbe Gefahr«.

Noch lange nach der Sendung diskutierten mein Freund

Felix und ich über Plasbergs Bierdeckelthese. Felix war der Auffassung, seine Redakteure hätten ihm schlampig zugearbeitet. Denn schon Röslers deutscher Vor- und Nachname verrieten, dass er so norddeutsch sei, wie ein Norddeutscher nur sein könne. Röslers braune mandelförmige Augen und schwarzen Haare sind Souvenirs, die ihn noch an seine Herkunft erinnern. Alles andere ist norddeutsch sozialisiert. Rösler ist Katholik und liebt Schlagermusik von Udo Jürgens. Und da liegt der Hase im Pfeffer. Kein einziges vietnamesisches Einwandererkind hört freiwillig Udo Jürgens. Es sei denn, die Eltern wollen das Kind foltern.

Auf die Frage nach seinen asiatischen Wurzeln sagt Rösler, Vietnam sei für ihn nicht mehr als »ein schönes Reiseland«. Im Jahr 2006 fuhr Rösler angeblich nur dorthin, weil seine Frau ihn drängte. Durch seine Adoption hatte Rösler andere Startbedingungen als vietnamesische Einwandererkinder. Plasberg wäre nahe an der Wahrheit gewesen, hätte er behauptet, Vietnamesen könnten unter der Voraussetzung in Deutschland Minister werden, dass sie sich von deutschen Eltern adoptieren lassen. Das hätte vermutlich dazu geführt, dass sich wieder Massen von Vietnamesen in hochseeuntaugliche Boote gesetzt hätten, um nach Deutschland zu emigrieren.

In dem »schönen Reiseland« feierte man Röslers Ernennung zum Gesundheitsminister wie das Tet-Fest. Mein vietnamesischer Änderungsschneider Long Bien an der Warschauer Straße, der nicht mit dem Boot, sondern per Flugzeug als Student in die damalige DDR gekommen war, blieb nach der Wende. Long Biens Augen strahlten, als er mir erzählte, durch Röslers Aufstieg hätten sich gute Zukunftsperspektiven für seine Kinder ergeben. Er selbst hatte damals Maschinenbau studiert und dabei die Liebe seines Lebens gefunden. Nach dem Abschluss wollte ihn keiner einstellen. Irgendwann war Long Bien es satt, auf seine Bewerbungen nur Absagen zu kassieren. Seine Frau machte ihn darauf aufmerksam, dass Nachwuchs unterwegs war. Er machte sich selbstständig, wie viele seiner Landsleute, wurde sein eigener Chef, um nicht mehr von der Gnade irgendwelcher Arbeitgeber abhängig zu sein.

Rösler ist ein Surrealist und hat etwas von Magrittes Pfeife, die keine Pfeife ist. Auch wenn Rösler sich selbst nicht als vietnamesischstämmigen Migranten sieht, so vergleicht er sich doch gerne mit einem Bambusrohr, das sich im Winde wiegt und nicht bricht. Dennoch ist Long Biens Freude über Röslers Ministerposten berechtigt. Es ist ein Fortschritt, dass eines von uns Schlitzaugen ein so hohes Amt bekleidet. Fritz, ein westfälischer Jazzmusiker, den ich zufällig bei einem Büchertrödel in einem Café an der Frankfurter Allee kennengelernt hatte, meinte, Deutschland befinde sich momentan in einer Phase der Akzeptanz, in der eine Nominierung, wie sie Rösler zuteilwurde, so lange toleriert würde, bis das Pendel wieder zu schwingen beginne. Dann fange wieder eine Zeit der Nichtakzeptanz an. Erst dachte ich, Fritz müsse etwas Illegales geraucht haben. Nur die Zeit wird es zeigen, ob sich Fritz' Theorie auch bewahrheitet. Ein Stück Wahrheit liegt in den Beliebtheitsumfragen zu Politikern, in denen Philipp Rösler regelmäßig einen der hintersten Plätze einnimmt. Aber einen 16. Platz von 20 Politikern aus der Bundesliga muss man erst einmal schaffen.

Ich jedenfalls bin noch stolzer darauf, dass Rösler als »Chinese«, als »Asian Man«, dem weltweiten Symbol für »unsexiest man alive«, das Herz einer einheimischen Frau erobert und mit ihr Kinder gezeugt hat. Das nenne ich Zukunftsmodell produktiver Integration.

BEGEGNUNG MIT PHILIPP RÖSLER

M ein Freund Wladimir und ich hatten uns einmal über den zum Vizekanzler aufgestiegenen Philipp Rösler unterhalten. Wladimir hatte Röslers Titel, wohl ungewollt und aufgrund seines russischen Akzentes, ins Lächerliche gezogen, und so wurde aus Vizekanzler Rösler ein »Witzekanzler«.

Ich erzählte Wladimir von meiner Begegnung mit Witzekanzler Rösler in der Landesvertretung von dessen Heimat Niedersachsen, wo ich ihm die Frage stellte, wie er zur Erhöhung des Migrantenanteils in den Bundesbehörden stehe. Rösler, das ist bekannt, ist ein Redetalent und beherrscht die freie Rede. Trotz seines fünfminütigen Monologs ist er mir, glaube ich, noch eine Antwort schuldig. In Deutschland, wie im wirklichen Leben, bekommt man, vor allem als Migrant, nur eine Chance. Rösler sollte der Bundesrepublik als asiatisches Vorbild dienen. Doch wer glaubt denn nun noch einem asiatisch aussehenden Politiker, wenn er seinen Mitbürgern verspricht: »Ab jetzt wird geliefert!« Wer möchte noch asiatisches Essen bestellen, mit dem unguten Gefühl, dass es zu spät oder gar nicht geliefert wird.

Bei einer Veranstaltung in Berlin zum Thema Integration ging ich auf Rösler zu. Ich fragte ihn, was er davon halte, wenn Migranten die Bringschuld erbracht und sich verfassungstreu gezeigt hätten und dennoch auf dem Arbeitsmarkt diskriminiert würden. Rösler sagte viel. Doch irgendwie verstand ich nur die Hälfte. Höflich verabschiedete ich mich von Rösler, der noch schnell mit zwei chinesischen Groupies ein Erinnerungsfoto machte. Ich ging zurück zu meinem Tisch, genoss den Wein und philosophierte mit der ehemaligen Ausländerbeauftragten Berlins, Barbara John, über Merkels Aussage, multikulti sei tot, und über anonymisierte Bewerbungsverfahren. Dann verließ ich die Veranstaltung.

Bei meinem Friseur in Friedrichshain las ich ein Interview mit dem in Vietnam geborenen Installationskünstler Danh Vo, der die Frage gestellt bekam, weshalb die Vietnamesen in Deutschland so gut integriert seien. Vo antwortete, diese Behauptung sei ein Mythos, und gab zu bedenken: »In der Politik bedeutet gelungene Integration, so wie ich das verstehe: Du machst nicht viel Lärm. Aber die meisten Vietnamesen sind in Wirklichkeit nicht integriert. Sie kreieren nur ihre eigene Luftblase. Die ist vielleicht nicht so sichtbar wie bei anderen ethnischen Gruppen.«

WIE IST ES DENN IN KOREA?

Nicht selten kommt es in meinen Lesungen vor, dass ich mich der Vergleichsfrage aus dem Publikum stellen muss, ob Migranten in Korea nicht ähnliche Erfahrung mit Diskriminierung machten wie die Koreaner in Deutschland. Generell freue ich mich über jede Frage, die mir gestellt wird, besonders von Menschen ohne Migrationshintergrund. Doch diese Korea-Deutschland-Frage hinterlässt bei mir einen faden Beigeschmack. Denn eigentlich wollen sie keine Antwort auf die Frage, sondern eine Bestätigung ihrer Vorurteile. Im Kern geht es bei der Frage darum, mir vor Augen zu halten, dass die Situation in »meinem« Land nicht besser sei als in Deutschland und ich deshalb froh sein solle, dass es nicht schlimmer ist. Dabei ignorieren die Menschen die Realität, dass ich seit dem Tag meiner Geburt ein Teil dieses Landes war.

Bei einer Lesung in Berlin saß Hyun-ok im Publikum. Sie beeindruckte mich, als sie bei der Diskussionsrunde mutig aufstand und das Mikrofon an sich riss. Hyun-ok holte tief Luft und begann zu erzählen: »Ich lebe seit gut vierzig Jahren in Deutschland und arbeite hier schon immer als Krankenschwester. Es tut sehr weh, wenn Patienten oder Familienangehörige auf mich zukommen und mir die Frage stellen, wo sie denn hier eine Krankenschwester finden können, obwohl sie mich in voller Arbeitsmontur sehen. Ich sage ihnen dann immer, dass eine vor ihnen steht. Oft sind sie darüber verwundert. Die Deutschen können so begeisterungsfähige Menschen sein, wenn sie wollen. Gerade bei der Begegnung mit Hunden werde ich Augenzeuge dieser Begeisterungsfähigkeit. Bei dem leisesten Anblick eines Hundes lassen manche alles fallen und liegen, so dass ich mir schon oft die Frage gestellt habe, warum die Deutschen sich nicht so euphorisch und herzlich über uns freuen können? Es ist ja nicht so, dass wir versuchen wollen, sie anzuspringen und abzuschlecken!«

Hyun-oks Worte beschäftigten mich noch lange nach der Lesung. Vielleicht ist es an der Zeit, Hilfe zur Selbsthilfe zu leisten. Von mir aus kann jeder Tag Karneval sein. Schließlich bin ich aus Nordrhein-Westfalen. Warum also nicht im Namen der Integration den Versuch starten, in Hundekostümen rumzulaufen. Der Zweck heiligt schließlich die Mittel. Wenn wir damit die Integration im Land ein Stück voranbringen und Treuepunkte bei den Einheimischen sammeln können, dann würde ich sogar als ein verkleidetes Pokémon herumlaufen. Auch sind die Menschen den Schlümpfen gut gesinnt, obwohl die blau, klein, fett und hässlich sind. Die Simpsons sind seit über zwei Jahrzehnten Kult in Gelb.

Träumen darf wohl noch erlaubt sein im Land der Dichter und Denker.

KULINARISCHE INTEGRATION UND BOXENAUFSTAND

In Berlin ist ein regelrechter Boxenaufstand entbrannt. Die China-Box hat harte Konkurrenz bekommen. Die Vietnamesen fordern die China-Box mit ihrer Viet-Box zum Duell heraus, die Türken mit der Döner-Box und die Thailänder mit der Thai-Box. Vor allem die Thai-Frauen befassen sich seit geraumer Zeit mit Berufsneuorientierungsmaßnahmen. Die Thai-Frauen haben es satt, als Sexobjekte degradiert zu werden. Obwohl sie klassische Thai-Massagen anbieten, werden sie immer wieder von lüsternen Einheimischen heimgesucht. Bei mir um die Ecke hat ein Thai-Massagesalon am Fenster ein Hinweisschild angebracht mit der Aufschrift: »WIR BIETEN KEINE EROTISCHEN MASSAGEN AN!!!«, und das Ganze fett gedruckt, in Großbuchstaben und mit drei Ausrufezeichen versehen.

Alle versuchen sie, den bislang unangefochtenen Boxweltmeister in die Knie zu zwingen. Die Einheimischen wollen sich in die auswärtigen Angelegenheiten nicht einmischen und haben gleichwohl humanitäre Hilfe angeboten. Allianzen werden geschmiedet und privilegierte Mitgliedschaften geschlossen. So haben die Vietnamesen und Thailänder zu einer Viet-Thai-Box fusioniert. Als Wiedergutmachung für die enttäuschten

Kunden, die keine erotischen Massagen bekommen, hat man eigens ein Deutsch-Thai-Menü kreiert – Spargel mit Ente kross. Die Türken hingegen stellen vermehrt weibliche vietnamesische Führungskräfte für ihre Imbissstände ein. Zu behaupten, die Türken seien integrationsunwillig, ist schlichtweg falsch. Mein Bekannter Achmet, ein bekennender *Asian-phil*, lässt seine Frau alle Mahlzeiten in stäbchengerechte Häppchen schneiden. Die Türken zeigen, wie erfolgreiche Arbeitsmarktintegration von Migranten funktioniert, ohne den Bedarf einer gesetzlichen Quotenregelung.

Mein Bekannter Manfred, ein Ur-Kreuzberger, wurde einmal von zwei Touristen gefragt, wo es ein gutes deutsches Restaurant gebe. Manfred überlegte kurz und antwortete dann: »Ich kann euch einen guten Thai empfehlen, auch einen guten Türken und einen fantastischen Araber. Aber deutsche Restaurants sind hier Mangelware!« Vielleicht hat es auch seine positiven Seiten, dass es kaum noch deutsche Restaurants gibt. Denn wer kann sich schon sein geliebtes Eisbein in einer Box vorstellen?

Hinter dem Lächeln der Asiaten verbergen sich knallharte Geschäftsleute. Dass die einheimischen Deutschen unter den vielen asiatischen Gruppen nicht unterscheiden können, wird gnadenlos ausgenutzt. Selbst ein übermütiger türkischer Kebab-Imbissbesitzer an der Warschauer Straße versuchte neulich, sich als »Asiate« zu verkaufen, und bot neben Lahmacun und Döner auch China-Pfanne an. Aber die Leute kauften es ihm nicht ab. Das Auge isst bekanntlich mit. Nur wenige Wochen später strich er die China-Pfanne mit einem schwarzen Marker mangels Nachfrage aus seinem Sortiment. Am Alexanderplatz war ein türkischer Imbissbesitzer einfallsreicher. Er versah sein Döner & Pizza Werbeschild mit den Farben der italienischen Nationalflagge.

Mein Bekannter Cem, der für den alevitischen Fernseh-sender Yol TV in Köln arbeitet, gab zu, dass die Türken vor Jahrzehnten koreanische *Mandus* (Teigtaschen) zu türkischen *Mantis* (Maultaschen) assimiliert hätten. Nicht immer, aber immer öfter gilt der altbekannte Spruch: »Schuster, bleib bei deinen Leisten!«

Die Imbisse und Restaurants der Vietnamesen sind in Wirk-lichkeit große Versuchslabore, und die ahnungslosen Deut-schen dienen als Laborratten der waghalsigen kulinarischen Experimente. Dort wird mit der japanischen, thailändischen, malaysischen und chinesischen Küche experimentiert, dass die betroffenen Länder froh sein können, intakte diplomati-sche Beziehungen zu haben.

»Die Vietnamesen haben einen schlechten Geschmack und können keinen guten Thai-Curry herstellen«, monierte mein Bekannter, der aussieht wie Kung-Fu Panda und einen Thai-China-Imbiss an der Voigtstraße betreibt. Er gibt den Vietna-mesen die Schuld daran, dass viele China-Restaurants mit ih-ren chinesischen Besitzern Pleite gegangen sind.

»Armes China, alle wollen sie etwas von seinem goldenen Reistopf nehmen«, sagte er und fügte hinzu: »Die Vietnamesen plagiieren die chinesische Küche und nicht umgekehrt! Jetzt haben die schon aus der China-Box die Viet-Box gemacht«. Er selbst sei halb Chinese und halb Thai, in Laos geboren und aufgewachsen. Nach Deutschland sei er 1979 gekommen, weil er nicht irgendwann dank einer amerikanischen Landmine Hände und Füße verlieren wollte. In Deutschland könne er sich ohne Angst frei fortbewegen. Das Einzige, worauf er hier hin und wieder mal trete, seien die Hinterlassenschaften von Vierbeinern. »Das ist aber mit weitaus weniger Schmerzen ver-bunden und bringt schließlich Glück«, sagte er zu mir.

Mein Bekannter ist überzeugt, dass er den besten Curry macht. Sogar der Schauspieler Dirk Bach habe ihn in seinem Imbiss besucht. Stolz zeigte er mir das Beweisfoto. Die meisten deutschen Gäste wüssten seine Thai-China-Kochkünste aber einfach nicht zu schätzen, sagte er. Immer bestellten sie nur Nr. 86 China-Pfanne. »Kulinarische Abenteurer sind die Einheimischen nicht wirklich«, sagte er seufzend und steckte sich dabei eine Zigarette an.

Wenn mich die Faulheit heimsucht und ich genug von meinen eigenen Kochexperimenten habe, dann bin ich gerne Gast in seinem Imbiss in der Voigtstraße und bestelle mir seinen Thai-Curry. Der schwere Geruch der Eierspeisen und gebratenen Fleischspieße erinnert mich ein wenig an Seoul. Sowieso erinnert er mich an die typischen Köche aus Korea, die sich im Hintereingang des Restaurants bei einer Zigarettenpause in die Hocke setzen, grimmig in die Welt schauen und darüber sinnieren, was sie da wohl gerade verarbeitet haben. Um meinen Bekannten nicht unnötig aufzuregen, erzählte ich ihm nicht von dem Boxenaufstand, der draußen stattfindet, und dass die Türken ihre Döner-Box haben und die Vietnamesen aus der China-Box eine neutrale Asia-Box gemacht haben. Denn wo Asia draufsteht, kann schließlich asiatisches Allerlei drin sein. Stattdessen erzählte ich ihm von meiner Begegnung mit einer Vietnamesin, die in einem chinesischen Gewand in einer China-Box an der Badstraße im Wedding arbeitet. Von 10 Uhr morgens bis 21 Uhr abends steht ein türkischer Obstverkäufer in unmittelbarer Nähe vor dem Eingang der China-Box und schreit sämtliche Obstnamen, die er in seinem Sortiment zum Verkauf anbietet: »Erdbeere lecker! Ein Öro, ein Öro, ein Öro! Hallo! Hallo! Hallo! Bitte schön, bitte schön, bitte schön. Tomaten, Tomaten, ein Öro, ein Öro, ein

Öro. Hallo! Hallo! Hallo! Bitte schön, bitte schön, bitte schön.« Die vietnamesische China-Pfannen-Verkäuferin muss das Geschrei des türkischen Obstverkäufers sechsmal die Woche, 11 Stunden am Tag ertragen. Mit schlechter Laune behandelt sie dementsprechend ihre Kunden und macht dem Ruf der asiatischen Anpassungsfähigkeit alle Ehre, indem sie beim Abkassieren sagt: »China Box! Drei Öro!«

In Berlin liegt die Integration der asiatischen Küche in den fleißigen Händen der Vietnamesen. Viele Asiaten sind sich wahrscheinlich nicht bewusst, wie viel auf dem Spiel steht. Die Sympathie in der einheimischen Gesellschaft steigt und fällt mit der Küche des jeweiligen Landes. Essen kann tatsächlich helfen, Vorurteile abzubauen, Brücken zu schlagen und Werte zu vermitteln. Wenn die Vietnamesen schlechtes Sushi anbieten, wird der Verbraucher nur Schlechtes von Japan denken. Das Gleiche gilt für das Thai-Curry, die Peking-Ente und neuerdings für türkische Pizzen.

Ich habe einen Vietnamesen an der Jannowitzbrücke entdeckt, der neben seiner China-Pfanne auch hausgemachte Lahmacun und frische Köfte anbietet. Mir können die vietnamesischen Imbissbetreiber nichts vormachen. Ein Blick, und ich weiß, über welche kulinarische Kompetenzen sie verfügen. So, wie sie wissen, wer ich bin, weiß ich, wer sie sind. Noch sind die Vietnamesen nicht bis zur koreanischen Küche vorgedrungen. Im Moment halten die Koreaner ihr kulinarisches Schicksal in ihren eigenen Händen. Doch die Vietnamesen stehen kurz davor, so wie die Osmanen einst vor Wien standen. Bis dahin begnügen sie sich damit, koreanische Lebensmittel in ihren Asia-Märkten zu verkaufen, wie im Mekong am Hackeschen Markt. Ich finde den Ort äußerst spannend. Im Hintergrund läuft koreanische Popmusik, und die vietnamesischen Verkäuferinnen tragen Schürzen mit koreanischen Schriftzügen und spielen den Part der koreanischen *Ajummas*. Aus Neugier habe ich die Kassiererin einmal gefragt, ob sie wisse, was auf ihrer Schürze stehe. Sie zwinkerte mir nur zu und fragte mich, ob ich Koreaner sei.

Ich blieb sehr nett zu ihr, denn ich weiß, dass der Tag naht, an dem die Vietnamesen auch die koreanische Küche unterwandern werden. Ich hoffe, meine Nettigkeit wird einen Beitrag dazu leisten, die koreanische Küche so teuer wie nur irgend möglich zu verkaufen.

GERMAN CULTURAL DESIGNER

Der Begriff Toilettenputzer hat etwas Menschenverachtendes. Reinigungskraft oder Raumpfleger wertet den Beruf nicht gerade auf. Es ist nur allzu menschlich, diese Berufskategorie in die unterste Schublade zu stecken. In Korea hat man aus der Not eine Tugend gemacht. Denn durch den extremen Bildungshunger werden zwar Massen an Wissenschaftlern und Akademikern produziert, die aber keine Lust verspüren, Bücher mit einem Wischmopp auszutauschen. Deshalb nennt man Reinigungskräfte Clean-Designer (CD). Manchmal sind Anglizismen doch sehr nützlich. Bei Clean-Designer denkt keiner mehr so schnell an Wischmopp, Zitrusduft und billige Arbeitskraft. Vielmehr hat es etwas von einem ehrenwerten Job, geradezu akademisch, der sich auf einer Visitenkarte elegant machen würde. Keinem wäre es da noch unangenehm, auf die Frage nach seinem Beruf zu antworten. Aus persönlicher Erfahrung weiß ich zudem, dass das Saubermachen von Toiletten eine wahre Kunst für sich ist, und der Titel Designer ist gerechtfertigter als so manch dubioser Doktortitel, der in unserer Gesellschaft im Umlauf ist.

Mensch mit Migrationshintergrund bzw. Mensch mit Zuwanderungsgeschichte, kurz »MmM« oder »MmZ«, ist zurzeit die charmanteste Form, einen deutschen Mitbürger wie mich zu bezeichnen. Der Titel verfügt über eine Zwei-in-einem-Funktion. Auf der einen Seite soll der Begriff nämlich Schutzwall sein und gleichzeitig unsere Würde als Mensch wahren. Mit der Bezeichnung kann man sich leider nichts kaufen, gesellschaftlich aufsteigen oder reich werden. MmM ist wie das »J« im Stempel, wie mein Freund, der Rabbiner Isaak sagen würde, und schließlich sei man kein Rind aus der Herde, das man zu Identitätszwecken brandmarken müsse. »Manche Juden hat man mit der Kennzeichnungspflicht in Deutschland erst zu Juden gemacht, so wie man es heute mit den MmM tut«, fügte Isaak hinzu.

Wenn ich an MmM denke, muss ich automatisch an die Sendung »XY Ungelöst« denken. »XY Ungelöst« war ein treuer Begleiter meiner Kindheit und gehörte zum Pflichtprogramm meines Vaters. Er schaute sich die Sendung gemeinsam mit uns an. Damit verfolgte Vater seine eiserne Guantánamo-Politik. Die Sendung nahm er als Vorwand, uns zu ermahnen, nicht nach Einbruch der Dunkelheit das Haus zu verlassen. Vermutlich fürchtete Vater unsere zunehmende Empfänglichkeit für deutsche Leitkultur. Je mehr wir mit der Außenwelt in Kontakt traten, desto stärker erfolgte der Abbau der koreanischen Kultur. Vaters Ziel verfehlte seine Wirkung nicht. Nach der Sendung waren wir so verängstigt, dass uns jegliches Streben nach Freiheit blitzartig verließ. In unserer Psyche kannte sich Vater, der koreanische Sigmund Freud, gut aus. Es war nicht die kalte Dusche, vor der mir graute, wenn Vater mich dabei erwischte, wie ich beim Lernen schlief, sondern Vaters psychologisches Spielchen davor. Denn Vater ließ es sich nicht nehmen, daraus ein Schauspiel zu veranstalten. Wie ein Henker im Mittelalter ging Vater auf dem Weg zur Dusche hinter mir her. Ohne den Beistand Gottes war

ich meinem Schicksal allein ausgeliefert. Vater hatte die Angewohnheit, den Wasserhahn mit Warmwasserzufuhr so fest zu-
zudrehen, dass er einem sofort jede Hoffnung nahm, es könne
auch nur ein kleiner warmer Tropfen herauskommen. Danach
drehte Vater das Ventil mit Kaltwasser so weit auf, dass ich mir
vorkam, als stünde ich vor den Niagarafällen. Ich hasse deutsche Qualitätsprodukte. Denn nie geben sie den Geist auf,
wenn es darauf ankommt.

Wer ist bloß dieser Christopher Kolumbus von Namensge-
ber? Als höflicher MmM möchte ich mich bei meinem Ent-
decker persönlich bedanken und ihn mit Lorbeeren über-
schütten. In der Politik versteht jeder unter dem Begriff
Migrationshintergrund etwas anderes. Für die Konservativen zählt die Epoche der Völkerwanderung dazu, die mit den
Goten anfängt. Demzufolge hat jeder Mensch einen Migrationshintergrund. Schließlich, so sagt man, liegt die Wiege der
Menschheit in Afrika. Der Duden definiert Migrationshintergrund als »Kind bzw. Enkelkind von Migranten zu sein«.
Nach Definition des Statistischen Bundesamtes haben Ausländer, im Ausland Geborene und nach dem 1. Januar 1950
Zugewanderte, Eingebürgerte sowie Kinder, bei denen mindestens ein Elternteil ohne deutschen Pass ist, einen Migrationshintergrund. Auch der in Deutschland geborenen dritten
Generation wird ein Migrationshintergrund zugeschrieben.
Eine Überprüfung der Definition sollte im Jahr 2010 erfolgen. Bis dahin stand es den Ländern frei, eigene Definitionen
zu verwenden.

Mit dem Quasi-Schengen-Abkommen für den Begriff
MmM ist demnach allerlei Tür und Tor geöffnet. Im Land
der Ideen, der Vordenker und Visionäre geizen die Menschen
nicht mit ihren Phantasien. »Wer bin ich – und wenn ja, wie

viele?«, fragte sich schon der Philosoph Richard David Precht. Precht benötigte rund 400 Seiten, um diese Frage zu beantworten, und wurde steinreich dabei. Ich hingegen brauche nicht einmal einen Satz, um mich zu erklären. Optisch bin ich den 15,7 Millionen Ausländern zugeteilt und juristisch den 62,2 Millionen.

Mein Freund Ahmet äußerte bei einem Treffen der Brückenbauer am Wannsee den Wunsch, man solle Wortneuschöpfungen wie »Mensch mit Zuwanderungsgeschichte« oder »Mensch mit Migrationshintergrund« in Zukunft lieber selbst prägen und definieren, statt sie sich diktieren zu lassen. Ich stimme Ahmet zu, unter der Bedingung, dass bei der Namensfindung auch Statistiker der Bundesagentur für Arbeit berücksichtigt werden, die für die Arbeitslosenzahlen zuständig sind. Denn sie verfügen über das eindrucksvolle Talent, Dinge schönzureden. Aber auch chinesische Restaurantbesitzer sollten der Multikulti-Show halber mit einbezogen werden. Wer seine Restaurants mit Namen wie Ding Dong, Hong Peng, Poo Ping Palast, Hung Long, Mickey Mao's, Golden Mousse oder »Bangkok Treffpunkt – thailändische Spezialitäten« benennt, der muss nur so vor Kreativität sprühen. Beim Restaurant »Bangkok Treffpunkt – thailändische Spezialitäten« ist der Name allerdings zum Problem geworden. Egal, wie gut das kulinarische Erlebnis war, eine Handvoll lüsterner Männer verlässt regelmäßig enttäuscht den Laden. Sie hatten wohl andere Vorstellungen.

Außerdem wäre ich für die Einbindung der Marketingleute von Dildoking, eines Spielzeugunternehmens für Erwachsene. Das müssen wahre Genies sein. In Lichtenberg wirbt das Unternehmen an einem Gebäude, hinter dem in unmittelbarer Nähe ein riesiger Schornstein aufragt. Aber auch die Marketingleute der Berliner Stadtreinigung sind nicht ganz ohne. Mein Bekannter Mehmet arbeitet seit geraumer Zeit für die Berliner Stadtreinigung. Auf die Frage, wie er dazu kam, dort anzuheuern, antwortete Mehmet: »Irgendwo haben die mal mit dem Slogan ›Eine *Wischenschaft* für sich‹ geworben! Mein Traum war es schon immer einmal, *Wischenschaftler* zu sein!«

Deutsche Sprache, schwere Sprache, dachte ich nur.

Als ich neulich mit meinem Fahrrad am Restaurant »Bangkok Treffpunkt – thailändische Spezialitäten« vorbeifuhr, prangte ein riesiges Plakat an der Eingangstür, wie man es sonst nur von Demonstrationen kennt. Der Koch und der Restaurantbetreiber müssen kurz davor gewesen sein, das Handtuch zu schmeißen. Ihr Frust ließ sich deutlich ablesen auf dem Plakat: »Wir kochen mit der Natur und legen großen Wert auf frisches Gemüse und Fleisch, ohne Glutamat in unseren Gerichten!« Das ist die richtige Einstellung, dachte ich mir. Damit ist der Grundstein gelegt, damit die Kunden begreifen, dass hinter ihrer Küche auch nichts anderes gemacht wird als Gemüse klein geschnitten und Fleisch gebraten, und das alles frei von Glutamaten.

Ich bin neugierig darauf, wie sich die Bezeichnung unseresgleichen über die Zeit entwickeln und vor allem, wer sie prägen wird. MmM kann kein Ist-Zustand sein. Meine momentanen Vorschläge wären Analog-Deutscher (AD), Deutscher mit gen-modifizierten Organismen (DGMO) oder aber German Cultural Designer (GCD). Man stelle sich nur vor, es könnte so schön heißen: »In diesem Analog-Deutschen sind nur Spuren von deutschen Wurzeln enthalten. Diese wurden durch evolutionäre Prozesse entwickelt.« German Cultural Designer hört sich edler an, arrivierter, wie der koreanische Clean-Designer. Der Begriff ist wie ein polizeiliches Führungszeugnis ohne Vorstrafen, wie eine Schublade ohne Klischeedenken, und Deutschsein ist eine zeitgenössische Kunst. Er schreit förmlich nach Verfassungskonformität, vielen Steuern und Integrationswillen.

Meine Bekannte Ana, die einen serbischen Hintergrund vorzuweisen hat, bezeichnet sich selbst als unsichtbare Deluxe-Migrantin und mich als sichtbaren Edel-Migranten. Andere Optionen wären U-Boot oder Premium-Migrant. Wie immer man sich auch entscheiden mag, ich habe die Hoffnung, dass das, was uns in Zukunft kennzeichnet, Türen öffnet, gute Noten ermöglicht, Gymnasialempfehlungen ausspricht, Popularität bei Frauen zusichert, zu gut bezahlten Jobs verhilft.

Bei mir um die Ecke gibt es einen Supermarkt. Seit Ostern arbeitet dort auch eine asiatische Mitarbeiterin. Ich vermute, dass sie thailändische Wurzeln hat. Aus Neugier hatte ich mich in ihre Kasse eingereiht und nahm dafür eine viel längere Schlange in Kauf. Als ich an der Reihe war, konnte ich nicht anders, als auf ihr Namensschild zu schauen. Es stand »Frau Kuckuck« drauf. Ich dachte an ihre Kinder, an die Grausamkeit der Menschen und versuchte, wie es einem Kunden nur möglich ist, so nett wie möglich zu sein.

Was mich anbelangt, so muss ich bei der Wahrheit bleiben. Ja, ich bin ein Mensch mit Migrationshintergrund, aber allen voran ein MmE – ein Mensch mit geringem Einkommen.

CHINESEN SIND KEINE KOREANER

Mein Kollege aus dem Bundestag, Thorsten, ein Berliner Original, musste einmal einer irakischen Familie bei ihrem Visumsantrag helfen. Von der irakischen Botschaft kam Thorsten sichtlich traumatisiert zurück. Er legte die Tasche ab, behielt die Jacke an, atmete tief aus und ließ sich in den Stuhl vor seinem Schreibtisch fallen. Besorgt fragte ich, ob es ihm gut gehe. Er müsse einmal kurz durchatmen, antwortete Thorsten und wischte sich im tiefsten Winter den Schweiß von der Stirn.

»Ich habe Dinge gesehen«, fing Thorsten an zu erzählen, »die ich nie für möglich gehalten habe. Fäuste flogen kreuz und quer durch die Gegend, Menschen wurden abgeführt, mal wurde heftig diskutiert, mal weniger heftig, und danach wurde es oft totenstill«, sagte er. Wegen seines Exotenbonus habe man ihn möglicherweise von diesen rabiaten Umgangsformen verschont. Er sei froh, dass er unversehrt aus der Botschaft herausgekommen sei.

Ich erzählte Thorsten, dass meine Besuche in der koreanischen Botschaft bislang immer sehr zivilisiert abgelaufen seien. Noch lange nach seinem Besuch in der irakischen Botschaft sprach Thorsten über die Dinge, die er dort erlebt hatte.

Es muss im Sommer gewesen sein, als unser Chef mir die

Order gab, seinen Lieblingspfarrer und eine kleine Schülergruppe aus dem Wahlkreis bei ihrer Demonstration für die Menschenrechte vor der chinesischen Botschaft am Märkischen Ufer in Berlin zu unterstützen. Ausgerechnet mich musste es treffen, dachte ich mir. Schließlich müsse einer vor Ort sein, falls es zu Problemen mit der Botschaft käme, erklärte der Chef, als ich ihm meine Bedenken darlegte. Und schließlich ist man doch dem Chef unterlegen. Also machte ich mich auf den Weg.

Vor dem riesigen Gebäudekomplex der Botschaft waren bereits der Pfarrer und die Schülergruppe eingetroffen, die mit Transparenten und Plakaten ausgestattet waren und diese gut sichtbar hochhielten. Natürlich durfte das Jesu-Kreuz nicht fehlen. Es sollte ein Kreuzzug werden im Namen der Menschenrechte. Medienvertreter von n-tv bis N24 waren auch vor Ort, um die Demonstration mit der Kamera für die Nachwelt festzuhalten, und ich war weit und breit der einzige Asiate, mittendrin, statt nur dabei. Die Schülergruppe warf mir mitleidige Blicke zu, wie man sie sonst nur von den traurigen Spendenaufrufen für Kinder aus der Dritten Welt kennt. Der Pfarrer stellte sich neben mich und fing an, den Ablauf der Demonstration zu erklären. Er drückte mir eine selbstverfasste Resolution in die Hand, die an den Botschafter gerichtet war und ihn aufforderte, alle politischen Gefangenen aus der Demokratiebewegung zu befreien, die Menschenrechte und die Charta der Vereinten Nationen einzuhalten. Dann forderte der Pfarrer mich auf, mich der Schülergruppe und den Medienvertretern vorzustellen. Als ich sah, wie die Reporter langsam ihre Kameras auf mich richteten, musste ich schnell handeln, so schnell, wie Lucky Luke seinen Revolver zieht.

»Erst einmal möchte ich betonen, dass ich kein Chinese

bin!«, sagte ich hastig in die Runde. Die Enttäuschung über meine Worte konnte ich den Reportern förmlich vom Gesicht ablesen. Blitzartig wandten sie ihre Kameras von mir ab. Wahrscheinlich hatten sie eine karrierefördernde Story gewittert mit einem Chinesen, der sich für die Menschenrechte in seinem Land einsetzt und sich gegen seine Regierung aufbäumt. Ich war erleichtert – auch wenn die Reporter und Schüler mich keines Blickes mehr würdigten –, dass meine fünfzehn *Minutes of Fame* nicht auf Kosten der Chinesen gingen.

Die Diaspora der Chinesen ist die größte der Welt. Von den 1,3 Milliarden Chinesen leben etwa 33 Millionen im Ausland. Allein in Deutschland beziffert das Bundesstatistikamt die Zahl der Chinesen auf rund 80.000. Mein kamerunscher Freund Karim, der für die Sicherheit eines Lebensmitteldiscounters in Berlin verantwortlich ist, wundert sich, wie sich die Chinesen trotz der Ein-Kind-Politik derart multiplizieren konnten. Denn jedes Mal, wenn er Chinesen danach fragt, ob sie Geschwister hätten, beantworten sie die Frage mit »Nein«. Bei seinen Landsleuten sei es so, dass sie nicht selten bis zu sieben Geschwister hätten. Dennoch kommt Kamerun nur auf eine mickrige Einwohnerzahl von etwa 19 Millionen.

»Manche Begegnungen mit Chinesen waren sehr kurios«, meinte Karim. Einmal kam es vor, dass ihn ein Chinese bei der Begrüßung von oben bis unten begutachtete und anschließend ein Foto von seinen Schuhen machte. Später fand Karim heraus, dass der Chinese ein Schuhhersteller war und allein im Jahr 2000 von seinen schwarzen Turnschuhen über 300.000 Paar produzierte. Seines Erachtens seien sowieso alle 80.000 Chinesen, die in Deutschland leben, Spione. Die Chinesen, die sich als Touristen ausgeben, sowieso.

»Welche normalen Touristen laufen mit hochprofessioneller Fotoausrüstung herum, mit Teleobjektiven, die eine Reichweite von über 100 Metern haben?«, fragte Karim. Karim ist davon überzeugt, dass dahinter ein rein wirtschaftliches Interesse steckt. »Weißt du«, sagte Karim, »die Chinesen sind schlaue Menschen, die können sogar aus Plastikflaschen Winterkleidung herstellen.« Er kenne Chinesen, die in deutschen Unternehmen als kleine Praktikanten gearbeitet hätten, nach einer gewissen Zeit kündigten, ihre Zelte in Deutschland abbrachen, zurück nach China gingen und steinreich wurden. Er sei der festen Überzeugung, dass China Amerika als Wirtschaftsmacht bald ablösen werde und dass in wenigen Jahrzehnten Englisch eine tote Sprache sei und Chinesisch sich als Weltsprache etabliere.

Ich erklärte Karim, dass die Chinesen von Natur aus neugierige Menschen seien, da im Reich der Mitte eine strenge Zensur herrsche, zum Beispiel im Internet. Es kann ihnen doch keiner verübeln, dass sie Wissen austauschen möchten, was nach westlichem Vorbild zu einer besseren Völkerverständigung führen soll. Nichtsdestotrotz beharrt die Bundesregierung bei der Anwerbung von IT-Leuten darauf, dass diese aus Indien kommen.

»In letzter Zeit habe ich bemerkt, dass sehr viele Türken in asiatischen Restaurants unterwegs sind und sich vor allem die China-Pfanne bestellen«, sagte ich zu Karim. Ich habe einen Verdacht, den ich hier nicht laut aussprechen möchte. Nur eines ist klar: Die Rezeptur ist ein gut gehütetes Geheimnis.

Vor ihrem Rückflug nach Korea sollte meine Bekannte Ji-won ein deutsches Pflegeprodukt für ihre Schwester kaufen, die per Handy aus Korea eine MMS geschickt hatte, in der das gewünschte Produkt abgelichtet war. In einer Apotheke am Alexanderplatz holte Ji-won ihr Handy heraus, schaute

sich noch mal das Bild der Schwester an, um sich zu ver-
gewissern, und begann, jedes Regal nach dem Produkt zu
durchsuchen. Hinter uns fing plötzlich der junge Apotheker
an, sich lautstark mit seiner Kollegin über uns aufzuregen.

»Jetzt fotografieren die schon unsere Produkte! Wahrscheinlich wollen die billige Plagiate produzieren!«

Ich holte tief Luft, bevor ich mich zum Apotheker um-
drehte, der dabei erschrak, und erklärte ihm, dass wir keine
Chinesen seien, sondern Sizilianer und er mit seiner respekt-
losen Behandlung unsere Intelligenz beleidige. Ich sagte dem
Apotheker, dass er doch Größe zeigen und ein Sizilianer von
Mann sein solle.

Ji-won und ich gingen in eine andere Apotheke, wo wir als
Chinesen und Industriespione willkommen waren, wo die
harte Währung unsere Herkunft in den Hintergrund rückte.

Dieses Erlebnis stimmte mich nachdenklich – ich stellte mir
die Frage, wie man den Menschen vermitteln kann, dass nicht
überall, wo China draufsteht, auch China drin ist.

EINBÜRGERUNGSTEST

n Deutschland finden rund 70.000 Briefe und 2.000 Päckchen täglich ihren Adressaten nicht. Bei den Wahlberechtigungen, die kurz vor den Wahlen per Post zugeschickt werden, ist es anders, sie verschwinden komischerweise nur in den wenigsten Fällen im Nirwana. Trotz der steigenden Zahl untypischer deutscher Nachnamen, lassen sich die Postboten nicht beirren. Denn nicht der Name zählt, sondern die Adresse. Auch in unserem Briefkasten daheim fanden wir termingerecht fünf Wahlberechtigungen vor. Diese tristen Briefe in traurigem Grau machen schon den Anschein, dass dort nicht viel zu holen ist, vermutlich ist das auch einer der Gründe, weshalb alle Briefe ihren Empfänger erreichen. Seit unserer kollektiven Einbürgerung 1993 fanden die Wahlberechtigungsbriefe immer zu uns nach Hause.

Vater nimmt seine Pflichten als deutscher Staatsbürger sehr ernst. Ein Bekenntnis zur deutschen Werteordnung von Vater bestand darin, mir auf Koreanisch zu erklären: »In Deutschland musst du deutsche Autos kaufen!« Er traute den koreanischen Autos nicht über den Weg, so wie der koreanischen Politik.

Neuer Pass, neues Glück, muss er sich gedacht haben, nachdem er in seiner alten Heimat nur schlechte Erfahrungen mit der Politik gemacht hatte. Als Inhaber eines koreanischen Passes hatte Vater nicht viel übrig für die Politik, weil die Menschen am Ende immer enttäuscht seien.

Mit 25 Jahren hatte ich meinen Master of Arts in International Relations von der Universität Kent at Canterbury in der Tasche. Ich war voller Hoffnung, dass mich meine zwei akademischen Grade in Politikwissenschaften aus zwei verschiedenen Ländern im Leben weiterbringen würden. Vater machte sich Sorgen, weil er mit Politikwissenschaften nur eine brotlose Zunft verband und Politiker als Taugenichtse sah, die außer ihren rhetorischen Fähigkeiten, mit denen sie die Menschen hinters Licht führten, nichts vorzuweisen hätten. Mit dem deutschen Pass und dem Neuanfang in dem schon lange zur Heimat gewordenen Land wollte Vater auch den deutschen Politikern eine neue Chance geben und fortan als treuer Wahlgänger seinen kleinen Beitrag dazu leisten. Mittlerweile hat Vater so etwas wie eine Neigung zur Politik entwickelt. Seitdem Vater mich als Politologen akzeptiert, schaut er sich regelmäßig die »Tagesthemen« an, und geschichtliche Dokumentationsfilme auf Arte und Phoenix gehören zu seinem Tagesablauf dazu.

Ich wurde zwar nie dazu aufgefordert, aber Vater redete mir dank seines Pflichtbewusstseins als deutscher Staatsbürger ins Gewissen, und so beschloss ich, den Einbürgerungstest online nachzuholen. Mir wurde die Staatsbürgerschaft geschenkt, weil ich hier geboren wurde und lange genug hier lebte. Das erschien mir aber wie ein Trostpreis oder, schlimmer noch, wie ein Werbegeschenk. So eine einfache Anerkennung, ohne eine wirkliche Leistung erbracht zu haben, grenzte fast schon an eine Beleidigung meiner Intelligenz. Ich wollte mich der Herausforderung stellen und mir den roten Pass in B7-Format und mit Bundesadler verdienen. Beim Einbürgerungstest müssen 17 von 33 Fragen richtig beantwortet werden, um die Prüfung erfolgreich zu absolvieren. In rund zehn Minuten schaffte ich es, von den 33 Fragen 32 richtig zu beantworten, ohne einen Tropfen Schweiß zu verlieren. Nur über die Frage, ob in Deutschland jeder über gleich viel Geld verfügen sollte, stolperte ich. Mein Gefühl wurde jedoch bestätigt, dass ich durch und durch ein wahrer Deutscher bin. Und weil ich schon dabei war, wollte ich noch gleich den Einbürgerungstest für Österreich machen, nicht aus Loyalitätskonflikten, sondern aus Spaß an den Einbürgerungspuzzlespielen. Doch schnell fand ich heraus, dass ich als Österreicher nichts taugte.

Mit der Wahlberechtigung in der Hand ging unsere Familie stets geschlossen zum Wahllokal. Wir gehörten zu den rund acht Millionen Deutschen mit Migrationshintergrund, die wahlberechtigt waren. Sogar unsere Collie-Hündin musste mit. Die Abgabe des Stimmzettels war für uns spektakulär, auch wenn die Mitarbeiter an der Wahlurne uns erstaunte Blicke zuwarfen, wenn gleich fünf Koreaner samt Hund vor ihnen auftauchten.

Ich weiß nicht genau, was es ist, aber alle vier oder fünf Jahre bei den Bundestags- und Landtagswahlen erfreuen wir uns daran, erinnert zu werden, welche Staatsangehörigkeit wir haben. Nach den Wahlen gerät unsere Zugehörigkeit ein wenig in Vergessenheit, vor allem bei unseren deutschen Landsmännern. Es ist diese Ungläubigkeit, die mir entgegenschlägt, etwa wenn ich mich bei der Einreise nach Deutschland in die Reihe der EU-Bürger einordne. Doch lasse ich mich davon nicht beirren.

Auf die Frage, ob er Deutschland liebe, hat der dritte Bundespräsident Gustav Heinemann einmal gesagt: »Ich liebe keine Staaten, ich liebe meine Frau.« Das kann ich gut verstehen.

TIERSCHUTZ, AMNESTY UND
OPTISCHE TÄUSCHUNG

Es vergeht kaum ein Tag, an dem ich nicht an diesen Informationsständen vorbeigehe, die sich für Tierschutz, Umwelt oder Menschenrechte einsetzen. Allein an der S-Bahn-Haltestelle Warschauer Straße sind mit WWF und aktion tier zwei Tierschutzorganisationen vertreten. Die Stände werden von einer Handvoll Außendienstmitarbeiter der Organisationen betreut, die mit großem Tatendrang Passanten ansprechen, um sie über ihre Arbeit aufzuklären und von einer Mitgliedschaft zu überzeugen. In Zeiten klammer Kassen und Hartz IV kämpfen auch die NGOs um jeden Euro.

Dabei sind ihnen alle Mittel recht, auch die Waffen der Frauen. Vor allem bei den Tierschutzorganisationen an der Warschauer Straße, am Mehringdamm, an der Frankfurter Allee oder am Alex fiel mir auf, dass sie äußerst attraktive Mitarbeiterinnen einsetzen, die gezielt junge und einsam aussehende Männer ansprechen. Den einsamen Männern konnte ich vom Gesicht ablesen, dass sie sich geschmeichelt fühlten, wenn sie von einer netten Dame in ein Gespräch verwickelt wurden. Wahrscheinlich passierte es den einsamen Männern zum ersten Mal, dass die Frau den ersten Schritt wagte und nicht umgekehrt. Natürlich mussten die Männer eigentlich wissen, dass nicht sie, sondern ein rein wirtschaftliches Interesse im Vordergrund stand. Ihre Augen verrieten mir etwas anderes.

Kurioserweise wurde ich in meinen Jahren in Berlin noch nie von einer hübschen Mitarbeiterin für eine Mitgliedschaft für eine Tierschutzorganisation angeworben, obwohl ich förmlich darauf brannte, alles Tierleben in Berlin zu retten. Bislang waren es ausschließlich religiöse Unternehmen, die um meine Gunst buhlten. Am Zoologischen Garten wurde ich von einer Scientologin angesprochen, die einen kostenlosen Stresstest an mir durchführen wollte. Am Alexanderplatz waren es die etwas reiferen Damen von den Zeugen Jehovas, die mir eine Lektüre zum Lesen gratis mitgeben wollten, und in Seoul sprach mich einer von Hare Krishna an. Ich meinte zu der Scientologin, falls sie einen Tanzkurs anböten, bei dem ich lernte, die Hüften so zu schwingen wie John Travolta, würden sie von mir hören.

Es hätte mir eigentlich egal sein können, dass die Tierschutzorganisationen kein sonderliches Interesse an meiner Mitgliedschaft hatten. Doch als Hobbyanthropologe, Politologe und Gelegenheitssoziologe interessierte mich das Anwerbeverfahren der Organisationen. Vor allem aber wollte ich wissen, welche Typen von Männern die Mitarbeiterinnen ansprachen. Ich hatte eine Vermutung, die bei näherem Beobachten bestätigt wurde. Die größtenteils einheimischen Mitarbeiterinnen bevorzugten nahezu immer jene Männer, die ihnen optisch glichen.

Erst vor kurzem hat auch die Menschenrechtsorganisation Amnesty International ihre Zelte an der Warschauer Straße aufgeschlagen. Ich ging extra langsam an ihrem Stand vorbei, im festen Glauben an die Menschenrechte und dass meine

Stunde der Mitgliedschaft von Amnesty gekommen sei. Mein Portemonnaie und ich waren bereit, Euros für Menschenrechte auszugeben. Doch keiner kam auf mich zu. Da alle guten Dinge drei sind, versuchte ich es erneut. Aber auch beim zweiten und dritten Anlauf gab es keine Reaktion. Die Mitarbeiterinnen in den gelben T-Shirts waren auf die Männer fixiert, die ihnen glichen. Also ging ich zum Informationsstand zurück. Ich erklärte der Amnesty-International-Mitarbeiterin, dass es die Chinesen seien, die die Menschenrechte so lax handhaben und versuchte, sie davon zu überzeugen, dass ich kein Freund des Kannibalismus sei. Das Mädchen schaute mich verdutzt an. Dann sagte es, die Annahme, dass ich ein Tourist sei, hätte eben nahegelegen, weil ich mit einem Rucksack unterwegs sei.

Ich verabschiedete mich, kaufte mir in einem Souvenirshop an der Friedrichstraße einen Ansteckbutton mit der Aufschrift »Not a tourist«, heftete ihn mir an – und sah sie nie wieder.

Während einer Veranstaltung zum Thema Sport und Integration erzählte der Bundestagsabgeordnete Riegert, dass er seinen eigenen Vorurteilen fast selbst zum Opfer gefallen war. Kurz vor den Bundestagswahlen verteilte er Informationsblätter am Hauptbahnhof seines Wahlkreises in Göppingen. Als ein Asiate auf ihn zukam, überlegte er, ob er ihm ein Blatt in die Hand drücken sollte oder nicht. Schließlich überwand er sich, dem Asiaten eines zu geben, der sich prompt auf Schwäbisch bei ihm bedankte und ihn sogar beim Namen nannte.

Auch ich muss gestehen, dass ich mich, ähnlich wie der Bundestagsabgeordnete Riegert, allein von der Optik hinters Licht führen ließ. Wenn ich mich in den riesigen Straßen Berlins verlief, hatte ich die Angewohnheit, immer zuerst die einheimisch aussehenden Menschen nach dem Weg zu fragen.

Bis mir einmal die Verkäuferin vom Schlecker an der Marien-
burgerstraße im Prenzlauer Berg den Tipp gab, die eigenen
Landsmänner zu fragen, denn die lebten schließlich schon
länger hier als so manch zugezogener einheimischer Deutscher. Mit Landsleuten meinte die Verkäuferin natürlich die
Vietnamesen, und die können mir tatsächlich meist den richtigen Weg weisen, als hätten sie nie woanders gelebt.

LES TEMPS CHANGENT

Die Zeiten ändern sich oder dich. MC Solaar prophezeite es, die Spatzen pfiffen es von den Dächern, Bushido verfilmte es, Bob Dylan predigte es: »The slow one now, will later be fast, as the present now, will later be past.«

Der 4. November 2008 ist ein Feiertag. Ein historischer Tag, ein prägender Moment, der die Welt bewegte. Mein in Aachen lebender kamerunischer Bruder Alexis schrieb mir in einer SMS: »Mon frère! Bist du auch auf heute gespannt? Ich warte ungeduldig auf die Ergebnisse. Er wird ein Zeichen setzen, wenn er es schafft!«

»Er«, damit meinte Alexis keinen Geringeren als den Autor des Buches »Hoffnung wagen«, Barack Obama.

»Ich habe mir genug Koffein verabreicht und bin für eine Nachtschicht gerüstet!«, schrieb ich ihm zurück. Gespannt saß ich nur einen halben Meter von meinem Fernseher entfernt, um nichts zu verpassen. Auf CNN verfolgte ich erwartungsvoll den Ausgang der 44. Amerikanischen Präsidentschaftswahl. Nicht einmal mein Lieblingsgericht *Jajangmyeon* hätte mich vom Bildschirm wegbewegen können.

Und dann ging alles ganz schnell. Zumindest am Anfang: Um vier Uhr in der Früh steht fest, dass Obama die Staaten

Pennsylvania und Ohio für sich beanspruchen kann. Nur fünf Minuten später verteilen sich auf Obama 207 Wahlmännerstimmen und auf McCain 127. Weitere fünf Minuten vergehen, bis CNN verkünden lässt, wegen des geringen Abstands könne eine Prognose nicht erstellt werden. Fünfzehn Minuten verrinnen, bis McCain als Sieger über den Staat Texas feststeht und damit seine Wahlmännerstimmen auf weitere 34 ausbauen kann. Um 4:33 Uhr berichtet CNN, dass Obama mit 50 Prozent der Wahlmännerstimmen knapp vor McCain liegt, der auf nur 49 Prozent kommt.

Während die muntere Berichterstattung weitergeht, stelle ich mir die Frage, ob die Menschen nach 220 Jahren amerikanischer Geschichte, die von 43 weißen Präsidenten geprägt wurde, bereit sind für einen Neuanfang. Ich erinnere mich an das Gespräch mit Alisa, einer Afroamerikanerin, die im nordrhein-westfälischen Integrationsministerium arbeitet. Wir redeten über Obama, zu einer Zeit, zu der Obama noch nicht als Präsidentschaftskandidat vorgesehen war. Alisa war bezüglich der Präsidentschaftskandidatur pessimistisch. Ich dagegen war voller Optimismus, dass Obama aufgestellt werden würde. Damit würde Obama die erste große Hürde nehmen. Danach sei alles möglich, sagte ich zu Alisa und konnte meine positive Haltung nicht näher begründen als damit, dass die Zeit gekommen sei.

Um 4:59 Uhr mitteleuropäischer Zeit verkündet CNN das Endergebnis. Obama ist nun für McCain uneinholbar. Für einen Sieg benötigt Obama mindestens 270 Wahlmännerstimmen, und mit 364 holt er 94 mehr, als erforderlich ist. McCain kommt nur auf 173 Stimmen. Um 5:07 Uhr gratuliert McCain Obama zum Sieg und gesteht damit seine Niederlage ein.

Es dauerte nicht lange, bis Alexis mich anrief. »Mon frère!«, sprach Alexis aufgeregt in den Hörer, »Obama hat nicht nur den Schwarzen in Amerika Hoffnung gemacht, sondern allen Minderheiten auf dieser Welt. Unser Moment ist gekommen! Unsere Zeit ist jetzt! Les temps changent!«

»Ich freue mich auch, Alexis! Heute ist ein historischer Tag! Und du hast recht! Les temps changent!«, antwortete ich.

An jenem Novembermorgen, da bin ich mir sicher, gingen nicht nur Alexis und ich mit einem breiten Grinsen in den wohlverdienten Schlaf, mit dem Wissen, dass der nächste Morgen und der Morgen danach ganz andere werden würden.

So kam es dann auch. Plötzlich sah ich schwarze Mütter und Väter mit einem energisch-stolzen Gang und zielgerichtetem Blick, wie sie ihre Kinder fest an der Hand hastig in Richtung Schule marschierten. Dabei beobachtete ich, wie sich ein Kind zierte und sich vom Vater losreißen wollte. Da sagte der Vater: »Mein Junge! Du hast jetzt keine Entschuldigungen mehr für schlechte Noten und faule Ausreden. Barack Obama hat Jura studiert, war Sozialarbeiter, war Bürgerrechtler, und jetzt ist er der erste schwarze Präsident Amerikas!«

»Aber Papa!«, antwortete der kleine Junge.

»Aber was!«, entgegnete der Vater.

Der Junge nahm die Hand des Vaters, senkte den Blick zu Boden und fügte sich seinem Schicksal.

Irgendwie kam mir das alles bekannt vor.

In dem Moment dachte ich auch an meinen Bekannten Christian aus Kamerun, der in einem Kiosk in Friedrichshain bei mir um die Ecke jobbt und schon seit Jahren auf der Suche nach einer festen Stelle ist, die seine Familie ernähren kann. Für eine Stelle bei der Gepäckabfertigung am Flughafen Tegel, wo er gerne arbeiten möchte, habe ich Christian bei der Bewerbung geholfen. Wir haben versucht, die Unterstützung seines Bundestagsabgeordneten zu bekommen. Doch der Abgeordnete blockte ab. Kurze Zeit später kam auch das Absageschreiben vom Flughafen Tegel. Trotz aller Niederlagen geht Christian nicht gebückt durchs Leben. Wenn wir uns sehen, ist er derjenige, der Hoffnung ausstrahlt, und das fasst er in Worte, indem er sagt: »Martin! Les temps changent comme la météo!«

KARAOKE UND SESAMSTRASSE

Als ich 10 Jahre alt war, feierte Deutschland seine Wiedervereinigung und wir zogen von der Innenstadt in ein kleines Reihenhaus in einem idyllischen Vorort von Krefeld. Meine Schwester Julia und meine Mutter, die akribisch den Finanzierungsplan des Hauses erarbeiteten, machten die Phase II unseres Migrantenlebens möglich. Kurze Zeit später wurden viele unserer koreanischen Bekannten stolze Hauseigentümer. Mein Freund Seung-won zog von der kleinen Stadtwohnung an der Petersstraße in ein Haus nur eine K-Bahn-Haltestelle entfernt von uns. Auch Min-siks Eltern kauften sich in Moers-Repellen ein Haus.

Koreaner haben es etwas leichter beim Kauf eines Hauses, da sie positiv diskriminiert werden, ganz im Gegenteil zu meinen türkischen Freunden. Die Immobilienmakler sind gefangen in ihren Klischees. Mit Koreanern verbinden sie Harmonie und ruhige Nachbarn. Aber die Makler haben die Rechnung nicht mit der Erfindung der Karaokemaschine gemacht. Bei seinem letzten Koreabesuch hatte Vater sich eine Karaokemaschine zugelegt. Mithilfe des Geräts beglückte Vater fast täglich die Nachbarschaft mit dem Singen alter koreanischer Volkslieder, mindestens so oft, wie ein Muezzin vom Minarett zum Gebet aufruft. Die Nachbarn nahmen es uns nicht übel. An unserer Tür klopfte nie die Polizei wegen Lärm-belästigung, und wenn, dann hätten sie womöglich mitsingen müssen. Wenn wir deutsche Gäste zu Besuch hatten, war Vater immer darauf bedacht, ihnen die koreanische Karaokekultur nahezubringen. Unseren deutschen Gästen war dies sichtlich unangenehm. Sie wollten ihre Gesangskünste nicht vor den Augen Vaters unter Beweis stellen, der mit Kritik nicht gerade zimperlich umging, fast wie Dieter Bohlen. Wahrscheinlich ist das auch einer der Gründe, warum Freundschaften mit ein-heimischen Deutschen nicht lange hielten.

Unsere Karaokemaschine muss zu einer Zeit gebaut wor-den sein, als die Ressentiments gegenüber den Amerikanern ihren Zenit erreichten. Denn egal, wie gut man einen ameri-kanischen Popsong auch sang, gab es bei der Punktevergabe von maximal 100 Punkten immer eine Punktzahl unter 50. Und egal wie schlecht man ein koreanisches Lied sang, gab es grundsätzlich 90 oder 100 Punkte. Mein Verdacht fiel auf nordkoreanische Geheimagenten, die unauffällig technische Teile eingebaut hatten, die die diskriminierende Punkteve-gabe regulierten. Mein Freund Sebastian erzählte, als wir uns nach fast 15 Jahren wieder trafen, noch immer fasziniert von den Karaokeabenden mit Vater, an die er sich trotz seines Kurzzeitgedächtnisses noch sehr gut erinnerte. Um im Kreis der Familie anzukommen, musste man Vater ein Lied vorsin-gen. Nur gute Sänger bekamen einen Recall. Unser deutscher Freundeskreis blieb deshalb immer beschaulich klein.

Ich erinnere mich noch sehr genau an jenen 9. November 1989. Mein Freund Min-sik und seine Eltern waren zu Be-such. Während Min-sik und ich in meinem Zimmer herum-tobten, saßen unsere Eltern im Wohnzimmer. Ohne ein Wort zu wechseln, verfolgten sie gespannt die Nachrichten im

Fernsehen. Im Raum herrschte eine Stille, dass man eine Nadel hätte fallen hören können. Ich war zu jung und politisch uninteressiert, um zu verstehen, was für historische Ausmaße jener 9. November für uns alle haben würde.

In der Schule lernte ich nichts über die Prozesse der Wiedervereinigung. Dafür lernte ich im Musikunterricht die dritte Strophe der Nationalhymne. Aber Anlässe, die Hymne zu singen, gab es wenige. Die Gesellschaft war noch nicht so weit zu begreifen, dass ein Koreaner die deutsche Nationalhymne laut mitsingen konnte. Zu diesem Zeitpunkt hätte man diese Geste noch als alles andere als schmeichelhaft gewertet. Ganz anders mein bosnischstämmiger Freund Adnan. Adnan war in der Bundeswehr bei den Fallschirmjägern und im deutsch-niederländischen Korpsstab. Seine Kameraden nannten ihn »Sushi«, weil sie seinen bosniakischen Nachnamen »Suceska« nicht aussprechen konnten. Dafür konnte Adnan, wie er sagte, nicht »deren« Hymne singen – und bekam von seinem Leutnant trotz Hinweis auf seinen bosnischen Hintergrund eine Standpauke verpasst. Später hatte Adnan sein Aha-Erlebnis mit den ostdeutschen Kameraden, die unwissend die erste Strophe vortrugen. Anstatt eines Anschisses vom Leutnant gab es nur eine sanfte Belehrung und den Hinweis, die erste Strophe sei in Deutschland nicht mehr erlaubt. Aber auch Günther Öttinger, Heino und Liedermacher Stephan Krawcyk passierte es schließlich, dass sie »Deutschland, Deutschland über alles« sangen. Bei der Fülle an Strophen kann man sich schon mal in der Zeile vertun.

Seit der Fußballweltmeisterschaft im eigenen Lande unter dem Motto »Die Welt zu Gast bei Freunden« zeigen die Menschen, auch jene mit Migrationshintergrund, Flagge. Ich vermute, dass die Türken, die vor den Kameras enthusiastisch die deutsche Flagge schwenkten, von der Regierung bezahlt wurden, so wie die Nordkoreaner chinesische Zuschauer für die WM in Südafrika kauften, um eine synthetische Fangemeinschaft herzustellen. Hinter den Kopftuch tragenden Mädchen vermute ich erfolglose einheimische Models, die darauf hofften, in einem namhaften Magazin abgelichtet zu werden, um so ihrer Karriere neuen Schwung zu verleihen. »Die Welt zu Gast bei Freunden«, dieser Slogan wurde von einem bestimmten Etablissement missbraucht und kurzerhand zu »Die Welt zu Gast bei Freundinnen« umgewandelt. Supermärkte verkauften Flaggenmasten und dazu jedes nur denkbare Zubehör, um die Deutschlandflagge adäquat der Öffentlichkeit zu präsentieren. So stolz hatte man sich hier noch nie gezeigt. Die Zeiten haben sich geändert.

Parallel zur deutschen Wiedervereinigung feierte die Sesamstraße ihr 40-jähriges Jubiläum. Samson und Co. haben weite Wege meiner Kindheit begleitet. Ich konnte mich in gewisser Weise mit den bunten und exotischen Charakteren identifizieren. Der gelbe Riesenvogel Bibo, Kermit der Frosch, der obdachlose Griesgram Oskar, die in eingetragener Partnerschaft lebenden beiden Ernie und Bert, der braune Drogendealer Samson, der ständig an seinem Tuch schnüffelte, und die alleinerziehende Monsterfigur Moni zeigten mir schon als Kind ein Abbild der Gesellschaft.

VERÄNDERUNGEN

Viktor Zoi, der einstige Leadsänger der Band Kino, hatte koreanische Wurzeln und ist eine russische Rocklegende. Zwei Jahrzehnte nach seinem frühen Tod wird Zoi in seinem Heimatland Russland immer noch verehrt wie Jim Morrison in der westlichen Welt. Schon lange vor Glasnost und Perestroika schrieb Zoi regimekritische Lieder. »Veränderungen! ist die Forderung unserer Herzen. Veränderungen! ist die Forderung unserer Augen. In unserem Lachen, in unseren Tränen und im Puls der Adern Veränderungen! Wir wollen Veränderungen!«, heißt es in einem Lied von 1986 über die Sehnsucht der Menschen nach einem gesellschaftspolitischen Sinneswandel.

Mein Bekannter **Jun Choi** erfuhr solch eine Veränderung in seinem Leben. Als Lückenfüller gedacht und mit geringen Finanzmitteln ausgestattet, sollte Jun für das Amt des Oberbürgermeisters der Stadt Edison in New Jersey kandidieren. Empört über die Nominierung Juns ließ der Diskjockey des lokalen Radiosenders seinem Unmut freien Lauf: »Würdet ihr jemanden wählen, der Jun Choi heißt? Wir vergessen die Tatsache, dass wir Amerikaner sind. Keine spezifische Minderheit oder ausländische Gruppe sollte jemals den Wahlausgang in Amerika entscheiden!«

Jun, als chancenlos angetreten, sollte nur Nebendarsteller sein. Hauptdarsteller waren zwei erfahrenere Politiker. Doch Jun gab sich mit der Statistenrolle nicht zufrieden. Er kam, sah und überzeugte die Herzen der Wähler, nicht nur mit seinem koreanischen Lächeln. Jun wurde jüngster Oberbürgermeister in der Geschichte der Stadt Edison. Bei seiner Wiederwahl wurde Jun von Präsident Barack Obama unterstützt. Bei dem Treffen sprachen sich beide für eine progressive multiethnische Politik der Einbeziehung aus.

Eine Veränderung vollzog sich auch im Leben von **Harold Hong-ju Koh**. Unter Bill Clinton war Harold Ministerialdirektor für Menschenrechte und Arbeit. Danach wurde er Dekan der juristischen Fakultät der Yale University, der erste koreanischstämmige Amerikaner in der Geschichte der Universität. Ich lernte Harold während einer Konferenz in New Haven kennen. Barack Obama benannte Harold nun zu seinem juristischen Berater.

Sandy Lee ist schon ein alter Hase in der Politik. Als Abgeordnete von Yellowknife, Hauptstadt der kanadischen Nordwest-Territorien, hat Sandy bereits drei Legislaturperioden hinter sich. Nun wurde sie zur Ministerin für Gesundheit, Arbeit und die Belange von Frauen und Behinderten ernannt.

Yul Kwon lernte ich 2008 bei einer Konferenz in Korea kennen. Wie die meisten Koreaner in Amerika hat Yul einen Lebenslauf vorzuweisen, der in der koreanischen Community als Standard gilt. Vordiplom an der Stanford Universität, Postgraduate Studium an der Yale Law School. Yul arbeitete unter anderem für den Kongressabgeordneten Joseph Lieberman in Washington, DC, und die Consultingfirma McKinsey. Im Jahr 2006 nahm Yul bei der Fernsehshow »Survivor« teil. Er tat dies, weil Amerikaner mit asiatischen Wurzeln im Fernsehen gar nicht vorkämen oder aber schlecht und klischeehaft repräsentiert würden. Mit seiner Teilnahme wollte Yul dazu beitragen, dass sich an dieser Situation etwas ändert, und das ging nur über einen Sieg. Yul gewann die Show und eine Million Dollar dazu. Über Nacht wurde Yul ein Superstar. Das *People Magazin* kürte ihn zum »sexiest man alive« und zum heißesten Junggesellen. Er war Talkshowgast in etlichen Sendungen und wurde inoffizieller Botschafter der einsamen koreanischen Männer. Drei Jahre nach der Show wurde Yul nun zum stellvertretenden Vorsitzenden für Konsumenten und Staatsangelegenheiten der *Federal Communications Commission*, einer unabhängigen Behörde, die durch den Kongress geschaffen wurde.

Der Cousin meines Freundes Felix, **Gary**, der Barack Obama während seiner Präsidentschaftskampagne im Chicagoer Hauptquartier unterstützte, landete einen Job als Verbindungsmann Obamas im Weißen Haus.

Nachdem **Heseung** bei der Konferenz 2006 in Korea die Diskussion darüber gestartet hatte, warum koreanische Frauen keine Beziehung mit koreanischen Männern eingehen wollen und eine lange Liste von Gründen nannte, warum sie koreanischen Männern gegenüber abgeneigt sei, gründete sie ihre eigene Familie mit einem koreanischstämmigen Kanadier, meinem Freund David Kim. So sind sie, die koreanischen Frauen. Es dauerte nicht lange, bis Parker das Licht der Welt erblickte. Wo die Liebe hinfallen kann! Meine Veränderung hieß befristet. Das Ende der 16. Wahlperiode war auch gleichzeitig mein Anfang vom Ende im Bundestag. Ich hatte keine nennenswerte Zukunft im Bundestag. Meine Karriere dort endete nach nur einem Jahr. Der Abgeordnete teilte mir mit, dass er das Büro für die nächste Legislaturperiode umstrukturieren wolle und nicht mehr mit mir plane. Die Sekretärin und die studentischen Hilfskräfte wurden bereits vor Ende der Wahlperiode mehr oder minder entlassen. Der Abgeordnete hatte mir bereits vor meinem Engagement klargemacht, dass er nach dem Jahr nicht mehr auf meine Dienste zurückgreifen würde. Dennoch trauere ich dem nicht nach. Ich bin glücklich darüber, dass ich meine Zeit im Bundestag unbeschadet überstanden habe, was nicht jeder Mitarbeiter eines Abgeordneten von sich behaupten kann, wie das Beispiel der Assistentin eines Kollegen von Horst Seehofer zeigt. Das Ende ist uns allen bekannt.

IN DER MIO-TRAM

Bei einer Vernissage »Boxers & Fighters« in Mitte stellte mir Felix Greg aus Los Angeles vor. Ein bulliger Kerl, der wohl für eines der Boxerbilder Modell gestanden haben musste, dachte ich mir im Stillen. Gegen alle Erwartungen stellte sich Greg als Galerist vor. Wir sprachen über Amerika. Seit dem 11. September habe er nur noch Probleme bei der Einreise, trotz amerikanischer Staatsbürgerschaft, sagte Greg und schüttelte dabei den Kopf. Er werde jedes Mal schikaniert und mit den Fragen konfrontiert, was er in dem Land wolle und wie lange er bleibe. Greg hatte sich bereits genervt an einen Freund gewandt, der für die Einreisebehörde INS arbeitete, um sich Rat zu holen. Sein Freund habe ihm erklärt, dass Greg in der INS-Welt als nicht näher identifizierbare Ethnie gelte. Ich wollte Greg ein Kompliment machen und sagte, dass er wie ein Franzose mit algerischen Wurzeln aussehe. Doch Greg war davon wenig begeistert. Er habe sich gefreut, mich kennenzulernen, müsse nun aber noch andere Gäste begrüßen, sagte er und verabschiedete sich schnell.

Auf dem Weg nach Hause nahm ich die M10 Richtung Warschauer Straße. Ich fahre gerne mit der Tram, weil man dort auf Menschen quer durch alle Gesellschaftsschichten trifft, die oft durch laute Gespräche andere an ihrem Leben teilhaben lassen. Eine Unterhaltung zwischen zwei angetrunkenen einheimischen Mädchen und zwei Jungen lenkte an diesem Abend meine Aufmerksamkeit auf sich.

Eines der Mädchen fragte einen der Jungs: »Wie heißt du?«

»Vugar!«, antwortete der Junge etwas schüchtern.

»Du siehst aber gar nicht so aus!«, erwiderten beide Mädchen, sichtlich erstaunt über den ausländisch klingenden Namen. »Woher kommst du?«

»Aserbaidschan«, entgegnete der Junge höflich.

»Hätte ich nie gedacht!«

Das Statistische Bundesamt bezifferte im Jahr 2008 die Zahl der Menschen mit Migrationshintergrund auf 15,6 Millionen. Fast jeder fünfte Mensch in Deutschland hatte demnach eine ausländische Herkunft. Nun kam die Bertelsmann Stiftung in einer aktuellen Studie zu dem Ergebnis, dass der demographische Wandel schneller vonstatten geht als bisher angenommen. Man stelle sich das Gespräch in derselben Tram im Jahre 2050 vor.

Die beiden Mädchen, natürlich mit Migrationshintergrund, fragen den Jungen: »Wie heißt du?«

»Rudolf!«

»Du siehst gar nicht so aus!«, erwidern die Mädchen sichtlich verdutzt. »Woher kommst du?«

»Berlin«, antwortet der Junge.

Die Mädchen: »Hätten wir niemals erraten!«

Und plötzlich denke ich an Greg und weiß, dass sich für ihn alles zum Guten wenden wird, dass die Blumen wieder blühen und der Sturm sich legen wird.

Halte durch, mein Freund!

MULTIKULTI-HOCHZEIT

Mein Freund François und ich sind seit der Schulzeit befreundet. François ist ein Produkt deutsch-französischer Liebe. Unser Multi-Kulti-Freundeskreis besteht aus einem türkischstämmigen Achmet, zwei einheimischen Deutschen, Jan und Steffen, aus François und mir, dem Deutsch-Koreaner. Erst im letzten Jahr hat mein sunnitischer Freund Achmet eine tolle Kölsche Alevitin geheiratet. In Krefeld feierten beide eine pompöse türkische Hochzeit. Das hat François dazu bewogen, nach hinreichender Überlegung seinem Beispiel zu folgen.

Nun bin ich der letzte Migrant in unserem Kreis, der noch keinen Pakt fürs Leben geschlossen hat. Bei mir liegt es eben an den Umständen höherer Gewalt, ähnlich wie bei Charlie Chaplin. Die Frauen haben es Chaplin nicht leichtgemacht, und umgekehrt hat er es den Frauen nicht leichtgemacht. Mit diesem Argument kann ich mich noch so halbwegs vor Achmet und François verteidigen. Und Jan und Steffen sind froh, dass vor allem Achmet, der Schrecken deutscher Schwiegereltern, vom Markt ist und sie die Profiteure davon sind. Achmet war kein Kostverächter.

Steffen und Jan führen seit mehreren Jahren glückliche Beziehungen mit ihren Freundinnen. Doch an das Wagnis Heirat traut sich bisher keiner von beiden heran. Da zieht nicht einmal das Argument der steuerlichen Begünstigung. »Probieren geht über studieren«, war das Argument von François und Achmet. Für Jan und Steffen gilt das Gegenteil. Wenn die Mehrheit der deutschen Männer ähnlich wie Jan und Steffen denkt, dann gute Nacht! Denn so wird es nichts mit dem Steuer des demographischen Wandels Herumreißen und der Ankurbelung der Produktion von Nachzüglern zum Erhalt der Spezies. In der Hinsicht sind die deutschen Tugenden wie Ordnung und Disziplin von gar keinem Vorteil. Da hilft auch kein Stromausfall, um dieses Problem zu beseitigen.

François hat eine christliche Irakerin geheiratet, eine, die keine *Burka* trägt. Elf Nationen befanden sich unter den geladenen Hochzeitsgästen. Ein multiethnisches Musikquartett bat die geladenen Gäste mit und ohne Migrationshintergrund, ein gemeinsames Lied in elf Sprachen zu singen. Plötzlich stand ein junger einheimischer Bayer, der an unserem Tisch saß, auf und sagte: »Da schaut's her! Des passiert, wennst die Linken wählst!« Ich traute meinen Ohren nicht, was dieser Idiot vom Weißwurstäquator da gerade von sich gab, noch dazu völlig nüchtern. »Komm sei ruhig, König Ludwig! Das kannste in deinem Schloss Neuschwanstein machen! Aber nicht hier!«, wandte ich ein. In dem Moment, als ich Gott gerade darum bat, ihm für seine Dummheit zu vergeben, ihm aber eventuell noch an Ort und Stelle eine kleine Strafe als Lehre zuteilwerden zu lassen, trat seine Freundin an den Tisch. Als ich König Ludwigs Freundin sah, musste ich keine Stoßgebete mehr gen Himmel schicken. Jemand musste mir zuvorgekommen sein. Als ich ihn dann noch auf der Tanzfläche sah, hatte ich fast Mitleid mit meinem bayerischen Bruder. Denn im 21. Jahrhundert kann man mit

Schuhplatteln niemanden mehr beeindrucken, außer sich selbst.

Die Hochzeit war ganz nach meinem Geschmack, weil sie allen die Zukunft des Landes so klar vor Augen hielt. In dieser Welt muss man trinkfest sein, denn die Ansprachen in elf Landessprachen zu halten und nach jeder Rede das Glas zu leeren, erfordert Standfestigkeit. Schon nach der fünften Ansprache hatte ich meine liebe Mühe und Not, die Welt nicht doppelt zu sehen. Eine Bauchtänzerin lud zum orientalischen Tanz ein. Der aus Togo stammende Gitarrist Joe Kiki, der sonst in der Fußgängerzone von Krefeld-Uerdingen spielt, erheiterte die Gäste mit deutscher Schlagermusik wie »Griechischer Wein«. Für mich ist Joe Kiki viel mehr als ein Straßenmusiker, er ist ein Kulturbotschafter und Philosoph. Nach seinem Auftritt sagte er zu mir: »Wenn sich jeder Bürger unseres Planeten nur für fünf Minuten täglich Gedanken darüber machen würde, wie sein Land regiert wird, wäre vermutlich in fünf Jahren die Welt von vielen Irrtümern befreit, und das Wort Evolution bekäme wirklich einen Sinn.«

Unwillkürlich musste ich an Thilo Sarrazin denken. Wird er von der Welt verschwinden, ohne jemals in den Genuss einer Multikulti- oder einer türkischen oder arabischen Hochzeit gekommen zu sein, diesen unglaublichen Bauchtanz erlebt und hochphilosophische Gespräche mit Menschen wie Joe Kiki geführt zu haben? Aber ich habe kein Mitleid mit ihm. Da bin ich ein wenig egoistisch. Dann bleibt eben mehr für uns übrig.

HEIRATEN AUF KOREANISCH

Heiraten auf Koreanisch ist ein schwieriges Unterfangen. Denn nicht nur der Liebesgott Amor hat dabei seine Finger im Spiel, sondern gleich die ganze koreanische Sippschaft, und das sind viele Finger. Jeder nimmt sich das familiäre Recht heraus, sein Veto einzulegen oder seine Bedenken zu äußern, egal, wie nah oder fern voneinander man lebt. Dass die Familie nicht mit der potenziellen Ehefrau zusammenleben muss, interessiert sie wenig. Archaische, patriarchalische Familienstrukturen mitsamt arrangierten Ehen in milder Form werden auch heute noch bei vielen koreanischen Familien in Deutschland praktiziert. Nur wissen das viele Einheimische nicht, weil Koreaner lautlos in der Gesellschaft leben.

Wenn deutsche Männer koreanische Frauen heiraten, haben sie den Vorteil, anders als bei den muslimischen Frauen, nicht gleich konvertieren zu müssen. Aus diesem Grunde bestraft die Bundesregierung meine türkischen Freunde damit, dass Familienangehörige und Visumsantragsteller, die zur Hochzeit nach Deutschland einreisen wollen, ausreichende Deutschkenntnisse vorzuweisen haben. Koreanischen oder japanischen Hochzeitsgästen hingegen gewährt man freie Fahrt. Die Musik mag keine Grenzen kennen. Der Sport,

Ärzte und die Reporter mögen keine Grenzen kennen. Doch die Politik kennt ihre Grenzen. Kein Einheimischer soll mir noch einmal mit dem Argument kommen, die Südländer würden ihre Frauen klauen.

Die meisten koreanischen Frauen, die in Deutschland aufgewachsen sind oder ihren Lebensmittelpunkt nach Deutschland verlagert haben, sind emanzipiert. Sie lassen sich nur selten vorschreiben, wen sie heiraten. Ich kenne eine koreanische Frau, die gegen den Familienwillen einen Türken geheiratet hat und zum Islam konvertierte. In meinem Bekanntenkreis gibt es sehr viele koreanische Frauen, die mit deutschen Männern liiert oder verheiratet sind. Koreanische Eltern in Deutschland, die gedanklich noch im Korea der Fünfzigerjahre leben, akzeptieren die Entscheidung der Kinder nur dann, wenn sie vor vollendete Tatsachen gestellt werden.

Wenn man in eine koreanische Familie einheiraten möchte, muss man vor allem das Herz des Vaters im Sturm erobern und seinen Verstand rauben. Das kann man nur mit einer exzellenten Bildung, einem gutbezahlten, ehrenwerten Job und einem soliden familiären Hintergrund. Nicht nur in Kanada gibt es für zuziehende Neulinge ein Punktesystem, sondern auch unter koreanischen Familien in Deutschland, wenn nicht sogar weltweit. Je höher die Bildung und der Status, desto höher schlägt auch das Herz des Vaters. In Zeiten der Globalisierung und der beruflichen Flexibilität ist es ein schwieriges Unterfangen, gerade als Deutscher mit koreanischem Hintergrund, in allen drei Kriterien eine hohe Punktzahl zu erreichen. Von Diskriminierung auf dem Arbeitsmarkt möchte der Vater nichts hören. Er will nur Fakten und Resultate vorgelegt bekommen. Der Vater wird den Teufel tun und dem

Schwiegersohnkandidaten irgendwelche Hilfestellung leisten. Schließlich ist er nicht der Bittsteller, der sich die Zustimmung der Familie einholen muss. Im Zweifel heißt es für den Vater immer »gegen den Angeklagten«. Aber umgekehrt ist es auch nicht viel einfacher, dem Vater zu erklären, dass man jemanden kennengelernt hat, den man der Familie vorstellen möchte. In koreanischen Familien ist dieses Vorstellen eine ernsthafte Sache und wird nicht so lax gehandhabt wie in deutschen Familien.

Mit diesem Vorwissen überlegte ich schon seit geraumer Zeit, wie ich es Vater beibringen könnte, wenn es bei mir so weit wäre. Ich bin sehr froh, dass ich Olga und Wladimir meine Sorgen anvertrauen konnte. Wenn ich ab und an bei meinen Eltern in Krefeld bin, dann lässt Vater es sich nicht nehmen, aus heiterem Himmel heraus Kommentare abzugeben. Letztens, als ich in meinem alten Kinderzimmer am Computer E-Mails abarbeitete und Vater sich im Bad rasierte, rief er mir auf Koreanisch zu: »Martin! Mach mich nicht traurig!«, als hätte Vater eine Vorahnung. Eltern, besonders koreanische, verfügen über einen siebten Sinn. Wenn ich im sicheren Berlin bin, scherze ich oft mit Vater, indem ich ihm gratuliere, dass er nun Opa geworden sei. Ich möchte damit herausfinden, wie Vater auf diese Nachricht reagiert. In dieser Hinsicht versteht Vater keinen Spaß und winkt sofort ab, indem er »Opa! Nein! Nein!« sagt.

Als Politikwissenschaftler dachte ich über verschiedene Strategien nach, wie man das Herz und den Verstand Vaters erobern könnte, bis Wladimir mir auf die Sprünge half. Wladimir erklärte mir, dass ich meinen Vater in einer ruhigen Stunde fragen solle, was ein Mann neben der Arbeit im Leben brauche. Vater sollte nämlich von allein darauf kommen, dass es die Liebe im Leben ist, die ein jeder Mensch braucht. Im zweiten Schritt, so Wladimirs Idee, sollte ich Vater meine Liebe beteuern und ihm erklären, dass ich ihn im Leben brauche wie die Luft zum Atmen. Im letzten Schritt, wenn ich Vaters Herz und Verstand umgarnt hatte, könne ich ihm die Nachricht aller Nachrichten überbringen.

Als hätte Vater geahnt, dass ich etwas in dieser Art ausheckte, rief er mich kurz darauf in Berlin an. Er sagte auf Koreanisch: »Sohn! Mach mich nicht traurig! Leb so weiter, ohne mich zu vermissen! Eins und eins darf nicht eins ergeben. Eins und eins muss zwei ergeben!« Vater meinte damit, dass meine zukünftige Frau gebildet, der deutschen Sprache mächtig sein, gut zu den Schwiegereltern und einer beruflichen Tätigkeit nachgehen müsse und sich nicht auf die Rolle der Hausfrau beschränken dürfe.

Ich antwortete auf Deutsch: »Vater! Wem sagst du das?! Wir leben in einem Land, in dem aus 2 + 4 = 1 wurde!«

Vater meinte nur kalt: »Das weiß ich nicht!«

Ich bin gespannt, was für ein Argument mich demnächst von Vater erwartet. Manchmal, aber auch nur manchmal, fühle ich mich wie eine Muslimin, gefangen zwischen Moschee und Minirock.

VATERS RÜCKKEHR IN DIE ALTE HEIMAT

Vater war schon fast zwei Jahrzehnte nicht mehr in seiner alten Heimat Korea gewesen. Er sah keinen triftigen Grund mehr, in das Land, wo der Yalu fließt, zurückzukehren. Seine vier älteren Geschwister waren lange verstorben, und das Verhältnis zu den Hinterbliebenen war zerrüttet. Einzig zu Daegu-Hjeong pflegt Vater Kontakt. Daegu-Hjeong ist der Sohn von Vaters Schwester. Vater hatte ein sehr enges Verhältnis zu seiner Schwester. Ihren Tod hat Vater bis heute nicht verkraftet. Wenn Vater von seiner Schwester erzählt, dann ist seine Stimme mit enormer Traurigkeit erfüllt. Vater hat nie vergessen, was seine Schwester für ihn getan hatte. Damit Vater zur Schule gehen und sein Abitur machen konnte, verzichtete sie auf ihre Weiterbildung. Die Schwester verkaufte Gemüse auf der Straße, um mit dem Geld Vaters Schulgebühren zu bezahlen.

Vater hat seinen Vater und seinen ältesten Bruder während des Krieges verloren. Er war gerade 11 Jahre alt, als der Korea-Krieg im Juni 1950 ausbrach. In einer Zeit, die Träume nicht zuließ, träumte Vater von einem Studium im Bankwesen. Den Eingangstest für die Zulassung zum Studium bestand Vater ohne Probleme. Stolz präsentierte Vater den Bescheid. Statt in Freude brach die Mutter in Tränen aus. Es waren süße Tränen des Stolzes, aber auch bittere Tränen der Verzweiflung. Vater trocknete die Tränen seiner Mutter und seiner Schwester und nahm beide in den Arm. Die Zeit und die Umstände waren gegen Vaters Pläne. Ohne Vater aufgewachsen, musste Vater früh lernen, erwachsen zu werden. Er wollte sich seinem Schicksal nicht einfach ergeben. Aufgeben war nicht sein Weg. Das lehrte ihn das Leben früh genug.

In einer Nacht- und Nebelaktion packte Vater sein weniges Hab und Gut in einen Kleidersack und kehrte seiner Mutter und seiner Schwester für immer den Rücken. Er wischte seine Tränen vom Gesicht, die er seiner Mutter und Schwester nicht zeigen wollte. Ein letztes Mal schaute Vater nach seiner schlafenden Mutter und Schwester. Dann richtete er seinen Blick nach vorn und begann seinen Weg in einer dunklen Daegu-Nacht allein zu gehen.

Vater meldete sich bei der koreanischen Armee an. Mit dieser Entscheidung verabschiedete sich Vater endgültig von seiner Jugend. Er war nun ein richtiger Mann.

Vater ist 21 Jahre alt, als er erlebt, wie der Militärgeneral Park Chung-hee durch einen Staatsstreich die korrupte Regierung Rhee Syng-mans stürzt. Park, ein einfacher Bauernsohn, der während der japanischen Kolonialzeit in der japanischen Armee diente, regiert Korea mit eiserner Hand. Vater wollte der Armee dienen, bis sich eine andere Möglichkeit ergab. Für Vater ging es nicht um politische Ideologien, sondern ums nackte Überleben.

Zeitungsannoncen und Radioaufrufe, die Bergarbeiter für Westdeutschland suchten, kamen für Vater wie vom Himmel gerufen. Diesen Rufen aus dem fernen Okzident, aus einem Land, das geteilt war wie seine Heimat und in dem man Pferdefleisch isst, konnte Vater nicht widerstehen. 1969 ist Vater 30 Jahre alt, als er sich gemeinsam mit anderen Landsmännern und einem Koffer in das Flugzeug setzt und den fast 24-stündigen Flug nach Westdeutschland antritt. Der Kalte Krieg verbietet es, mitten durch die Sowjetunion zu fliegen.

Korea ist seit 16 Jahren ein geteiltes Land. Die Euphorie und die Sehnsucht nach einem Neuanfang in einem völlig fremden Land überwiegen gegenüber der Angst, unter der Erde, in einem noch nie zuvor ausgeübten Beruf zu arbeiten. Die koreanischen Männer wurden für den deutschen Bergbau rekrutiert. Westdeutschland ist kein Schlaraffenland, das lernt man als koreanischer Kumpel schnell unter Tage. Auch dort gönnt das Leben Vater keine Verschnaufpause. Die starke Deutsche Mark, die man in die Heimat überweist, um der Familie zu helfen, lässt das Heimweh vergessen.

Inzwischen sind vier Jahrzehnte vergangen. Viele von Vaters Freunden sind nach Korea zurückgekehrt. Manche sind nach Amerika ausgewandert. Mit dem Betreten von deutschem Boden stand für Vater fest, dass es von nun an keinen Weg zurück mehr in das Land der Morgenstille gab.

Im Jahr des Ochsen 2009 feierte Vater seinen 70. Geburtstag nach gregorianischem Kalender. Seit Vater in Deutschland lebt, geht er nicht mehr nach dem Lunisolarkalender. Vater ist in die Jahre gekommen. Durchs Kettenrauchen ist Vater sehr dünn geworden. Er passt in meine alten Jeanshosen Größe 28, die ich in der Mittelstufe trug. Sein Gesicht ist schmaler geworden und mit Sorgenfalten übersät. Die Tage als Bergarbeiter liegen Jahrzehnte zurück. Aus diesen Tagen existieren viele Bilder, in denen Vater jung und dynamisch aussieht. Vater ist seit längerem sehr melancholisch und bläst täglich Trübsal. Er denkt zu viel nach, über unsere Zukunft, über Mutters Gesundheit, über sich. Dabei steht er jeden Morgen gegen fünf Uhr auf. Er geht die Treppen runter. Sein Weg führt ihn direkt in die Küche. Er bereitet den Kaffee vor, nimmt seine ASS-Tabletten zur Blutverdünnung ein, die er seit einem Schlaganfall nehmen muss, setzt sich im Schneidersitz auf den Küchenstuhl und zündet sich eine Zigarette an. Das ist sein allmorgendliches Ritual. Er muss sich vorkommen wie Bill Murray im Film »Und täglich grüßt das Murmeltier«.

Vater ist Jahrgang 1939. Diese Generation musste noch sechs Jahre japanische Besatzung erdulden. Erst die zweite Atombombe auf Nagasaki am 9. August 1945 führte zur bedingungslosen Kapitulation Japans und brachte das Ende des Zweiten Weltkrieges. Damit war Korea von den kolonialen Fesseln Japans befreit. Diese Zeit hat Vaters Generation geprägt und traumatisiert. Seit die Koreaner in Deutschland leben, gedenken sie an jedem 15. August des Jahres mit einer großen Feier der Unabhängigkeit, »Pari-oh-Haengsa«.

Die Freiheit währte nicht lange im Land. Korea wurde nun Spielball der Weltmächte und war ein kleiner Shrimp, eingekesselt zwischen zwei hungrigen Walen, China und Japan. Auch heute noch benutzt Vater vereinzelt japanische Wörter, wenn er mit uns Kindern auf Koreanisch spricht. Einige dieser Ausdrücke hatte ich von Vater adaptiert, ohne zu wissen, dass es sich um japanische Vokabeln handelte.

Nach seiner Bergarbeitertätigkeit arbeitete Vater als Krankenpfleger, bis er schließlich beim Stahlkonzern Thyssen Edelstahl als Vorarbeiter unterkam. Vater gehört zu den koreanischen Arbeitsmigranten, die den Fall der Mauer, das Ende des Kalten Krieges und den Beginn der Globalisierung nicht gut überstanden haben. Sie waren gleich die Ersten, wie die türkischen Gastarbeiter, die ihre Arbeitsplätze verloren und von heute auf morgen in der Gesellschaft überflüssig wurden. Stillschweigend nahm man die neue Situation in Kauf. Die koreanische Tradition und Kultur verbieten jegliches Aufbegehren gegen Vorgesetzte. Man war Gast in diesem Land. Die Begriffe »Neoliberalisierung« und »Rationalisierung« waren für Vater fremd, so wie für viele andere seiner Landsmänner und Weggefährten. Die Verantwortlichen nahmen sich nicht die Zeit, ihnen die Begriffe zu erklären. Sollten sie für die sowieso zur Rückkehr bestimmten Gäste diese wertvolle Zeit aufbringen? An der Situation hätte es nichts mehr geändert.

Die Wegrationalisierung ihrer Arbeitsstellen, die in einer neuen Zeitepoche überflüssig geworden waren, beschenkte die Hinterbliebenen mit sehr viel Zeit. Zeit zum Weiterverschenken, Zeit zum Trödeln, Zeit zum Hadern und vor allem Zeit, über Wichtiges und Unwichtigeres nachzudenken. Der Zug in die Heimat war längst abgefahren. Man war nicht mehr Anfang zwanzig, wo man noch offen ist, Neues auszuprobieren. Längst hatte man eine Familie gegründet und eine neue Existenz in Deutschland aufgebaut.

Als Halbwaise und trotz der Erziehung durch Frauen ist Vater in einer anachronistischen und strikt patriarchalischen Kultur aufgewachsen. Dort waren die Rollen zwischen Frau und Mann klar verteilt. Der Mann brachte das Brot mit nach Hause. Die Frau kümmerte sich um den Haushalt und die Kinder. Die Autorität und Würde des Mannes blieben in der Familie unangetastet. Diese alten Wertvorstellungen brachte Vater mit nach Deutschland. Nach seiner ungeplanten Frühpensionierung fühlte sich Vater nutzlos. Er schämte sich dafür, dass er seiner Vaterrolle, so wie er sie in Korea erfahren hatte, nicht gerecht werden konnte.

Ich werde wohl nie zu 100 Prozent nachfühlen können, was in Vater vor sich geht. Koreanische Väter sind in der Hinsicht mysteriös. Zwischen Vater und Sohn wirkt eine gewisse Ying- und Yang-Beziehung. Es besteht eine große emotionale Abhängigkeit, und die Liebe zum Sohn wird oft durch Zwang und Autorität gezeigt. In Deutschland geboren und aufgewachsen, fiel es mir sehr schwer, diese alte koreanische Sichtweise zu verstehen. Erst während meines Studiums begann ich, Verständnis zu entwickeln für die Art und Weise, wie Vater sich gibt.

»Erst die Fremde lehrt uns, was wir an der Heimat besitzen«, schrieb einst Theodor Fontane. Als ich mit 18 Jahren in das Land der unbegrenzten Möglichkeiten ging, bekam ich einen kleinen Einblick darin, wie es wohl Mutter und Vater in Deutschland ergangen war und vielleicht immer noch ergeht. Ist Heimat wirklich dort, wo man sich wohlfühlt oder sein Herz hat? Ist Heimat nicht ein ungreifbarer Traum? Für Vater mag Heimat ein abstrakter Begriff sein. Genau weiß ich es nicht. Aber Heimat bleibt eben Heimat, schon deswegen, weil die Luft, die man atmet, von Grund auf verschieden ist. Sogar unsere Colliehündin Ära, die in Kiel geboren wurde, konnte ihre Heimatluft von der einer anderen Umgebung unterscheiden. Wenn man so lange wie Mutter und Vater in einer Fernbeziehung zur Heimat lebt, dann verblassen irgendwann die Erinnerungen. Der Duft der heimischen Luft entweicht aus den Körpern, und die Träume über die Geburtsorte werden schrittweise weniger, bis sie einem schließlich ganz entfliehen. In der Anfangszeit denkt man wahrscheinlich täglich an seine Heimat. Vielleicht sind es Hunderte von

Gedanken über den Tage verteilt, die man seiner alten Heimat widmet. Doch mit der Zeit werden aus den einhundert täglichen Gedanken neunzig, achtzig, siebzig. Und mit jedem neuen Tag, Monat und Jahr wird die Zahl der Gedanken an die Heimat weniger, bis man vergisst, sie zu zählen. Wenn man an diesen Punkt gelangt ist, dann spielen einem die Gedanken verrückt. Die schönen Lieder, die man einst sang, und die witzigen Geschichten, die man sich gegenseitig erzählte, geraten Vers um Vers in Vergessenheit. Das Gesicht der Mutter und der Geschwister, die man so oft sah, verlieren ihre Konturen. Irgendwann wundert man sich, wie deren Stimme einst in den Ohren klang. Die Dinge, die man einst verspeiste, verlieren an Geschmack, und die Orte, wo man als Kind spielte, verlieren an Lebendigkeit. In ihrem neuen Land, das sich sehr schwertat einzugestehen, ein Einwanderungsland zu sein, war es nicht sonderlich leicht für Mutter und Vater, sich zuhause zu fühlen. Mutter und Vater, so wie viele andere ihrer Landsleute, sind bis heute in Deutschland nicht heimisch geworden. Das ist gelebter koreanischer Alltag in der neuen Heimat.

Während seiner Schulzeit war Vater ein begeisterter Boxer. In Deutschland gab er türkischen und spanischen Migranten, wie Jesus und Mahmut, Taekwondo-Unterricht. Zu der Zeit war Vater in der Blüte seiner körperlichen Verfassung, aber auch da schon immer mit der Kippe in der Hand.

Heute vertreibt sich Vater die meiste Zeit damit, Gerichtssendungen und Homeshopping-Kanäle im Fernsehen anzuschauen. Er liebt Samstage, da dann die Samstagszeitung mit den vielen Werbeprospekten und die koreanische Zeitung *Kyoposhinmun* nach Hause kommen. Nicht selten geschieht es, dass Vater meine Schwester darum bittet, etwas für ihn aus den Homeshopping-Kanälen zu bestellen. In einem Augenblick ist es der Gitarreninstrumentalist Hans Lingenfelder alias Ricky King und im nächsten der holländische Violinist André Rieu, die Vaters Herz höher schlagen lassen.

Es gab Zeiten, als Vater noch traditionelle koreanische Gesellschaftsspiele wie *Go-Stop* spielte, ein Kartenspiel mit vielen schönen Blumenmustern. Aber diese Zeiten sind vorbei. An Sonntagen fährt Vater zur koreanischen Kirchengemeinde nach Düsseldorf. Dort trifft er sich mit seinem Freund Herr Choi. Herr Choi ist mit der ersten Welle koreanischer Bergarbeiter 1965 nach Deutschland gekommen. Die Familien pflegen ein sehr familiäres Verhältnis. Diese enge Verbindung, ohne wirklich Familie zu sein, gab Mutter und Vater oft Obdach an regnerischen Tagen.

Meine Geschwister Julia, Simone und ich hegten schon lange den Plan, Vater nach Korea zu schicken. Bislang scheiterte es immer am Finanziellen. Das Haus muss abgezahlt werden, ebenso wie die Kredite, die für unser Auslandsstudium aufgenommen wurden. In seinen bedrückten Phasen sagte Vater manchmal Dinge, die mich sehr traurig stimmten. Meine Traurigkeit kann ich vor Vater gut verstecken.

»Wenn ich nach Korea fliege, dann wird das wohl mein letztes Mal sein. Ich werde die Gräber meiner Mutter und meines Vaters pflegen. Per Video möchte ich für euch meinen Lebensweg aufzeichnen. Es ist wichtig, dass ihr die Gräber eurer Großeltern kennt und dass ihr sie später pflegt. Das sind eure Wurzeln. Vergesst sie niemals!«, sagte Vater auf Koreanisch.

»Du musst noch deine Enkelkinder kennenlernen und auf sie aufpassen!«, erwidere ich in solchen Momenten auf Deutsch.

Das ist der Augenblick, in dem Vater mir den Vogel zeigt und auf Koreanisch sagt: »Euch großzuziehen hat mir schon gereicht! Ich bin nur dann bereit, auf die Enkelkinder aufzupassen, wenn ihr mir einen guten Stundenlohn gebt!«

Ein Inserat des koreanischen Bergarbeitervereins »Glück auf!« in der *Kyoposhinmun* warb für eine politische Bildungsreise nach Korea, die vom koreanischen Außenministerium gefördert wurde. Mutter bewegte Vater dazu, Herrn Kim, den Organisator der Reise und Vorstand des »Glück-auf!«-Vereins, anzurufen. Vater sollte sich für die Koreareise anmelden. Wie so oft dachte Vater an die Familie. Er hatte Bedenken. Vater wollte niemandem finanziell zur Last fallen. Denn trotz finanzieller Unterstützung durch das koreanische Außenministerium musste man das Geld für das Flugticket und andere Nebenkosten selbst aufbringen. Die mickrige Rente, die Vater seit seiner Frühpensionierung erhält, reichte nicht aus. Als Mutter uns davon berichtete, legten Julia, Simone und ich das Geld sofort zusammen. Vater sollte nach Korea, das war unser Ziel. Schließlich konnten wir Vater davon überzeugen, sich für die Koreareise anzumelden.

Vater war schon seit fast zwei Jahrzehnten nicht mehr in *Daehan-Minguk* gewesen. Das war mir bei meinem letzten Koreabesuch 2008 bewusst geworden, als ich eine neue Kassette für Vaters Karaoke-Maschine kaufen wollte. Im Yongsan Electronic Market musste ich nicht lange warten, bis sich ein Verkäufer den Weg zu mir bahnte und nach meinen Wünschen fragte. Als ich den *Ajeoshi* des Karaoke-Ladens fragte, ob er für die Assa-Karaoke-Maschine meines Vaters eine Kassette mit neuen Liedern habe, lachte er mich aus. Er winkte ab, setzte sich hin und fragte mich auf Koreanisch: »Leben Sie in der Steinzeit?! Diese Kassetten werden schon lange nicht mehr produziert … Mein junger Freund, wir sind im Zeitalter von CDs angelangt!«, fügte der Verkäufer besserwisserisch hinzu. Dass ich das Zeitalter von CDs verpasst habe, verdanke ich Vater, der Chinesischen Mauer, weil ihm alles, was mit CDs zu tun hatte, nicht geheuer war und uns womöglich vom Lernen für die Schule abgelenkt hätte. Die Karaoke-Maschine hatte Vater zu reinen Lernzwecken gekauft. Die Karaoke-Maschine sollte dazu dienen, dass wir Kinder durch das Singen alter koreanischer Volkslieder die koreanische Sprache erlernten.

Einige Tage vor seiner Rückkehr in die alte Heimat rief ich Vater aus Berlin an.

»Ich werde nach einer Woche zurückkehren. Mutter und Farah warten auf mich. Mach dir keine Sorgen! Was soll ich so lange in Korea bleiben? Ich werde nur die Gräber meiner Eltern pflegen und wieder zurückkommen«, versicherte mir Vater auf Koreanisch.

Wenn Vater über seine alte Heimat Korea spricht, dann nutzt er die gängige koreanische Floskel »Uri Nara« nicht mehr, was übersetzt so viel wie »unser Land« bedeutet. Er tut dies schon lange nicht mehr.

»Danke für das Geld, das du mir geschickt hast. Warum schickst du mir überhaupt Geld, obwohl du selber nichts hast! Ich melde mich, sobald ich in Korea angekommen bin«, sagte Vater zum Abschluss des Gespräches und legte auf.

Tante Won, die Vater *Obba*, »älterer Bruder«, nennt, gab Vater Taschengeld für seine Reise mit. Mit dem Geld sollte Vater die Dinge essen, die er schon so lange nicht mehr gegessen hatte und die Dinge kaufen, die er schon so lange nicht mehr kaufen konnte. Tante Won ist wie Mutter in den Sechzigerjahren als Krankenschwester nach Deutschland gekommen. Sie stammt genauso wie Vater aus der Hauptstadt der *Gyeongsan-do*-Provinz Daegu. Sie hat ihr Glück im Leben erst sehr spät gefunden und zu früh verloren. Reverend Dr. James Park, den ich nur »Reverend« nannte, war viele Jahrzehnte Pastor einer methodistischen Kirche in Philadelphia gewesen. Nach seiner Pensionierung kam Reverend nach Deutschland. In einer koreanischen Kirchengemeinde in Düsseldorf lernte Reverend Tante Won kennen.

»Er kam wie die Morgensonne und ging wie der Wind«, sagte Tante Won nach seinem Tod zu mir. Reverend war eine besondere Person. Er hat viel für unsere Familie getan. Ich vermisse ihn.

Der Tag von Vaters Rückkehr in seine alte Heimat rückte näher. Mutter, Julia, Simone und ich machten uns deshalb große Sorgen. Nach den Terroranschlägen vom 11. September wurden alle Direktflüge von Düsseldorf nach Seoul-Incheon International Airport gestrichen. Alle Direktflüge nach Korea gingen nur noch von Frankfurt am Main aus. Die Anreise nach Frankfurt erfolgte via Düsseldorf Hauptbahnhof mit dem ICE. Vater war der Einzige, der sich keine Sorgen machte, dass er womöglich auf dem Weg nach Frankfurt verloren gehen könnte. Wir hatten die Sorge, dass Vater mit dem ICE womöglich bis München durchfahren würde. Simone malte sogar den Teufel an die Wand: Sie ging so weit, dass sie Vater irgendwo hilflos in Wladiwostok aussteigen sah. Julia kam auf die brillante Idee, Vater ein Schild umzuhängen mit der Aufschrift: »Lieber Herr Schaffner, ich muss am Frankfurter Flughafen aussteigen! Bitte helfen Sie mir!«

Ich kann mich gar nicht mehr daran erinnern, wann Vater das letzte Mal mit dem ICE, geschweige denn überhaupt mit der Deutschen Bahn, unterwegs war. Julia beauftragte

Simone, Vater den wichtigen Satz, den er beim Schaffner anwenden sollte, zu lehren: »Ich muss am Frankfurter Flughafen aussteigen. Können Sie mir kurz vorher Bescheid geben?« Simone schmiss diesen Lehrauftrag schnell hin, als Vater auch beim zweihundertsten Mal den Satz nicht hinbekam. Er sprach den Satz in so einem gebrochenen Deutsch aus, dass ihn bei aller Nächstenliebe keiner hätte verstehen können.

»Gott wird schon mit ihm sein!«, sagte Simone und reckte lachend beide Daumen nach oben. Julia und mir war es zu riskant, auf Gott alleine zu zählen. Man weiß nie, was der Herrgott gerade so treibt. Zudem schläft Vater sehr gerne bei den Sonntagspredigten in der koreanischen Gemeinde ein. Das Einschlafen während der Predigten verschaffte Vater sogar ein Vier-Augen-Gespräch mit dem Pastor. Der liebe Gott bestraft kleine Sünden sofort.

Die Zugfahrt war aber noch unsere geringste Sorge. Seine alte Heimat hatte sich in allen Facetten weiterentwickelt, während Vaters Entwicklung mit der Ankunft in Deutschland zum Stillstand gekommen war. Das alte Korea, wie Vater es erlebt und erfahren hatte, existiert schon lange nicht mehr. Das moderne Korea nahm sich vieler westlicher Einflüsse an. Bei seiner Ankunft würde Vater sein Korea nicht mehr vorfinden. Wie würde Vater all das verkraften, fragte ich mich.

Der Abreisetag war gekommen und die Koffer gepackt. Schon Stunden vorher saß Vater gekämmt und gebadet in seinem feinsten Anzug im Wohnzimmer. Vater, der zu Verabredungen und Terminen notorisch zu spät kommt, war nun überpünktlich. Er wirkte so aufgeregt wie ein Schuljunge, der seinen ersten Schultag herbeisehnte. Simone war von dem Anblick so emotional ergriffen, dass sie anfing zu weinen. Unsere Sorge, Vater könnte die ICE-Fahrt vielleicht nicht meistern, stellte sich als völlig unbegründet heraus. Der Flug bis Seoul-Incheon verlief problemlos. Als Kettenraucher hatte Vater bestimmt so seine Probleme, bei dem über zehnstündigen Flug seine Zigaretten in der Schachtel zu behalten. Ich hatte Sorge, dass Vater in die Hauptnachrichten kommen würde, weil das Flugzeug wegen Vaters Nikotinsucht irgendwo notlanden musste. Aber es kam nichts in den Nachrichten, und auch sonst hörten wir keine skurrilen Meldungen. Wir hörten gar nichts. Vor lauter Freude, den Boden seiner alten Heimat zu betreten, vergaß Vater, sich bei uns zu melden. Nach einer Woche kam Vater nicht zurück aus Korea. Er meldete sich über Wochen nicht mehr. Bis Mutter schließlich Oma anrief und sich nach Vaters Wohlbefinden erkundigte.

Es gehe ihm gut, versicherte uns Oma. »Hyun *Sae-Bang* lacht und redet viel!«, fügte Oma hinzu. Busan-Tante schickte uns einige Fotos per E-Mail. Eines zeigt Vater auf dem Gukje-Markt in Busan. Vater schaut ungläubig um sich wie ein Junge im Schlaraffenland, der nicht weiß, an welchen Köstlichkeiten er zuerst knabbern soll. Ein anderes Foto zeigt Vater, wie er das Grab seines Vaters pflegt. Opa liegt an einem Berg in Ulsan begraben. Er hat einen wundervollen Ausblick auf das Ostmeer. Ich bin mir sicher, dass Opa dort seinen Seelenfrieden gefunden hat.

Erst drei Wochen später rief uns Vater an. Seine Stimme war kaum wiederzuerkennen. Sie klang heller und fröhlicher. Die Melancholie und die Trübsal waren aus der Stimme verflogen. Die Rückkehr in seine Heimat war eine Reise zurück und gleichzeitig eine Heimkehr in die Zukunft. Alte Sehnsüchte wurden gestillt. Der Geist und Körper mit Vertrautem gefüllt. Vater blieb vier Wochen im Land der Morgenstille.

Seitdem wirkt Vater jünger und dynamischer, wie in seinen Anfangstagen, als er nach Deutschland kam. Es wird nicht seine letzte Reise zurück gewesen sein.

SEOUL, SEOUL

Wenn man in einer koreanischen Migrantenfamilie aufwächst, dann wird einem das perfekte Koffer-packen quasi in die Wiege gelegt. Mein Vater kam 1969 mit nur zwei kleinen Koffern nach Deutschland. Auf diese Leistung ist Vater heute noch besonders stolz. Koffer-packen ist wahrhaftig eine Kunst, die nur zu gern unterschätzt wird. Vater erinnert mich ständig an seine sparsame Gepäck-handhabung, wenn ich mich auf Reisen begebe. Sein Eifer im Kofferpacken hat nach und nach auf mich abgefärbt. Bevor ich jedoch zu dieser Erkenntnis kam, musste ich erst meine eigenen Erfahrungen sammeln. Nach vielen Schweißtropfen durch das Schleppen des schweren Gepäcks, und zahlreichen verschlissenen Koffern, die wegen der Überfülle aus allen Nähten platzten, konvertierte ich zum Light-Traveler. Heute packe ich besser als jeder Migrant auf der Flucht. Meine Rou-tine wird nur dann aus der Bahn geworfen, wenn es in Rich-tung »Heimat« geht, wie meine einheimischen Mitbürger an dieser Stelle bemerken würden. Dann feiern meine längst ver-gessen geglaubten alten Klamottenpackmarotten Revival.

Ich habe die dumme Angewohnheit, meine Reisen ins Land, in dem Europäer Langnasen genannt werden, immer in die heißeste und zugleich feuchteste Jahreszeit zu legen.

Es ist nicht etwa die Sehnsucht, wie man vielleicht vermuten könnte, die mich an den Ort meiner Wurzeln verschlägt. Denn Sehnsucht verbindet man bekannterweise mit so etwas wie Heimat. Ich aber sehe meine Reisen ins Land, in dem man sich bei der Begrüßung nicht die Hände schüttelt, als Möglichkeit zum Aufladen meiner deutsch-koreanischen Batterien. Mein Körper, der sich zu lang von gen-modifizierten Lebensmitteln und ohnehin aus mehrheitlich westlichen Lebensmittelprodukten ernährt hat, ist für ein fernöstlich orientiertes Leben und dessen Klima nicht geeignet. Zu dieser Erkenntnis kam ich bisher bei jedem meiner Besuche im Land der Morgenstille.

Trotz der angespannten Lage zwischen Nord- und Südkorea habe ich mich mutig in den südkoreanischen Flieger gesetzt. Der Fall des Eisernen Vorhangs hat die Flüge nach Korea billiger und vor allem kürzer gemacht. Heute können koreanische Fluggesellschaften sorglos mitten durch russisches Gebiet fliegen, ohne zu befürchten, von russischen Raketen abgeschossen zu werden. Nach Glasnost und Perestroika ist die große Bruderliebe zwischen Mutter Russland und den nordkoreanischen Eidgenossen ein wenig abgekühlt. Ich erinnere mich, wenn auch nur wegen der Kälte und des Schnees, der überall lag, dass wir 1987 auf dem Weg nach Korea in Anchorage, Alaska, einen Zwischenstopp einlegten. Die Flugzeit betrug damals fast einen ganzen Tag. Heute schafft man die Strecke bei Rückenwind nonstop in weniger als elf Stunden.

Man bot mir einen Sitz in der Business Class an, weil eine Horde konsumhungriger japanischer Hausfrauenfinanzministerinnen in der Economy Class zusammensitzen und ihre Shoppingliste durchgehen wollte. Der koreanische Won ist seit längerem sehr schwach, zur Freude der kaufwütigen Japaner. Die Japaner können es nicht lassen, ihre Überlegenheit dadurch zu zeigen, dass sie ganze Shoppingmalls und Märkte leerkaufen und sich über die niedrigen koreanischen Preise lustig machen. Die geräumigen Sitze in der Business Class luden dazu ein, mit der Fernbedienung herumzuexperimentieren, ganz zum Leidwesen meines koreanischen Sitznachbarn, der mich grimmig anblickte. Da wir noch den ganzen Flug vor uns hatten, wollte ich es mir mit meinem Quasilandsmann nicht verscherzen. Zumal ich wusste, dass der ukrainische Innenminister Juri Luzenko und sein Sohn auf einem Flug von Frankfurt nach Korea wegen Randalierens und Trunkenheit vom Flug ausgeschlossen wurden. Ich wollte mein Glück nicht herausfordern. Außerdem hat das Land schon genug unter der Teilung zu leiden. Dann müssen nicht noch zwei Quasilandsmänner ihren Beitrag zur Trennung beisteuern.

Es ist immer wieder angenehm, in das Meer schwarzhaariger Köpfe einzutauchen, sich in den gelben Gesichtern der anderen zu verlieren, nicht hervorzustechen, auch wenn sich unter die Koreaner Japaner und Chinesen gemischt haben. Im koreanischen Flieger sehen sie alle gleich aus, so wie die freundlichen, elegant dahinschreitenden, stets gepflegt aussehenden Flugbegleiterinnen in ihren nussbraunen Uniformen.

Die Flugroute ging von Frankfurt über Astana, West-Sibirien, Novosibirsk und Irkutsk, wie ich dem Monitor des Entertainmentsystems entnahm. Kurz vor dem Landeanflug freute ich mich auf das Ausfüllen der Arrival Card und der Customs Declaration Form. Bei letzterem Dokument tue ich mich besonders schwer. Da wird gefragt, ob man Waffen wie etwa Messer, Armbrust, Schussfeuerwaffen, Sprengstoff oder radioaktive Substanzen und illegale Drogen wie Opium, Heroin, Kokain, Cannabis oder ähnliche Substanzen ins Land zu schmuggeln versuche. Weiter wird gefragt, ob man die Intention habe, Falschgeld in Umlauf zu bringen. Die Fragen sind jeweils mit einem simplen Ja oder Nein zu beantworten. Ich jedenfalls bewundere die anderen Fluggäste, mit was für einer Leichtigkeit und vor allem Bedenkenlosigkeit sie die Dokumente ausfüllen. Dann wiederum gibt mir zu denken, dass man sich dieses scheinbar ungerührte Verhalten auch in afghanischen Terrorcamps antrainieren kann. Nicht dass ich als Deutsch-Koreaner den Chinesen und Japanern mit Blick auf die Geschichte etwas Böses unterstellen möchte. Aber man kann nie wissen. Für mich haben die Fragen keine vorbeugende Wirkung, sondern bringen Menschen erst recht auf dumme Gedanken. Ich überlege, was wohl ein angehender Terrorist, Dealer oder Falschgeldhersteller tun würde, ganz nach dem Motto: What would Jesus do? Was würde Jesus tun? Selbstverständlich werden Verbrecher im 21. Jahrhundert, die einen großen Coup landen wollen, ihre Absichten, so wie es sich für Kosmopoliten gehört, vorab bei der Einwanderungsbehörde legal deklarieren.

Ich habe nichts Illegales anzumelden. Ich habe nicht vor, Terrorist, Dealer oder Falschgeldproduzent zu werden. Mit meinen überall mit NEIN versehenen Dokumenten reihe ich mich reinen Gewissens in die Schlange einer Handvoll verängstigter weißer Europäer, südostasiatischer Arbeitsmigranten und anderer asiatischer Touristen ein. Mit geschultem Scanner-Blick schaut die junge Beamtin in meine Papiere, meinen unglaubwürdig erscheinenden deutschen Reisepass, sieht zum Abschluss in meine landsmännisch familiär wirkenden Augen und weist mich schließlich per Stempel in das gelobte Land ein. Freundliche und gut gelaunte Beamte am Flughafen anzutreffen, egal, ob in Frankfurt oder Seoul, ist äußerst selten geworden. Anders als die Chinesen, die vor mir in der Schlange dran waren, bin ich gut davongekommen und wurde nicht von männlichen Beamten zu einem separaten Verhörraum geführt. Seit bekannt wurde, dass die Chinesen tonnenweise *Kimchi*, das allerheiligste koreanische Nationalgericht, mit Bakterien verdreckt importieren und an den Mann bringen, werden chinesische Staatsbürger bevorzugt schikaniert.

Ich bin wieder da, im Land, das mit dem vielversprechenden Slogan »Sparkling und Dynamic Korea« wirbt, im Land, dessen Fußballgott ein Niederländer ist.

Zum Aufladen meiner Batterien brauche ich eben nicht nur die versmogte Luft dieser pulsierenden Stadt, dieses Meer an modernen Hochhäusern, altmodischen, engen und verwinkelten neonlichtdurchfluteten Seitenstraßen, den Geruch von Mottenkugeln und Müll, den üblen Duft der *Bondaegis*-Schmetterlingslarven, den Dauerstau und das ständige Unter-Strom-sein, den Lärm dieses Großstadtdschungels, und selbst das Fluchen der betrunkenen *Ajeoshis* auf den Präsidenten, sondern vor allem auch das koreanische Essen.

Daehan Minguk – Wihayo! Auf das Wohl Koreas!

Kaum bin ich aus dem vollklimatisierten Terminal getreten, heißt mich eine drückende Schwüle bei 30 Grad, die sämtliche Schweißdrüsen meines westlich geprägten Körpers zum Produzieren anregt, herzlich willkommen. Hier im Land ist es so heiß, dass man die Regenschirme in der Sommerzeit mit sich trägt. Ein Jahr habe ich in Korea verbracht, nachdem ich 2005 meine Laufbahn als Profisportler beendete. Meine Eishockeyausrüstung inklusive Nomadenleben tauschte ich gegen ein Seouler Leben und eine kleine überteuerte möblierte One-room-Wohnung in Daebang-dong nahe dem Regierungsviertel ein. Ein guter Deal.

Von der Finanzkrise ist in Seoul kaum etwas zu spüren. Die 10-Millionen-Metropole baut weiter riesige Apartmentkomplexe in Form von Hochhäusern. Seoul ist gigantisch. Es ist das Mekka Koreas, der Magnet, der Menschen anzieht. Keine andere koreanische Stadt bietet so krasse Gegensätze zwischen klein und riesig, westlich und fernöstlich, Past-meets-Future.

Wenn man die alte Seele Koreas sucht, dann muss man nur zu einem der vielen Märkte gehen. Das moderne Korea hingegen ist überall gegenwärtig in Form von amerikanischen Fastfood-Ketten wie Krispy Kreme oder McDonald's. Bei Krispy Kreme bekommt man einen Donut geschenkt, sobald das rote Neon-Logo von innen leuchtet. Und obwohl es in Seoul an jeder Ecke einen McDonald's gibt, die zum Teil 24 Stunden geöffnet haben, existiert ein Lieferservice, der die Fastfood-Bestellung nach Hause bringt. Für die Perversion des Fastfood Empires gibt es wohl keinen besseren Ort als Seoul.

Auch dieses Mal habe ich meine Reise in die Regenzeit gelegt. In Korea ist die Monsunzeit angebrochen. Es gießt aus Eimern. In Seoul ist der Han-Fluss vielerorts über die Ufer getreten und hat manche Straßen unbefahrbar gemacht. Eigentlich wollte ich zu Oma nach Ulsan fliegen. Kaum war ich am Gimpo Flughafen angekommen, wurden alle Flüge nach Ulsan wegen des Unwetters gestrichen. Mir blieb nichts anderes übrig, als in der Hauptstadt zu bleiben. Seoul, das ist Hip-Hop, das ist *East Asian Dolce Vita*, das ist Sex und Rock&Roll, das ist Sinfonie, Melancholie und grenzenlose

Traurigkeit. Seoul, das ist Ode an die Freude, das ist Knockin'
on Heaven's Door. Seoul ist wie ein Cocktail aus Drogen, mit
dessen Entzug man erst zu leben lernen muss.

OLGA, WLADIMIR UND ICH
GO FAR FAR EAST

Wenn wir in Korea sind, bitte ich euch, nicht zu hinterfragen, was auf dem Tisch des Restaurants serviert wird, egal, wie merkwürdig es aussieht, befremdlich es riecht, ob es bellt oder noch ein wenig zappelt«, sagte ich zu Olga und Wladimir, als wir uns in einem koreanischen Restaurant in Kreuzberg mit Spezialitäten der koreanischen Küche auf unsere bevorstehende Reise einstimmten. »Ich bin euer Deutsch-Koreaner des Vertrauens! Was in Seoul passiert, bleibt in Seoul«, fügte ich mit einem vertrauensvollen Blick hinzu.

Olga und Wladimir nickten. Sie erwiderten nichts auf meine Bitte, lachten nur, und doch konnte ich Bedenken von ihren Blicken ablesen. Ehrlich gesagt konnte ich mir bei dem Satz nicht verkneifen, an *Bondaegi*, *San-Nakji* und auch ein wenig an *Boshintang* zu denken. Aber das sind fortgeschrittene Gerichte für Koreabesucher, nichts für Anfänger. Schon aus ethisch-moralischen Prinzipien wäre *Boshintang* gar nicht in Frage gekommen. Ich zahle gerne Steuern für meinen Hund.

Der Abend in Kreuzberg war jung, und es schien, als würden uns die Gründe für ein Glas *Soju* nicht ausgehen wollen. Wir erhoben die Schnapsgläser und tranken, um nur eine kleine Auswahl dessen zu nennen, an was ich mich noch erinnern kann, auf unsere Reise, auf Korea, die Kinder, die Frauen, die Liebe, das Leben und die Zukunft. Spätestens dann war mein Gesicht so rot gefärbt, dass ich damit ganz Friedrichshain-Kreuzberg hätte beleuchten können. Unser Tisch war mit allerlei Köstlichkeiten gedeckt wie *Dolsot Bibimbap*, *Bulgogi*, *Samgyeopsal*, *Japchae*, *Mandus* und *Banchan*. Trotz der Fülle schafften wir es, alles aufzuessen und jede *Soju*-Flasche bis auf den letzten Tropfen zu leeren. An diesem Abend lernte ich eine wichtige russische Sitte kennen: Trinken ohne Trinkspruch gilt in Russland als Saufen, Trinken mit einem Trinkspruch hingegen als russische Kultur.

Das Goethe-Institut hatte uns zu einer Literaturveranstaltung eingeladen. Unter dem Motto »Zuhause in der Fremde: Wladimir Kaminer und Martin Hyun erzählen« sollten wir über unsere Integrationserfahrungen in Deutschland berichten. In Deutschland ist das Thema zu einer Art Mode verkommen und hat bereits Konturen eines Wirtschaftsprodukts angenommen, dessen Profiteure und Designer in den seltensten Fällen die Migranten selbst sind. Zuhause in der Fremde spielt die Herkunft immer noch eine größere Rolle als der gemeinsame Blick in die Zukunft. Der Weg der Integration ist noch lang, aber wie die Koreaner zu sagen pflegen, ist der Anfang bekanntlich die Hälfte des Weges.

Persönlich hätte mir der Titel »Kaminer und Hyun: Go Far Far East« besser gefallen. Letztendlich war es egal. Schließlich kommt es auf den Inhalt an.

An einem regnerischen Maitag, an dem sich die erhitzten Gemüter in Berlin langsam beruhigten und sich auch die Asche aus Island von den Wolken verabschiedete, verließen Olga, Wladimir und ich unser glückliches Zuhause

Berlin. Damit wir von vornherein das ultimative Korea-Feeling bekommen würden, hatten wir uns darauf verständigt, mit einer koreanischen Fluggesellschaft zu reisen. Es machte uns nicht einmal etwas aus, als sich der Flugkapitän über die Lautsprecheranlage mit Kim Jong-il vorstellte. Schließlich gibt es nicht nur einen Kim Jong-il auf dieser Erde. Aeroflot und China Airlines boten zwar günstigere Flugtickets an, doch wir wollten sicher, und ohne um unser Leben zu bangen, in Seoul ankommen. Wladimir hatte mir einmal erzählt, dass die Russen nicht sonderlich gut im Autobauen seien, weil es nicht so leicht zu handhaben sei wie das Bohren nach Gas und Öl. Daraus schlussfolgerte ich, dass die Russen erst recht keine guten Flugzeugbauer sein konnten. Die Chinesen sind zwar inzwischen im Besitz von Volvo und planen, eigene Flugzeuge im großen Stil zu bauen, dennoch habe ich meine Bedenken gegenüber »Made-in-China«-Produkten, die meist schnellen Materialermüdungserscheinungen zum Opfer fallen.

Olga muss etwas Nostalgie verspürt haben, als wir über ihre ehemalige Heimat Sachalin flogen. In ihrer Grundschule war Olga mit einigen Nachfahren ehemaliger koreanischer Zwangsarbeiter in einer Klasse gewesen. Die traurige Geschichte der Koreaner in Sachalin ist ein Kapitel für sich. Wladimir erzählte mir noch von der koreanischen Möhre, die sich in Russland großer Popularität erfreue, unter einheimischen Koreanern jedoch kaum bekannt ist. Und ich dachte mir nur, dass auch die koreanische Möhre der Ruf ereilt, im eigenen Land nichts wert zu sein.

Wir kamen im Ausländerviertel Itaewon unter. Normalerweise meide ich diesen Bezirk, wenn ich in Seoul bin. Böse Zungen behaupten, Itaewon sei eine amerikanische Kolonie. Doch dieses Mal erschien mir Itaewon vielfältiger. Neben den koreanischen Straßenhändlern zieren auch indische und peruanische Verkäufer das Straßenbild, so wie die Moschee, die mir dieses Mal ein wenig größer erschien als sonst. In Itaewon waren seit einiger Zeit auch türkische Kebab-Shops beheimatet. Bei dem Anblick der Kebab-Spieße wurde ich fast ein wenig nostalgisch.

Wladimirs Russendisko versetzte die Menschen in Itaewon im Café Berlin bis in die frühen Morgenstunden in große Tanzlaune. Die Menschen tanzten nach russischer Folklore, und selbst die Gattin des Botschafters schwang das Tanzbein. Ich traute mich nicht zu tanzen. Wladimir meinte dazu nur, dass richtige Männer nicht tanzen.

Dass jeder Russe gerne Wodka trinkt, ist ein Gerücht, so ähnlich wie bei den Koreanern mit den Hunden. Die Seouler Nächte waren lang und wurden mit reichlich Wein begossen. Wir sprachen über maskuline Dinge, entdeckten unsere feminine Seite und resümierten, bewegte Dinge erlebt zu haben.

Eine kleine Verschnaufpause von der Hektik dieser Stadt gönnten wir uns im Yook-Sam-Building. Die Aussicht auf die Stadt vom 60. Stock bei Nacht ist einfach atemberaubend und verleitet zu Melancholie, und so saßen wir minutenlang stillschweigend da und genossen dieses, wie Wladimir es auf den Punkt brachte, »Monument der Menschheit«. Wir besuchten den Gyeongbokgung-Palast, wo Olga und Wladimir ein *Hanbok* anprobierten, was bei Olga einen so nachhaltigen Eindruck hinterließ, dass sie sich in den Kopf setzte, bis zum Ende der Reise eines zu kaufen, auch wenn es im deutschen Alltag kaum Verwendung dafür gab. In Insa-dong tranken wir Tee und kauften Souvenirs, etwa traditionelle koreanische Malerei. In Myeong-dong aßen wir *Kalguksu* im berühmten Myeong-dong *Kyoja* und schauten uns im Migliore nach Geschenken für die Lieben daheim um. Eine Reise nach Panmunjom, an die Grenze, sollte unseren Besuch in Korea abrunden. Die Fahrt dorthin war getrübt von Betroffenheit, jedoch verbunden mit der Hoffnung, dass alles ein friedvolles Ende finden werde.

Die Literaturshow unter Anwesenheit des deutschen Botschafters meisterten wir mit Erfolg. Auch in Korea, das sich durch seinen rasanten wirtschaftlichen Aufstieg von einem Entsende- zu einem Aufnahmeland von Migranten entwickelt hat, befasst man sich mit dem Thema Integration.

Mit unvergesslichen Eindrücken und mit einem prächtigen *Hanbok* im Gepäck traten Olga und Wladimir die Rückreise nach Berlin an. Ich blieb. Ich brauchte Seoul noch ein wenig, diese versmogte Luft, diese Rasanz, das lebhafte Nachtleben, die kreative Küche, den Geruch von *Samgyeopsal* und *Galbi* an jeder Straßenecke und aus den *Pochangmachas*, den Service, die *Noraebangs*, den *Soju*, die saubere U-Bahn, die *Mogyeoktangs*, die Freunde, die Familie, den »*Jeong*«, die Portion Herzenswärme dieser Menschen, all dies gibt mir das gute Gefühl, in der Fremde ein kleines Zuhause gefunden zu haben.

PROBIEREN GEHT ÜBER STUDIEREN

E s gibt eine Studie, die Einblicke in die Häuser und den Lebensstil von Migranten gewährt. Schließlich möchte man sich verbildlichen, was aus den vielen Fördergeldern und Sozialtransfers geworden ist. Es gibt mittlerweile Erhebungen über das Fortpflanzungsverhalten von Migranten. Es gibt Gutachten über das Gewalt- und Wahlverhalten sowie über die Mediennutzung junger Menschen mit Migrationshintergrund. Bei meiner Recherche stieß ich auch auf eine höchst interessante Studie zu Viertklässlern. Befragt wurden Kinder mit mindestens einem türkischstämmigen Elternteil, von wem sie die letzten drei Male zum Geburtstag eingeladen wurden. Nur 56 Prozent gaben an, von mindestens einem deutschen Kind eingeladen worden zu sein.

Inzwischen gibt es wahrscheinlich mehr Studien über Migranten in Deutschland als über die Indianer im Amazonas. Zu Recht können die Migranten von sich behaupten, die Entdeckung des 21. Jahrhunderts zu sein. Demnächst werden sie bestimmt auch im Museum als Plastinate zu bewundern sein, die der Nachwelt zu Bildungs- und Aufklärungszwecken dienen sollen. In Deutschland gibt es bereits 9.000 Körperspender, darunter befindet sich bestimmt der ein oder andere mit Migrationshintergrund. Denn es ist kein offenes Geheimnis mehr, dass bereits jetzt jeder fünfte Einwohner einen Migrationshintergrund vorzuweisen hat, und die Neuen sollte man studieren, bevor man sie an irgendein Steuer lässt.

In der Sinus-Studie, die die kunterbunten Lebenswelten der Migranten erforscht, werden die Forschungsobjekte acht verschiedenen Milieus zugeordnet. Es gibt ein religiös verwurzeltes Milieu, ein traditionelles Gastarbeitermilieu, ein statusorientiertes Milieu, ein entwurzeltes Milieu, ein intellektuell-kosmopolitisches Milieu, ein adaptives Integrationsmilieu, ein hedonistisch-subkulturelles Milieu und ein multikulturelles Performermilieu. Bei all diesen komplizierten Milieus kann einem schon der Kopf brummen, dass man sich fast den einfachen Begriff »Ausländer« herbeisehnt.

Die Studie bezieht sich zwar nur auf die größten Minderheiten in Deutschland, dennoch kann ich mich in allen, außer im statusorientierten und im hedonistisch-subkulturellen Milieu, wiederfinden. Beim religiös verwurzelten Milieu fand ich Parallelen in Punkten wie dem Bewahren der kulturellen Identität, Familienehre, eiserner Selbstdisziplin, Wahrung der Ehre und Respekt gegenüber Autoritäten. Beim traditionellen Gastarbeitermilieu waren es die hohe Aufstiegsbereitschaft durch Bildung und die »klassischen proletarischen Werte« wie Hilfsbereitschaft, Mitgefühl, Bescheidenheit, keine »überstrenge Sexualmoral« und der Wunsch, aus eigener Kraft das Ziel zu erreichen. Im intellektuell-kosmopolitischen Milieu sprachen mich die Punkte engagiertes Eintreten für soziale Gerechtigkeit, Rücksichtnahme auf die Schwachen, Frieden, Menschenrechte, Selbstverwirklichung, Toleranz und Offenheit an. Beim adaptiven Integrationsmilieu waren es die gesellschaftliche Etablierung durch berufliche Leistung und kulturelle Offenheit. Im multikulturellen Performermilieu fand

ich Gefallen an den Punkten Selbstverwirklichung, Höchstleistungen erbringen, Aufgeschlossenheit für Neues, Toleranz
und Weltoffenheit.

Beim Sachverständigenrat deutscher Stiftungen für Integration und Migration befinden sich fünf Einheimische, ein
Schweizer, ein Österreicher, ein Amerikaner und eine Türkin.
Das Institut für Arbeitsmarkt- und Berufsforschung (IAB),
eine Forschungseinrichtung der Bundesagentur für Arbeit,
die wegen ihrer Statistiken zum Thema Integration von Migranten in den Arbeitsmarkt des Öfteren für große mediale
Aufmerksamkeit sorgt, ist die personelle Konstellation nicht
besser. Dort sind noch weniger Menschen mit Migrationshintergrund anzutreffen. Die Erzeuger solcher Statistiken sind
selten die Migranten aus dem multikulturellen Performermilieu.

Im Bekanntenkreis meiner Eltern häufen sich in letzter Zeit
die Betrugsfälle durch dubiose Abzockerunternehmen aus der
Mobilfunk-, Zeitungs-, Lotterie- und Versicherungsbranche,
die die Sprachschwierigkeiten der ersten Generation gnadenlos ausnutzen und ihnen ungewollte Verträge aufschwatzen.
Durch den psychischen Druck, der durch die Zahlungsauf-
forderungen, Mahnungen und die Versendung von Inkasso-
Briefen entsteht, beugen sie sich und zahlen den geforderten
Betrag.

»Wo ist unser Günter Wallraff, wenn man ihn einmal
braucht?«, schrieb mir ein Bekannter, als er mich um Rat
fragte, wie man bei solchen Fällen vorgehen solle. In den zahlreichen Studien über fast alle Lebensbereiche der Migranten
existieren, soweit ich weiß, keine Statistiken darüber, wie viele
Migranten Opfer von Betrügereien werden.

Bei der Stiftung Mercator gibt es dafür Projekte für junge

Migranten in den Bereichen »Schreiben« und »Reden« sowie die »Universität auf Probe«. Wenn schon Partizipation beim Erstellen der Statistik unerwünscht ist, dann zumindest Projekte aushecken, die in eine Mitarbeiterschaft münden, dachte ich mir. Ich habe da an »Rent-a-Migrant« oder »Migrant auf Probe« gedacht, wo man von Unternehmen und Privatpersonen gemietet werden kann. Beide könnten sich durch das Mietverhältnis annähern, sich anfreunden oder aber die Kluft vergrößern. Der Einheimische bekommt die Einsicht, der Migrant sein Geld. Das ist zunächst alles Theorie. Man müsste es ausprobieren. Denn probieren geht bekanntlich über studieren.

INTEGRATION,
EINE HERZENSANGELEGENHEIT

Die meisten Integrationslotsen erklären gerne, dass Integration ihre Herzensangelegenheit sei. Aber manchmal weiß man, dass Menschen Dinge sagen, die sie nicht wirklich meinen. Im Chor appellieren sie an die Migranten, welche Schlüssel erforderlich seien, um in das Schlaraffenland Deutschland einziehen zu können. Dabei vergessen sie zu erwähnen, welche Schlüssel benötigt werden, um ihre Herzen aufzuschließen.

Auf einer Internetplattform wurden drei Integrationspolitiker aus der 16. Wahlperiode danach befragt, wie viele qualifizierte Referenten und Mitarbeiter mit Migrationshintergrund ihre Parteien und sie selbst beschäftigten.

Der Ad-hoc-Vorsitzende des Arbeitskreises für Integration der CSU antwortete: »(…) Ihre Auffassung, dass die konservativen Parteien sich zu wenig für qualifizierte Menschen mit Migrationshintergrund engagieren, kann ich nicht teilen. Allein die CSU-Landesgruppe beschäftigt übrigens mehrere hochqualifizierte Mitarbeiter mit Migrationshintergrund und ist darum bemüht, auch weiterhin qualifizierte Mitarbeiter mit Migrationshintergrund einzustellen. In diesem Zusammenhang stimme ich mit Ihnen überein, dass Glaubwürdig-

keit nur geschaffen werden kann, wenn man auch dementsprechend handelt.«

Staatsministerin Böhmer antwortete: »(...) ich bitte um Verständnis, dass ich aus Datenschutzgründen nur allgemeine
Angaben darüber machen kann, inwiefern ich Mitarbeiter
aus Zuwandererfamilien beschäftige. Wie sehr es mir ein Anliegen ist, mehr Mitarbeiter aus Zuwandererfamilien für den
öffentlichen Dienst zu gewinnen, können Sie daran erkennen,
dass ich die erste zu besetzende Stelle in meinem Arbeitsstab
mit einer Mitarbeiterin aus einer Zuwandererfamilie besetzt
habe.«

Die Aussagen beider Politiker nahm ich näher unter die
Lupe. Der CSU-Politiker beschäftigte zwei Referenten in seinem Wahlkreis und zwei in seinem Bundestagsbüro. Auf seiner Homepage wurden die Mitarbeiter mit Namen, Kurzviten
und Porträtfotos vorgestellt. Die Namen Junk, Bauer, Kon-
häuser und Lindthaler schrien nicht gerade nach Migrationshintergrund. Fängt der Migrationshintergrund für die CSU
mit der Völkerwanderung an? Weitere Recherchen ergaben,
dass der CSU-Politiker eine Schreibkraft mit Migrationshintergrund auf 400-Euro-Basis und eine Sekretärin aus der ehemaligen DDR beschäftigte. Bei der Staatsministerin suchte
ich vergeblich nach der Mitarbeiterin mit Migrationshintergrund. Mag sein, dass sie inzwischen befördert wurde oder
im Mutterschutz ist.

Die FDP-Politikerin und Sprecherin für Integrationsthe-
men antwortete: »Ich selbst beschäftige in meinem Wahlkreis-
büro eine Spätaussiedlerin aus Russland, die mir neben ihrer
fachlichen Kompetenz auch viele Eindrücke aus der Lebens-
wirklichkeit dieser Gruppe vermittelt – Eindrücke, die aus
wissenschaftlichen Studien nicht zu erhalten sind. Außerdem

versuche ich, Migranten für die Kandidatur bei der Kommunalwahl zu motivieren – politische Verantwortung zu übernehmen!« Wie sich herausstellte, arbeitete die Spätaussiedlerin aus Russland als Sekretärin in ihrem Büro. Ein wichtiger Job. Bei der Frage ging es aber um qualifizierte Mitarbeiter mit Migrationshintergrund, die als wissenschaftliche Referenten tätig sind und als Führungskraft eingestellt werden. Von den Bundespolitikern, die sich auf Integration spezialisieren, geht die Sozialdemokratin Lale Akgün mit gutem Beispiel voran. Ihr Büro beschäftigt hochqualifizierte Menschen mit Migrationshintergrund als Führungskräfte. Leider verpasste Akgün in der 17. Wahlperiode den Einzug in den Bundestag.

SCHLAFLOS IN FRIEDRICHSHAIN

Noch lange nach dem Treffen mit Hung-sun, dem Verleger der Zeitung für Auslandskoreaner *Kyoposhinmun*, saß ich wach auf dem Bett in meiner kleinen Wohnung in Friedrichshain. Es gingen mir viele Dinge durch den Kopf, die mich partout nicht in den Schlaf entlassen wollten. Im Dezember 2013 werden es genau 50 Jahre her sein, dass die ersten koreanischen Gastarbeiter nach Deutschland kamen. Aber was weiß man schon über Koreaner in Deutschland?

Im Dezember 1963 kam es zur ersten Vereinbarung über eine vorübergehende Beschäftigung koreanischer Bergarbeiter im deutschen Steinkohlebergbau. Man wollte die Koreaner erst gar nicht. Aber die Bergbauindustrie brauchte sie dringend. Mein Vater wird am 5. Januar 2013 seinen 72. Geburtstag feiern. Er ist alt geworden, wie alle seiner Generation, die in den Sechzigerjahren kamen und in deutschen Kohlebergwerken schufteten. Viele seiner koreanischen Freunde in Deutschland haben ihren 70. Geburtstag nicht mehr erlebt. Von Jahr zu Jahr mehren sich die Todesanzeigen in der *Kyoposhinmun*. Ich hoffe, dass sie in Frieden ruhen, auch wenn sie in deutschem Boden begraben sind, der für viele nie wirklich zur Heimat wurde. Das Leben bestand nur aus Arbeit und konzentrierte sich auf die Kinder, denen es einen

Weg zu ebnen galt, der sie in eine bessere Zukunft führen sollte.

Als wir das Licht der Welt erblickten, die ersten freien Schritte alleine machten, die ersten Wörter holprig aussprachen, aufgeregt zum ersten Schultag gingen, waren die Eltern stets dabei. Sie waren es immer und sind es auch heute noch: der berühmte Fels in der Brandung. Der Gedanke daran, dass sie einmal nicht mehr da sein werden, ist für mich unvorstellbar. Ich gestehe, dass ich mich vor diesem Tag fürchte, und kann mir trotz physischer und emotionaler Härte meine Tränen nicht verkneifen, während ich diese Zeilen schreibe. Ich kann mir eine Welt ohne sie nicht vorstellen. In meiner Welt sind meine Eltern unsterblich und mit Superkräften ausgestattet. Aber all das ist reine Illusion und Verdrängung von Realitäten. Alles in diesem Leben ist vergänglich. Wenn der Mensch eines gut kann, dann ist es das Verdrängen.

Es beschämt mich, wenn ich darüber nachdenke, dass mir meine Eltern alles bis auf ihr letztes Hemd gegeben haben, damit ich meine Träume und Ziele verwirklichen konnte. Ich möchte ihnen so viel wie möglich zurückgeben, ihnen ihre Sorgen nehmen, und habe Angst, dass es zu spät sein kann, wenn es mir möglich ist. In der globalisierten Welt hat sich die Technik so rasant entwickelt, dass sie möglicherweise die Menschlichkeit in einen Infarkt legte, von dem wir uns nun in langsamen Rehabilitierungsmaßnahmen erholen.

Integration ist nicht nur Sprache und Bildung. Es ist eine Querschnittsaufgabe, die auch die erste Generation Koreaner in Deutschland umfasst, ebenso wie alle anderen Gastarbeiter der ersten Stunde auch. Auch viele ehemalige koreanische Gastarbeiter sind von Altersarmut betroffen. Die meisten koreanischen Bergarbeiter sind schon lange im Ruhestand. Viele koreanische Krankenschwestern gehen ihrem Beruf noch nach. Seit einiger Zeit werden die koreanischen Krankenschwestern vermehrt Opfer von Schikane und Mobbing am Arbeitsplatz. Doch diese Dinge werden in der Gesellschaft nicht thematisiert.

Meine Nichte Emma wird im 50. Jubiläumsjahr der Koreaner in Deutschland sechs Jahre alt sein. Einen koreanischen Namen hat Emma nicht. Es kommt mir wie gestern vor, als Emma geboren wurde. Sie kann bereits koreanische Volkslieder wie »Santoki (Hase)« oder »Nabi-ya (Schmetterling)« singen. Ihren Opa nennt Emma »Habi«, weil sie das koreanische Wort für Opa »Harabogi« noch nicht aussprechen kann. Ihre Oma nennt sie nur »Halmi«. Mich nennt sie »Samchi« für Onkel. Nur Tante »Imo« kann sie korrekt aussprechen. Emma hat mich auch schon in Berlin besucht. Dabei hat sie mir Andenken hinterlassen in Form von übelriechenden Pampers. Leonard, der Sohn von meinem Freund Felix, wird im Jahr 2013 drei Jahre alt sein. Leonard hat zusätzlich einen koreanischen Namen, Seong-min. Ein prächtiger Berliner Junge, der alles, was er in die Hände bekommt, runterreißen will. Dafür ist Leonard Seong-min in der richtigen Stadt. Wenn ich Emma Maria und Leonard Seong-min fröhlich gedeihen sehe, stelle ich mir die Frage, ob sie einst als Deutsche koreanischer Herkunft akzeptiert werden oder immer noch an Grenzen stoßen wegen ihrer Herkunft, wie es meine Generation größtenteils noch erlebt?

Wie wird es mit den Koreanern in Deutschland weitergehen? Werden wir ankommen und uns von unseren koreanischen Wurzeln verabschiedet haben, oder werden wir ankommen, ohne uns davon zu verabschieden? Werden wir Koreaner uns in alle Winde verstreuen? Werden wir zusammenhalten, was den Erhalt der Kultur anbelangt? Werden wir die Taten der ersten Generation in Ehren halten? Wer von uns kann schon in die Kristallkugel schauen und die Zukunft voraussehen? Nur die Zeit wird es zeigen.

Vor kurzem sprachen mein Vater und ich über den Tod. Ich erzählte ihm, dass ich nach meinem Tod gerne verbrannt werden möchte. Meine Asche solle irgendwo verstreut werden. Mein Vater wollte eine normale Beerdigung haben, eventuell mit Gottesdienst und einer kleinen anschließenden Trauerfeier. Ich wolle keines dergleichen, sagte ich ihm, weder einen Gottesdienst noch eine Trauerfeier. Das Leben gehe unaufhaltsam weiter, begründete ich meine Ansicht. Egal was man auf dieser Erde war, letztlich war man doch nur eine ganz kleine Nummer. Warum also sollte diese Welt für einen innehalten? Die Erde muss sich weiterdrehen! Wie heißt es so schön? Leben und sterben lassen. Zudem wäre es mir unangenehm, den Menschen ihre kostbare Zeit zu stehlen.

Mit meiner Freundin Dani habe ich einmal über Bestattungen nach muslimischem Brauch diskutiert. Nach islamischem Brauch wird der Leichnam nur in ein Leinentuch gewickelt. In vielen Bundesländern ist die islamische Bestattung bereits erlaubt. Dani meinte, dass sich viele einheimische Deutsche bedingt durch die Altersarmut keine Bestattung in einem Sarg aus Holz mehr leisten könnten. Der Sarg ist eine teure Angelegenheit. Warum sollte man nicht deshalb gleiches Recht für alle gewähren, ob man nun Muslim ist oder nicht? Eine Bestattung in einem Leinentuch ist erheblich günstiger, auch wenn Bestattungsdiscounter nach McDonald's Vorbild bereits wie Pilze aus dem Boden sprießen. Neben Fast Food gibt es nun auch den Fast Tod. Dani wohnt in der Nähe eines solchen Bestattungsdiscounters, der zu allem Übel auch noch neben einem Flatrate-Solarium angesiedelt ist. Pietätlos, meinte sie nur. Das Gespräch mit Dani hatte mich sehr nachdenklich gestimmt.

Es gibt keine statistischen Erhebungen darüber, wie viele Koreaner der ersten Generation in Deutschland begraben werden. Die Todesanzeigen werden in der koreanischen Wochenzeitung *Kyoposhinmun* veröffentlicht. Aus der Berichterstattung entnehme ich, dass die meisten nach deutschem Brauch beerdigt werden. Die Trauerfeier wird jedoch oftmals nach koreanischem Ritual abgehalten. Das hat sich trotz der vielen Jahrzehnte in Deutschland erhalten. Ich bin mir sicher, dass einige den Wunsch gehabt hätten, in koreanischer Erde begraben zu werden, weil sie mit ihrer neuen Heimat Deutschland nie so wirklich warm geworden sind. Doch die finanzielle Lage lässt oft eine Rückkehr in die Heimat nicht zu. Die Überführung in einem Zinksarg ist bis zu fünfmal teurer als im lebendigen Zustand. Dass der Tod teurer ist als das Leben, ist irgendwie bizarr.

Ich weiß nicht, wann ich das nächste Mal nach Hause fahren werde. Doch bin ich jetzt schon gespannt darauf, worüber mein Vater und ich wohl demnächst diskutieren werden. Allzu lang wird das Gespräch über meine einheimische Freundin Dani nicht mehr auf sich warten lassen. Das Thema Tod haben wir ja nun hinter uns. Dann kann es ja nur noch über die Liebe sein.

DAS ENDE, MEIN FREUND

Mein Freund Felix hat aus beruflichen Gründen seine Zelte in Deutschland abgebrochen und ist mit seiner Familie nach Korea gezogen. Yong-ho und ich haben beim Umzug geholfen. Ich vermisse ihn. Nachdem man lange auf eine Zukunft in Deutschland gewartet hatte, bekommen Felix und seine Frau diese Möglichkeit in Korea. Im Wettbewerb um die besten Talente möchte Korea oben mitspielen und weiß um das hohe Potenzial der Koreaner im Ausland. Nachdem man bereits Wahlrecht für Auslandskoreaner einräumte, denkt die Regierung darüber nach, eine Quote von Parlamentssitzen für die Koreaner im Ausland einzurichten. Zudem soll es Auslandskoreanern möglichst bald erlaubt sein, eine doppelte Staatsbürgerschaft zu führen. Somit würden sich die Aufenthalts- und Arbeitsbedingungen für Auslandskoreaner mit einem nichtkoreanischen Pass um ein Vielfaches verbessern. Auf dem Arbeitsmarkt und in anderen wichtigen Lebensbereichen sind die Auslandskoreaner den einheimischen Koreanern somit gleichgestellt.

Als der damalige Wirtschaftsminister Rainer Brüderle davon sprach, qualifizierte Fachkräfte aus dem Ausland mit einem Begrüßungsgeld nach Deutschland zu locken, dachte ich zunächst an einen verspäteten Aprilscherz im Juli. Kennt der Wirtschaftsminister überhaupt sein eigenes Land, fragte ich mich. Denn wenn der Minister es kennen würde, dann würde er etwas gegen den Braindrain hochqualifizierter Deutscher mit Migrationshintergrund aus Deutschland tun, vielleicht mit einer Rückkehr- oder Bleibeprämie. Aber mit vier Legislaturperioden auf dem Buckel ist man wahrscheinlich politisch gesättigt und verwöhnt. Um seine Zukunft und Altersversorgung braucht sich der Wirtschaftsminister keine Sorgen mehr zu machen. Er ist abgesichert, und wenn es eines Tages anfangen sollte, unaufhörlich zu regnen, so werden bei ihm stets Sommer, Sonne und Heiterkeit herrschen.

Im Gegensatz zum Wirtschaftsminister mache ich mir Sorgen um meine Zukunft und ganz besonders um das Ziel, die Anzahl der Koreaner in Deutschland zu vergrößern. Wenn immer mehr hochqualifizierte Deutsch-Koreaner auswandern, dann sehe ich die Gefahr, dass wir unser Ziel verfehlen, so, wie die UNO mit ihrer Millenniumkampagne die Armut bis 2015 drastisch verringern möchte. Vielleicht werde ich einen Antrag bei Samsung oder Hyundai stellen, mit der Bitte, etwas weniger Werbung für die Fußballweltmeisterschaften und den englischen Premier-Club FC Chelsea zu tun und mit dem eingesparten Geld junge, potente koreanische Männer nach Deutschland zu locken. Selbstverständlich würden diese dynamischen koreanischen Männer auch als Markenbotschafter für Samsung und Hyundai zur Verfügung stehen.

Unbemerkt von der deutschen Gesellschaft ist die Zahl der koreanischen Kirchengemeinden auf über 60 gestiegen. Mittlerweile gibt es bundesweit über 40 koreanische Sprachschulen. Am 15. August feierten die Koreaner, wie in jedem Jahr, in Deutschland ihren Unabhängigkeitstag. Nachdem der Ramadan in aller Munde war, blieb der koreanische *Chuseok*, das

Erntedankfest, weitgehend unbeachtet. Kurz zuvor ließen sich Scharen von Politikern beim Fastenbrechen in türkischen Gemeinden ablichten, doch es ließ sich keiner von ihnen in einer koreanischen Gemeinde blicken.

Das Forum der Koreaner in Deutschland, ein bundesweites Netzwerk für junge koreanische Führungskräfte der zweiten Generation, hat sich mangels Mitgliederzahl aufgelöst. Viele hat es aus beruflichen Gründen ins Ausland verschlagen. Den Wechsel vom Gastarbeiter zum Akademiker schaffte man noch innerhalb einer Generation, doch den Sprung in den deutschen Arbeitsmarkt schaffen die wenigsten. In der leistungsorientierten koreanischen Gesellschaft redet man ungern über Niederlagen. So schweigt man aus Scham über Absagen und Ablehnung, die man als hochqualifizierter Akademiker im Arbeitsmarkt tagtäglich erlebt. Aber je höher die Zahl der hochqualifizierten Koreaner wird, die Ablehnung erfahren, desto lauter wird ihre Stimme des Unmuts in der Gesellschaft.

Trotz Ortsabwesenheit werden Felix und ich an der Umsetzung eines Dokumentarfilmes über die erste Generation der Koreaner in Deutschland arbeiten. Er soll den Titel »Aufbruch und Wandel: Die Koreaner in Deutschland – eine lautlose Generation« tragen und bis zum 50. Jubiläum im Jahre 2013 fertiggestellt sein. Der deutsche Botschafter in Seoul hat uns seine Unterstützung zugesichert.

Staatsministerin Böhmer, die seit 1990 dem Bundestag angehört, zog Bilanz über ihre Integrationspolitik während der 16. Wahlperiode (2005-2009). Mit der Erstellung des Nationalen Integrationsplans, so erklärte Böhmer, habe sie die Integrationspolitik auf eine neue Grundlage gestellt und damit einen Weg geschaffen, der zur Verbesserung der Bildungs- und

Arbeitsmarktchancen, Stärkung der Gleichberechtigung sowie zur Kultur- und Wissenschaftsbildung führen soll. Deutschland befinde sich in einer integrationspolitischen Aufbruchsstimmung, propagierte Böhmer.

Doch Böhmer hat bei allen Seitenhieben, die sie von Migrantenverbänden und der Opposition bekam und immer noch bekommt, ihren Humor nicht verloren. Auf die Anfrage einer besorgten Person aus ihrem Wahlkreis antwortete Böhmer: »Ob Deutsche beschimpft werden, oder Deutsche Ausländer beschimpfen: Beides ist unerträglich! Wir sollten das eine nicht gegen das andere ausspielen, sondern in beiden Fällen dagegenhalten, im Zweifelsfall die Polizei rufen.«

Nach der Konferenz im Schloss Bellevue traf ich Böhmer zufällig bei der Post im Bundestag an. Sie erinnerte sich an mich, wie sie mir sagte. Ich wusste nicht genau, wie Böhmer es meinte. Ich bewarb mich für eine Stelle als Referent in ihrem Büro, weil ich im Bereich Integration arbeiten möchte. Ihre Antwort lautete: »Besten Dank für Ihren Brief. Leider habe ich gegenwärtig keine Vakanz in meinem Arbeitsstab. Neue Stellenausschreibungen werden auch erst in Folge des Bundeshaushalts 2010 möglich werden.« Die Mittel, so munkelt man, wurden für ein Abendessen im Kanzleramt mit dem Vorstand der Deutschen Bank Josef Ackermann ausgegeben.

Die schwarz-gelbe Bundesregierung hat vor, Migranten per Vertrag zur Integration zu verpflichten. Im Koalitionsvertrag steht: »Mit Integrationsverträgen werden die notwendigen Integrationsmaßnahmen für eine erfolgreiche Eingliederung in die deutsche Gesellschaft und den deutschen Arbeitsmarkt vereinbart und später kontinuierlich überprüft.« Eine brillante Idee. Für das Abschließen der Integrationsverträge sollten Agenten als Interessensvertreter der hoffnungsvollen Kaderschmiede von Migranten fungieren. Dabei ist die Aufgabe der Manager simpel. Aus den Vertragsverhandlungen soll das bestmögliche Angebot herausgeholt werden, wie etwa: Wenn der Migrant nicht innerhalb von drei Jahren nützlich zum Einsatz kommt, verliert das Land sämtliche Rechte an dem Migranten und wird nicht entschädigt. Je höher der Grad der Integration, desto geringer die Möglichkeit, gegen andere Migranten ausgetauscht zu werden. Talentspäher müssen sich die Rechte an den Wunschmigranten sichern, und die potenziellen Migranten von morgen stehen dabei unter laufender Beobachtung: Einige Monate vor der möglichen Einreise in die Bundesrepublik müssen sich die vielversprechendsten Potenzialmigranten den 16 Bundesländern präsentieren. Die Verantwortlichen der jeweiligen Landesregierungen haben die Möglichkeit, Gespräche mit den Wunschmigranten zu führen, um herauszufinden, ob sie ins Team passen. Kommt es zu keiner Einigung zwischen dem Wunschmigranten und dem jeweiligen Bundesland, kann man sie gegen andere Migranten eintauschen.

Bald wird es heißen: Migrant ohne Eintrag in der Kriminalstatistik, ein gebildeter Musterschüler der Integration, ablösefrei, mit Ausstiegsklausel-Option zum Tausch gegen zwei ungebildete mit einem niedrigeren Marktwert.

Mir hat die Bundesrepublik noch nie einen Vertrag unterbreitet und sich die Rechte an meiner Person gesichert. Demnach bin ich ablösefrei und kann mit jedem Bundesland und sogar mit dem Ausland frei verhandeln. Wenn mich jemand nach Transfergerüchten befragt, kann ich als vertragsloser Migrant nicht sagen, dass ich hier einen Vertrag hätte, den ich respektiere und erfüllen möchte. Ich warte noch auf ein Angebot der Bundesrepublik. Ich habe gehört, dass der Agent von Mesut Özil sehr gut sein soll. Ich werde ihn konsultieren und ihn darum bitten, meine Interessen zu vertreten, wenn der Tag der Vertragsunterbreitung von der Bundesrepublik kommt. Geld ist nicht alles für mich, deshalb soll er vor allem einen Werbedeal mit Nutella, Nivea und eine »Nicht-tauschbar-Klausel« aushandeln.

In diesen Tagen träume ich oft von Dschingis Khan. 1237 eroberten die Mongolen unter seiner Führung Moskau. Nur 13 Jahre später eroberten die Mongolen Kiew. 1241 hatte man bereits polnische Heere bei Krakau und Breslau vernichtet, bevor man Budapest zerstörte. Nachdem der Sohn Dschingis Khans, Ögedei, im November 1241 gestorben war, kehrte man überraschenderweise in die Heimat zurück. Was wäre wohl gewesen, wenn nicht der Zufall die Rückkehr Dschingis Khans und somit den vorzeitigen Abzug aus Europa erzwungen hätte? Die Koreaner hätten kein Integrationsproblem mehr.

Das Beste ist in Deutschland nicht gut genug. In der klassischen Musikwelt etwa gehören die Koreaner zur Weltspitze. Beim Gesangswettbewerb der Bertelsmann Stiftung »Neue Stimmen« im Jahr 2009 belegten die Koreaner die Plätze eins bis drei. Nicht selten kommt es vor, dass ein Koreaner auf der Opernbühne oder im Stadttheater zu sehen ist, wenn auch als Don Giovanni oder Siegfried verkleidet. Viele Koreaner studieren an deutschen Musikhochschulen. Doch nach dem Abschluss schaffen nur wenige den Sprung in ein deutsches Orchester.

Der ehemalige Bundespräsident Horst Köhler zitierte in seiner Rede anlässlich der Wiedereröffnung des Halberstädter Domschatzes im April 2008 Odo Marquards Satz: »Zukunft braucht Herkunft.« Köhler betonte: »Es gibt keine Zukunft ohne Herkunft. Zur Identität gehört ganz wesentlich das Bewusstsein von der eigenen Geschichte.« Wann darf meine Herkunft zu unserer Zukunft beitragen?

Ich habe das Buch »Zuhause in der Fremde: Ein Auslän-der-Lesebuch« von Christian Schaffer nicht für einen Cent erworben. Das Buch wurde 1981 geschrieben, besticht aber durch seine Aktualität. Beim Durchlesen wird einem klar, dass sich nicht viel verändert hat in diesem Land. Und auch da-mals fürchtete sich die Gesellschaft vor Überfremdung und Identitätsverlust.

Es ist Anfang Oktober. Seit Tagen regnet es in Berlin. In Charlottengrad sah ich eine größere chinesische Touristen-gruppe, die lächelnd für ein Erinnerungsfoto vor einem Wer-beplakat posierte, auf dem stand: »Keine Angst. Wir sprechen Deutsch. Kein Fachchinesisch.« In dem Moment wurde mir klar, warum sie herzhaft lachten. Es war dieses Warte-mal-ab-Lächeln, wie ich es von meinem Vater kenne, wenn er mir später eine Kopfnuss verpassen wollte. Denn die Welt-macht China strebt eine Hegemonie an im Kampf um die besten Köpfe der Welt. Wenn es die anderen Länder verschla-fen, wird China alles für sich vereinnahmen. Dann wird es nämlich bald heißen: »Keine Angst. Wir sprechen Chinesisch. Kein Fachdeutsch.« In der italienischen Stadt Prato, einer Hochburg der Textilindustrie, die längst von Chinesen unter-wandert wurde, weiß man, wovon ich spreche.

Berlin hat mich politischer gemacht. Ich werde mich da-für einsetzen, dass algerische Straßenkehrer in Zukunft Witze über westliche Symbolfiguren machen dürfen, ohne unter Terrorverdacht gestellt zu werden. Während des Papstbesu-ches in Großbritannien wurden algerische Straßenkehrer in-haftiert, weil Scotland Yard sie bei einem Witz über den Papst belauscht hatte. Ich warte immer noch darauf, dass mich die erste Tierschutzaktivistin anspricht und um meine Mitgliedschaft wirbt. Im Gegensatz zu den Tierschutzaktivisten habe ich immer das große Glück, Performances des Bob Dylan Doubles in der U1 mitzuerleben. Dieses Mal spielte er Elvis Costellos »What's so funny about Peace, Love and Understanding?«. Ja, dachte ich mir, was ist so lustig an ein wenig Frieden, Liebe, Verständnis und sozialer Integration?

Das Lied machte mich nachdenklich, und ich dachte über die Worte meiner Freundin Dani nach, die sagte, das Thema Integration müsse im 21. Jahrhundert eigentlich durch sein, wir hielten uns an einem Thema auf, das nur wertvolle Energie verschwende, die wir besser anwenden könnten.

»Es gibt wichtigere Themen«, sagte Dani, »wie etwa die Umweltproblematik mit dem Plastikmüll im Meer, die immer größer werdende Zahl von Schulabbrechern und einen Krieg, in dem wir nichts verloren haben.«

Ich gab ihr recht.